総合計画の理論と実務

行財政縮小時代の自治体戦略

神原 勝
大矢野修
［編著］

公人の友社

総合計画の理論と実務　目次

目次

目次

プロローグ―自治体総合計画の歴史と到達点

□総合計画は問題解決の実務書

自治体は地域社会に生起する諸問題を公共政策によって解決するために市民がつくる政府であり、その政策の基本枠組みとなるのが総合計画である。したがって、その「総合」には、市民だれにでもわかる実施政策・予測政策を総合的・一望的に示すことをはじめとして、政策の前提となる行財政の健全化計画の作成ならびに法務・財務などの政策技術の革新、政策情報の作成・公開を前提にした市民参加・職員参加の推進、これらをふまえた長・議会による決定・改定という市民自治にもとづく政策合意手続の周到な実行がふくまれる。

総合計画は、もちろん、地域の将来ビジョンを抽象的に描いた作文ではない。歴史・文化・自然・景観・環境・産業などの地域ストック、それに人・カネ・技術・情報など地域のもてる政策資源を吟味しながら、市民福祉の将来予測それ自身の修正をふくめて柔軟に調整していく、それぞれの自治体の問題解決の実務書なのである。それゆえに「市民の自治能力あるいは文化水準は、つまるところ、それぞれの自治体の総合計画である〈自治体計画〉に結集される。それぞれの自治体計画をみれば、その市民、自治体の文化水準、自治能力がわかる」（松下圭一『市民文化は可能か』岩波書店、1985年、278頁）とされるのである。

総合計画をこのように考えるなら、行財政縮小時代の今日ほどその意義を再確認しなければならないときはない。はるか20年以上も前に「成長」と「発展」の時代が終焉した。それにもかかわらず、GDPの200％をこえ、いまなお増え続ける巨額の長期債務（国800兆円・自治体200兆円）は、税収の停滞とあいまって、構造的・半永久的に今後の国・自治体の政策活動を制約していく。その一方で、分権時代における政府としての自立が求められる自治体には、行政の縮小を課題にした財務健全化への対応、少子高齢化・人口減への対応をめぐる政策の再編、さらには巨費を要する老朽都市施設の更新、大規模自然災害や過酷事故への備えなどが重くのしかかる。

自治体がもてる政策資源を駆使して、これらの課題に効果的に向き合うためには、自治体運営の主体である市民・長・議会・職員によって吟味・厳選・合意・共有される、実効ある総合計画を再構築することによって、自治体の自律度を高める以外に方法はない。

本書は、このような観点から、総合計画の歴史においてエポックを画した、東京都武蔵野市、岐阜県多治見市、北海道栗山町の総合計画をとりあげ、自治体再構築の中心課題となる総合計画の今日的意義を、とくに理論と手法に力点をおいてあらためて検証しようとするものである。

本論に入るにあたって、戦後の自治体計画がたどった道のりを概観しながら、本書におさめた各論文の位置関係をあきらかにしておきたい、

□基本構想策定の義務化と三重層計画

現在、ひろく行われている自治体の総合計画（三重層計画＝基本構想＋基本計画＋実施計画）は、1969年に地方自治法において市町村に「基本構想」の策定を義務化して以降のことである。これに先立って自治省（当時）が研究委託した市町村計画策定方法研究会（磯村英一委員長）は「市町村計画策定方法研究会報告」（1966年）において、三重層計画とともに国の諸計画に合わせたおよそ10年の基本構想の計画期間の設定をふくめて、国・県の「上位計画」との整合性に配慮して策定すべきことなどを提唱した。

基本構想の法定化はこの報告書の趣旨にそって行われたものであったが、改正法の施行にともなう自治省通達（「基本構想の策定要領について」1969年9月13日）は、10年の計画期間や上位計画との整合性を求める報告書の考え方を踏襲しつつも、基本計画や実施計画の策定に関しては触れていない。したがって、その後、三重層計画が普及したのは、自治省が研究会報告を通達と一体化して「指導」したことによる。そのため最近まで、基本構想の策定のみならず基本計画と実施計画をふくむ総合計画の策定までもが法律事項だと錯覚する自治体が多数存在した。

国（自治省）は、自治体計画についてなぜこのような法律上の枠組みを設けようとしたのか。

１９５０年代には「昭和の市町村合併」にともなって施設の統合・整備を課題とする市町村建設計画が存在したが、これが１９６０年代半ばには終期を迎えて、自治体計画に関する国の政策が法律上空白になった。基本構想の法定化は、形式上はこの空白を埋めるための措置として考えられている。けれども、この前後には、法律によらずとも、自治体の自主的・個性的な総合計画が開花していく土壌が、自治体自身によって耕されつつあった。

たとえば帯広市は、国・道の画一的地域計画を批判しつつ、「日本中が単一化されてくる時代にこそ、地方色がさんぜんと光を増すまちづくりが必要」（当時の吉村博市長「まちづくりを考える」地方自治通信１９７０年10月号）と認識して、はやくに「企画室」を設け、市民の意見・要望を集めて総合計画（田園都市構想）を策定している。このような自治体独自の発想による斬新な総合計画は、１９５０年代の先駆自治体においてすでにはじまっていたのである。

１９６０年代の高度経済成長期に入ると、国の国民所得倍増計画や全国総合開発計画が策定され、これを受けて都道府県は工業開発を中心とした地域開発ブームに乗って「県勢振興計画」を策定する一方、市町村においても都道府県が指導して計画を策定する事例が増えた。

けれども後半になると、都市問題・公害問題の激発、それにともなう市民運動の噴出によって工業開発優先政策は挫折、また、国の計画もオイルショックを契機に全面的に破綻し、ここで国・自治体とも高度成長型の開発計画は終わりを迎える。

市民運動は自治体のあり方に大きな衝撃を与えた。都市的生活様式を支える諸条件の公共整備を求めて自治体の政策責任をきびしく追及し、市民にとっての自治体の存在意義をあらためて問うことになった。いわゆる、市民による「自治体の発見」である。こうした状況下で全国の市の三分の一におよぶ大量の革新市長が登場し、「地域民主主義」「自治体改革」をかかげて、参加と公開を基調とする新しい政治行政スタイルへの転換を試みるようになった。この改革の流れのなかで、総合計画についても本格的な取り組みがはじまる。

革新自治体は、この時代（1960〜1970年代）の先駆自治体として、戦後自治の画期となる斬新な政策・制度を次々と提起するが、これに対抗意識をもった国（自治省）は、総合計画に関しても、計画内容・策定手法の自主化・市民化・多様化が、先駆自治体の先導によって拡大することを恐れた。こうして基本構想を法律上の義務とし、これに基本計画・実施計画を組み合わせた三重層計画にして国の官治的影響下におく、すなわち省庁のタテワリ政策・計画を自治体に浸透させる受け皿にしようとしたのである。

自治体が自由・自治の領域で試みる先駆的な営為を国が法律に取り込み、法律（国会）→条例（自治体）ではなく、法律→政省令（省庁官僚）→条例によって、省庁が自治体の営為を規制する、いわゆる官僚内閣制における官治手法は、近年の地方自治法改正、「地方特区」、「地方創生」をあげるまでもなく、今日においても変わらない。こうした官治の温存が、自治体の政策自由の拡大とともに、国と自治体の政府間関係を行政統制から立法・司法調整に切り替える、分権改革本来の趣旨に逆行することはいうまでもない。

□シビル・ミニマムと武蔵野市方式

それでも、こうした国との緊張をバネとして、先駆自治体による総合計画の理論と手法の革新は進んだ。たとえば東京都（当時、美濃部亮吉知事）は、1968年に「東京都中期計画―いかにしてシビル・ミニマムを達成するか」を策定している。「シビル・ミニマム」は、1967年に政治学者・松下圭一が提起したもので、市民の都市的生活様式を支える生活基準を意味し、それを市民の権利として設定するとともに、自治体の政策公準として達成目標を数値化し、市民自治の手続をふまえた自治体計画によって実現する考え方である。

この考え方にもとづいて、1970年には全国革新市長会が、「革新都市づくり綱領―シビル・ミニマム策定のために」をつくる。これを契機に地域特性をふまえたシビル・ミニマム計画の策定が各地で試みられた。これらは当時の自治体改革を資料で整理した『資料革新自治体』（日本評論社、正編1998年、続編1990年）に多数収録されている。こうして、三重層計画とは根本から異なる市民自治型総合計画へのたしかな展望が拓かれた。

それを象徴するのが武蔵野市（当時、後藤喜八郎市長）であった。「武蔵野市長期計画」（1971年〜1980年）は、①市民自治の原則、②自治権拡充の原則、③市民生活優先の原則、④科学性の原則、⑤広域協力を計画の5原則とし、この原則のもとで、自治体の自立性、市民の参加性、計画の実効性を重んじた計画手法を開発した。三重層計画ではなく、基本構想を第一章として一つの計画書に統合した長期計画の議決化、また、計画を実行計画と展望計画に区分して、3年ごとに調整する手法は、実施事業の一覧表示とあいまって計画の実効性を高めた。

市長が委嘱する、松下ら市任住の専門家市民による「策定委員会」方式の採用、周到な市民参加（個人参加・課題別参加・地域参加・団体参加）、職員参加（個人参加・部課別参加・職制参加・団体参加）の実施のほか、参加と討論を有効に行うための「討議要綱」の作成や地域情報を地図上に可視化した「地域生活環境指標」などの政策情報を作成・公開している。このような斬新な武蔵野市の試みは、当時から「武蔵野市方式」として注目された。

同市は40年をへた現在もこの方式を継承・発展させている。長い時間の推移のなかで市長の保・革交代があっても、武蔵野市方式の基本がゆらぐことがなかったのは、その方式のもつ先見性・市民性・実効性・継続性のためである。ひらたくいえば「武蔵野市にとって役に立つ長期計画」であったためにほかならない。

２０００年代になると自治体は、自治体運営の規範となる自治基本条例を制定する。そして、総合計画もここに根拠をおくようになるが、武蔵野市は、公開・参加・評価・財務・法務など今日の自治基本条例を構成する主要なアイテムを、長期計画と深く関連づけて実体化、すなわち長期計画が実質的に自治基本条例の機能を担う市政運営方法をはやくから自治慣習として定着させてきたのである。

本書の第Ⅰ章・小森論文は、こうして継承されてきた現行の第5次長期計画をとりあげて、市政運営の基軸としての長期計画の考え方、計画の策定と運用の手法、計画による基本的な政策の継承、計画規範条例としての長期計画条例の制定などの観点から、同市が継承・発展させてきた長期計画の現状を解説する。

第Ⅱ章・大矢野論文は、1971年に策定された武蔵野市長期計画を今日的意義をもつ総合計画の原点として位置づけ、当時の総合計画をめぐる時代状況とともに、長期計画が策定される当初の計画の思想、構想、手法を詳細に検証し、武蔵野市方式がもつ歴史的・今日的意義をあらためて確認する。

□市民自治型計画の継承と発展

けれども、このような市民自治型の総合計画は、自治体一般にひろく波及したとはいえない。それは先導していた革新自治体が1970年代の末以降減少したことや、なお低い水準にとどまっていた自治能力にくわえ、自治体は漸増する税収、国のヒモつき補助金などに依拠して、ハコモノづくりを中心に目先の必要を満たすことができたからである。したがって、基本構想・基本計画・実施計画の三重層計画は普及しても実効性は乏しかった。

基本構想はカタカナまじりの美辞麗句をならべた抽象的な作文に終始し、基本計画は多くの場合、タテワリ分野別のアバウトな政策を掲げるが、初年度からそれとは別に実施計画を策定することではじめから空洞化、そして実施計画はときどきの思いつき政策や国の政策・補助金などに振り回され、定見なき場当たり的な予算の論理に翻弄されたのである。

この時期に建設された都市施設の老朽化対策が現在の自治体に重くのしかかっているが、建設すれば瞬時に老朽化がはじまる都市施設ほどその対策が計画になじむものはない。けれども、無責任にも先々に生じる問題の予測とそれへの対策を回避してきたのである。これが象徴するように、総じて役に立たない三重層計画であったから、安易に外部の民間コンサルタントに対する策定委託が横行した。これは自治体の責任放棄以外の何ものでもない。結果として自治体とりわけ職員の政策能力の開発・蓄積を大きく阻害することになった。

そしてバブル経済が崩壊した1990年代以降、国も自治体も財政が逼迫して、もはや放漫が許されない「行財政縮小時代」を迎える。こうして市民・職員の参加をふまえて長・議会が決定し、共有される、実効性の高い総合計画が自治体再構築の不可欠の課題としてあらためて問われるようになったのである。

この転期には、総合計画不要論や当選首長の選挙公約があれば計画は不要とする公約代替論などの総合計画批判論もあらわれた。いずれも実効性に乏しい従来の三重層計画を前提にした計画批判である。けれども、役に立たない総合計画なら、理論や方法をあらためて役に立つ総合計画に革新すればよいし、また、当選首長の選挙公約は当然尊重されるべきであるから、計画と公約の二重状況を解消するように総合計画の策定手法を整備すればよい。

実際、2000年代に入ると従来の三重層計画を実効ある計画に改編する自治体が多数登場する。そして自治基本条例に総合計画の策定を規定し、それを法的根拠として法律規定の基本構想をもその下位に組み込む流れが形成されるとともに、総合計画自体も財源の確保が確実に見通せる事業を主体に組み立てて予算と連動させる、実効性を重んじた計画作法への転換がはじまった。ここで画期をなしたのが多治見市の総合計画である。

多治見市は西寺雅也市長のもとで、松下の自治体計画理論をふまえ、武蔵野市方式を今日的に継承した「第5次総合計画」（2001年～2010年）を策定し、そのもとで財政危機を克服した。「多治見市方式」とも称される新たな特色は、実施する事業の明示を計画の本体とする政策の一望性、当選市長の選挙公約を組み込む策定・改定の手法、約400の計画事業を個々の政策情報（実行計画シート）の作成・公開によって目標管理・政策評価を行う、などの手法である。

くわえて、同市は、市政運営の最高規範となる自治基本条例（市政基本条例）を制定して、総合計画にもとづく政策の実行、総合計画の期間と市長任期の整合による市長選挙公約の総合計画への反映を明記するとともに、自治基本条例を具体化する多数の関連条例の整備の一環として、総合計画と深く関連づけた財務規律条例（健全な財政に関する条例）を制定している。これも多治見市方式を構成する重要な要素になっている。

第Ⅲ章・青山論文は、同市の自治基本条例において最上位の政策規範として位置づけられた第5次・6次総合計画をとりあげて、自治基本条例における総合計画の位置づけ、総合計画の策定手法と行政の改革および計画と予算の連携、策定過程における重層的な議論、総合計画における議会の機能などを中心に、多治見市方式の全体像を詳しく解説する。

第Ⅳ章・福田論文は、多治見市の財務規律条例の着想・構成・意義を論じる。この条例は、財政健全化法とは無関係の市の独自制度で、事業数・規模の膨張を防止して財務の健全性を確保するとともに、総合計画の実行可能性とその政策規範としての地位を確実にするために制定したものである。このような財務規律条例の制定は全国で初めての試みである。

□総合計画条例時代の幕開け

分権改革における、法律による義務づけ・枠づけ緩和の一環として、2011年に地方自治法から基本構想条項が削除された。けれども、これが自治体の総合計画にマイナスの影響を与えることはまったくない。なぜなら、上述したように、これ以前から自治基本条例を総合計画の根拠法とする組み換えが加速化し、それにともなって計画手法も実効的な計画に向けて改編されるなど、三重層計画の時代は事実上すでに終わっていたからである。

むしろ、これに前後して「総合計画条例」を制定する自治体が登場したことに注目すべきである。武蔵野市（邑上守正市長）は2011年、永年継承してきた武蔵野市方式を条例規範化した「長期計画条例」を、また、2013年には北海道栗山町（椿原紀昭町長）が、武蔵野市・多治見市方式をふまえて「総合計画の策定と運用に関する条例」を制定した。

栗山町の総合計画条例は、2006年に同町議会（当時、橋場勝利議長）が全国初の議会基本条例を制定して以来、総合計画のあり方を重視した議会が、議会独自の総合計画条例案を作成するなど、議会が主導して実現にいたったものである。これによって、自治基本条例とその基幹的な関連条例である議会基本条例および総合計画条例の3条例がはじめてそろうことになった。

近年高まってきた議会改革は、市民と議会の双方向性の確立（市民が参加する議会）、議会と長が政策を競う代表制の運営（政策を提案する議会）、議員間自由討議の推進（政策を討議する議会）を主軸に「政策議会」の構築をめざしているが、これらを効果的に推進するためには議会が自治体の政策過程に深く参画する総合計画のシステムが不可欠である。武蔵野市方式、多治見市方式のいずれにおいても議員・議会の参画が重視されている。

1960年代以降、市民・長・職員は時代状況の変化のなかでそれぞれが自己改革を経験してきた。これに最終ランナーとして登場した議会の改革がくわわれば、先行三者のあり方もあらためて問われることになるが、それをふくめて四者が総合計画の策定と運用に主体的に参画すれば、これまで「行政」の計画にとどまってきた総合計画は、文字どおり「自治体」の計画へと転化する。総合計画の「総合」は、四者参画という意味での総合でもある。

第V章・神原論文は、議会が主導し、最終的には長・議会の共同作品として実現した栗山町の総合計画条例制定の一連の過程を詳述する。ここでは自治・議会・計画の3条例が総合計画条例を軸に相乗することによって「政策議会」の実現が可能となり、それが二元代表制本来の機能回復とともに総合計画の意義と実効性を高めることを展望する。

2000年の分権改革によって、自治体の行う事務はすべて自治体の仕事となり、国の通達は効力を失い、さらに基本構想の策定義務も法律から消えることによって、自治体の総合計画は自由をとりもどした。総合計画から「基本構想」という文字が消える自治体も登場している。省庁タテワリ政策の法的義務づけや個別計画の押しつけは依然残るが、総合計画は、それらも組み込み・組み換えて、それぞれの自治体の市民自治の構想、地域の政策課題、財務健全化の予測、自治体の規模、連合自治（自治体間協力）などをふまえた自主計画として策定されるべきことはいうまでもない。

自治体の現状を率直にいえば、市民の生命を過酷・広域・大量に危機にさらす原発事故の避難計画すらつくれない現状が象徴するように、総体としての自治体の計画力量はけっして高いとはいえない。これは基本的には自治体の対市民責任意識の乏しさに起因するが、自治体が市民の信託に政策で応答する市民の政府である以上、克服されなければならない。

戦後の自治は、先を走る少数の自治体と後から追いかける多数の自治体の自治体間格差ないしは時間格差をともないながら発展してきた。この経験則は総合計画にも妥当しよう。本書で、三自治体の総合計画の理論と手法をめぐる営為をとりあげたのは、これらがその今日的到達点を示していると考えるからにほかならない。意欲さえあれば、到達点と現状の距離を真摯に計測することによって、この自治体間格差・時間格差は短縮できるはずである。

本書が市民自治の成熟にむけて、それぞれの自治体の洗練された総合計画の策定と運用、ひいては行財政縮小時代における自治体再構築に貢献できれば幸いである。

（神原　勝）

第Ⅰ章　「武蔵野市方式」の継承と発展

――第五期長期計画にみる

小森　岳史（前武蔵野市総合政策部長）

はじめに（武蔵野市における長期計画の存在）

第一期の計画が策定された１９７１年以降、武蔵野市では長期計画を基軸にした市政運営が行われてきた。市政の重要な意思決定は、市民参加・議員参加・職員参加による政策調整を4年に一度の長期計画の策定時に行い、策定後は長期計画に基づいて事業化していくことが市政運営の仕組みとして定着してきたのである。

緑豊かなまちづくり、ＪＲ三駅周辺の再開発、独自のコミュニティ形成への挑戦などによる現在の街の姿や市政運営の方法は、長期計画で掲げられ、それを継承・発展させることによってつくられてきたものである。五期43年にわたる長期計画の連続的な連なりが、今日の武蔵野市を形づくってきたといえよう。これは歴代の市長や市議会議員が長期計画を尊重し、それを継承してきた結果に他ならない。

地方自治体に総合計画が定着しているかどうかは議会や庁内の会議の場で「総合計画事項」という言葉がどのくらい使われているかでわかる。武蔵野市では、長期計画の策定中だけではなく、普段の市議会や庁内の会議で「長期計画事項」という言葉が日常的に飛び交っている。

例えば、市長が長期計画に記載のない公共施設を新たに建設しようとした場合は、「多大な支出が伴う施設の建設は長期計画事項である、広く市民の声を聞かずに勝手に決めるものではない」というように、市議会議員が「それは長計事項である」と市長に迫るのだ。一方、市議会議員から経常的に大きな経費のかかる福祉サービス実施の要求があったような場合には、全分野での財政的な面での検討が必要であることの主旨で市長は「次の長期計画で検討する」と応えている。

これまで、大きな財政負担や政策転換を伴う場合には、長期計画という仕組みの中で議論し決定してきた。この「長期計画事項」という言葉には、拙速な意思決定を避ける効果もあり、結果として思いつきの政策判断を抑制する効果もあった。だからといって問題を先送りしているわけではない。市議会の活動や個別計画などを通じて議論を重ねたうえで、長期計画で最終的な政策調整を行うのだ。重要なことは、広く市民を交え、全分野を視野に入れた議論をする中で武蔵野市の基本政策を決めていこうという市民自治の精神が制度化されたものなのである。

策定後に計画の文章表現をめぐって解釈論争が展開されることもあり、長期計画の策定前、策定中、策定後と積み重ねられた論争の結果が予算に反映されるのだ。このような長期計画を軸にした論争が巻き起こるのは、長期計画が市政運営の形（仕組み）として根付いているからである。

２０１１年にこれまで基本構想の策定を義務化していた規定を削除する地方自治法の改正が行われた。これを受けて、総合計画の改定時期を迎えている自治体を中心に、総合計画は必要なのか？という議論が巻き起こっている。総合計画の存在意義があらためて問われているのだ。武蔵野市においては、そのような問いそのものが起こることは考えられない。もし、このような政策決定の「仕組み（長期計画）」がない状態で市政運営が行われたとしたら、いつ、誰が、どこに向かって議論をすすめているのか、何を合意事項とするのか等が共有されないまま政策論争が行われることになり、生産的な論争にはならないのではないかという暗黙の認識が議会や市長にあるからである。

本稿では、40年以上にわたって行われてきた長期計画を基軸にした市政運営とはどのようなものなのか、その継承と発展について、現行の第五期長期計画を題材に検討し、自治体における計画行政のあり方を考えてみることにする。

もちろん、総合計画が有効に機能している自治体は武蔵野市だけではない。総合計画によらずに計画的な行政運営が行われている自治体も多々ある。市政運営の方法は、それぞれの自治体にふさわしい「仕組み」や「方法」があって当然だ。総合計画はなんのために必要なのか、何の役に立つのかなど自治体計画のあり方や計画的な自治体運営を考える際に、参考事例の一つに加えていただければ幸いである。なお、事実関係以外の部分については、武蔵野市で長期計画の策定に一職員として携わってきたものの個人的な見解であることを申し添えておく。

また、多くの自治体では、基本構想の下に基本計画、実施計画が策定されており、その全体を総合計画と呼んでいる。そこで、本稿では、自治体の最上位に位置づけた総合的な計画を一般化して使用する場合は「総合計画」と呼び、武蔵野市の長期計画は「長期計画」と呼ぶことにする。

一　長期計画を基軸にした市政運営の現在

1　長期計画の策定方法の特徴

ここでは、第五期長期計画（2012〜2021年）を例に、武蔵野市の長期計画を基軸にした市政運営がどのようなものなのかについて述べることにする。

最初は、策定方法についてである。研究者による総合計画論やメディアが扱う総合計画の話題の中でもっとも関心の高いものが策定方法だ。そのためか、市長が代わる度に目新しい手法を導入したり、独自色を出すために新たな手法を試みる自治体もみられる。このような中にあって、武蔵野市では43年間に4人の市長が市政運営を担い、3回の交代のうち2回は前市長の後継の市長ではなかったが、同じ策定方法が継承されてきた。現在策定中の第五期長期計画（調整計画）においても、これまでの武蔵野市方式を継承している。

武蔵野市方式とは、策定作業前の情報の収集・整理・公開から、市民参加・議員参加・職員参加による計画案の策定、予算・決算との連動による進行管理にいたるまでの長期計画を中心とした計画的な市政運営に関するシステムのことをいう。

これらの手法のほとんどは初期の長期計画策定時に、策定委員が中心になって開発したものだ。今となっては、多くの項目が一般的なものになっているが、開発当初はどれも画期的なものであった。以下では、現在においても他の自治体ではあまり見られない特徴的なところを中心に述べていくことにする。

(1) 独自の策定委員会方式

市民自治の武蔵野市方式といわれた策定手法の最大の特徴は、在住市民によって構成される策定委員会が計画案を策定することにある。

市民参加の手法については、武蔵野市においても試行錯誤の連続で、さまざまな試みを繰り返してきた。たとえば、市政に参加する機会の少ないサラリーマン市民による会議や地域の市民によるタウンウォッチングなど、様々な方法で実施してきた。第五期長期計画では全員公募市民による会議や、無作為抽出の市民によるワークショップなども実施している。その中にあって策定手法の核となる市民委員による策定委員会方式は第一期以来変わることなく行われてきた。

この方式は、市長の諮問機関である委員会が計画案を策定し市長に報告するもので、今では当たり前の方法だ。しかし、その中の特徴ある機能や方法によって、市民、議員、市長、職員が尊重する計画となり、その結果として、実効性の高い計画になっている。実際の市政運営の中で高い規範力をもつ計画とするためには、条例で最上位の計画であることを規定するだけでは不十分で、策定プロセスが非常に重要なのだ。総合計画を論じる場合に策定方法に多くの関心がいく理由がここにある。

策定委員会は在住市民で構成

第一の特徴は、策定委員会が少人数の在住市民で構成されていることだ。現計画では、有識者を中心にした在住市民7人と2人の副市長という構成である。副市長は、財政面や制度面からの実効性を確保するために参加している。全体で10人未満の少人数であることも特徴といえる。

長期計画の策定作業は、政策情報の収集整理とともに、在住市民から策定委員を探すことからはじまる。委員を担う市民には、土地勘があることはもちろんであるが、長時間の策定作業に関わることができ、多量の資料を読みこなしたり、会議への参加やそれに伴う調整作業に慣れた人が望ましい。しかし、このような市民に委員になってもらうのは簡単ではない。これまでは学識経験者を中心に、自分のまちのことだからやりましょう、と引き受けていただいてきている。

在住市民にこだわる理由は、第一期の当初よりかかげてきた市民自治の原則にある。この原則による自治体計画づくりのプロセスとは、市民間の相互調整のプロセスであるとの考えからだ。市民と市民の討議の場をつくり、市民自らが相互に調整しながら自治体の計画をつくっていくことが、市民自治の原則による地域づくりの根幹だと考えてきたからである。

一般的に人口10〜20万人の市が総合計画案を策定する審議会は、行政と関係の深い関係団体の代表と有識者（在住市民には拘らない）を中心に、公募市民や市議会議員をふくめて20〜30人で構成するパターンが一般的である。確かに策定プロセスで、広く意見を聞くことは重要なことだ。確かに都市のビジョンを示す基本構想レベルの計画では可能かもしれないが、基本計画・実施計画を含めての策定となると、今日のような社会が複雑化し、財源が増える可能性のない時代にあっての全体最適を目指した調整作業を行うにはふさわしくない。総合計画の策定プロセスが、多様な政策を市民間で討議、調整し、委員自らが計画書に手を入れ、一定の共有すべき結論を導き出すことを目指している場であるとするならば、委員構成にこそ工夫が必要である。

大勢の市民参加を軽視しているわけではない。その場は策定プロセスの中で確保されるべきである。また個別計画等への市民参加や関係者参加の積み重ねなど、日常の市政運営の中で多様な市民の意見を反映・調整する総合計画以外の取り組みの充実が前提となることは言うまでもない。その上で、総合計画の策定作業にあった委員構成を考えるべきなのだ。それぞれの計画の策定目的にあわせた多様な市民参加や策定方法が求められているのである。

長期計画と個別計画の市民参加の違いについては後述する。

調整役としての策定委員会

二つ目の特徴は、策定委員が市民、議員、市長、職員（以下4者と呼ぶ）の媒体となって政策を調整する役割を担うことを明確にしていることである。特定の利害に流されずに行政分野を超えた調整という非常に難しい作業を担うことになる。

市長と議員、市長と市民、議員と市民、市民と職員というやりとりは日常的に行われているわけだが、長期計画の策定では、媒体となる策定委員会を通じてそれぞれの政策を討議し調整することになる。市民は市民である策定委員に意見を伝え意見交換を行う。議員も自分の考える政策や施策を策定委員に伝え意見交換を行う。職員も同様だ。もちろん、市長は自らの公約を実現しなければならないから、熱心に公約を中心にした政策の必要性を訴えることになる。

図1　市民間相互調整の媒体となる策定委員会（イメージ）

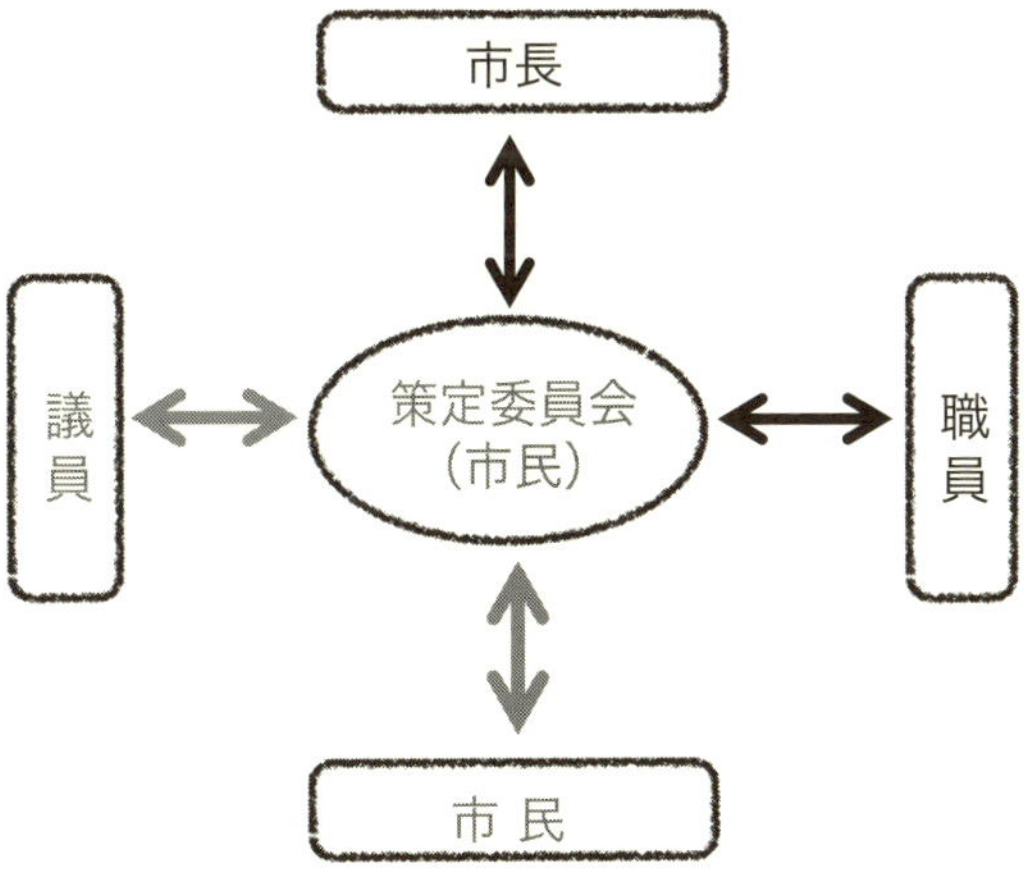

四者との意見交換を行い、課題を整理し、政策を調整し、計画案としてまとめあげていく作業を策定委員会（市民）が行うのだ。最終段階では、文章の一字一句まで委員長・副委員長が中心となって計画案を仕上げていく。これらの大変な作業を担う根底には、策定委員が自ら住むまち（都市）に対する市民としての責任感が強く働いているはずだ。

この策定委員会の委員としての参加が市民参加の代表的な手法であるが、その他の市民参加については、討議要綱と計画案の二つの段階で策定委員会への参加として行われる。もちろんパブリックコメントも行うが、市民相互が顔をあわせて討議できる場を団体別、地域別など重層的に設定し、市民と市民が直接討議する場を設けている。団体別とは、市民団体、関係団体に策定委員会との意見交換の場である市民会議への招聘状を出し参加を要請し行うものだ。文書での意見提出も可能だが、100名ほどの参加者があり、策定委員と直接意見交換を行うのである。

市民との直接の討議では、どんな意見や質問が出るかはわからないが、司会進行も含めすべて策定委員が行っている。事務局である職員が発言することはない。

職員との関係も同様で、策定委員が直接全部課の職員から直接ヒアリングを繰り返し行いながら意見交換を行っている。

策定委員会案を市長が尊重

特徴の三つ目は、策定委員会が作成した計画案を市長が尊重し、ほとんど手を加えずにそのまま市長案とすることである。通常は、市民委員で構成される委員会等の答申や提言に職員が手を入れ、再編して市長案とすることはよくあるが、そのようなことはせずに、策定委員会の答申をそのまま市長案として扱うことを前提に計画案の策定を諮問するのである。これは市長の丸投げに見えるがそうではない。市長が答申をそのまま尊重するということは、裏返せば、実効性が高く、市民や議員が納得でき尊重できる計画案を出してほしいということである。したがって、市長との意見交換には他のヒアリング以上に時間をかける。策定委員会は市長の話を聞き、何を重視したいかをていねいにヒアリングするのだ。計画案の段階では一字一句の表現まで真剣な議論が市民委員と市長の間で行われる。策定委員会は市民の代表者として執行権をもつ市長の意見を十分尊重して計画を練るのだ。市長も公約で掲げた自らの政策が組み入れられるように、積極的に自らの考えを説明する。また、実効性のある計画にするために市長を本部長とする庁内推進本部を設置して個々の施策・事業の事業計画案を作成し、策定委員会にたたき台として提出している。

これまではなかったことだが、もし、市長との調整がつかない場合は、当然、市長は計画案の報告の全部なり一部を修正することも可能だ。しかし、市民、議員、職員と議論を積み上げてきた結果であるので、なぜ尊重しなかったかの市民や市議会への丁寧な説明を求められることになる。

政策形成過程への議員の参加

四点目は、市民参加、職員参加と並んで議員参加を制度化していることである。

長期計画は議決することを条例で定めているので、議会には議案として審議する場が設定されている。この議会本来の機能とは別に、策定委員会の市民委員と議員が全員協議会という場を使って意見交換を行うのだ。第五期長期計画の場合は討議要綱の段階と計画案の段階の2回行った。市民委員で構成する委員会が市議会の全議員と丸一日をかけて武蔵野市の将来について話し合うのである。この方法は、他の自治体では聞いたことがない。質疑などのやりとりはすべて委員長を中心に策定委員が応える。市長や職員は、横で聴いているが一切発言はしない。市民である議員と市民である策定委員の市民間討議の場なのだ。

この全員協議会での議員との討議の場が、策定委員会にとっては最も負担に感じる仕事だ。しかし、策定委員会も、これを行うことで、議会の活動に関心を持つことになる。議会活動の状況を踏まえることも総合的な計画を策定するためには不可欠なことで、通常の審議会の審議過程の中ではなかなかないことである。なお、武蔵野市では市長の諮問機関には法令で定めのあるもの以外は、議員を構成員としないことにしている。

このように歴代の市民委員は、これらの数々の討議をこなして計画を策定してきた。たとえ市民委員が行政や政治を専門としている大学教授であったとしても、討議の内容は福祉や防災などの個別具体の課題が大半であるから、自らの専門分野は役に立たない。市民として持ちうる見識と調整能力で対応してきたのだ。私は職員としてその姿を近くで見ながら、市民委員ひとりひとりの中に市民としての責務という自治の精神があることを感じていた。

図2 武蔵野市第五期長期計画の策定スケジュール

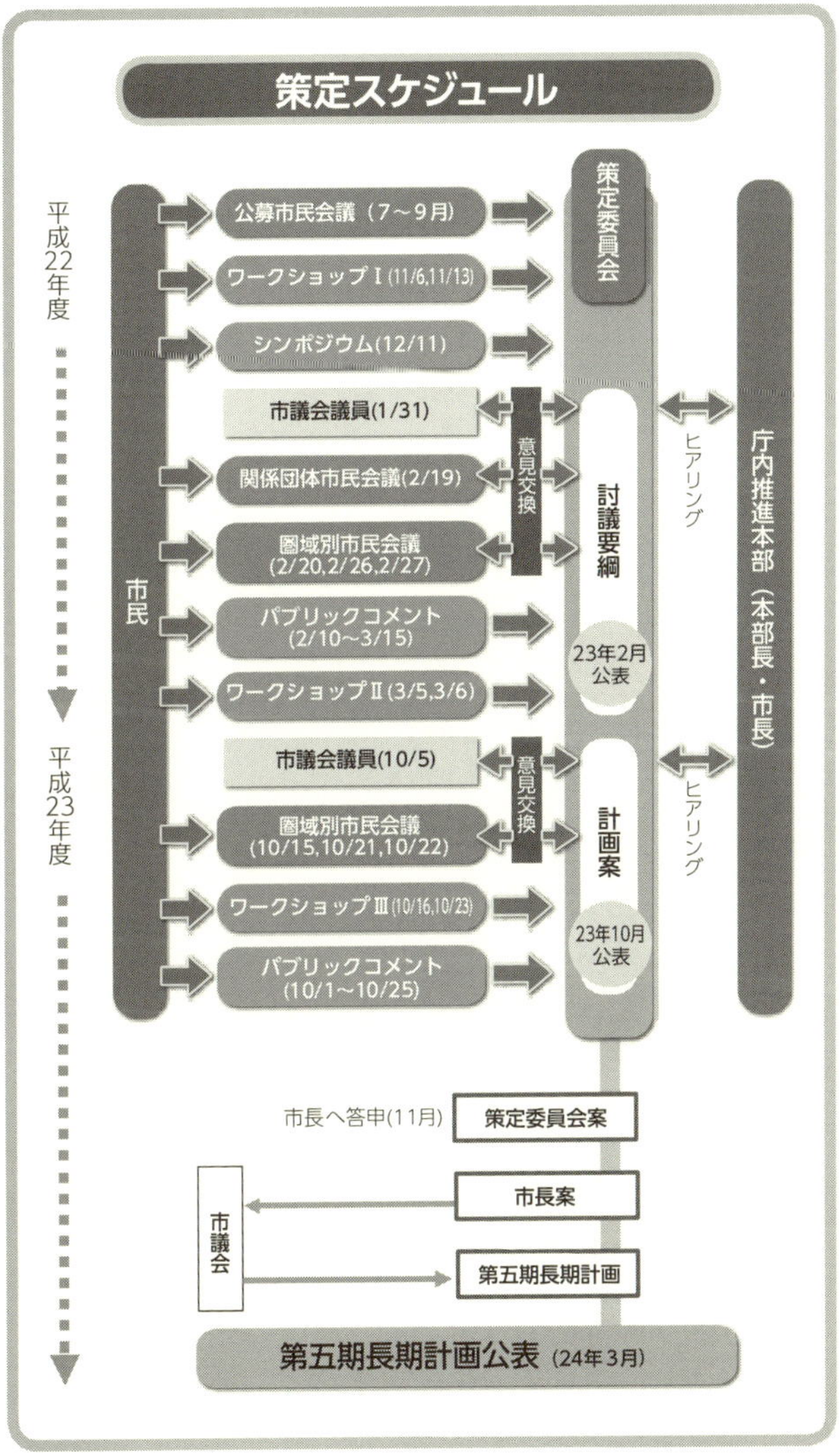

武蔵野市第五期長期計画より

一方の議員の側にも他の方法では得られない良い影響を及ぼしている。この一連の策定プロセスへの関与の中で、全議員が課題の整理と計画のたたき台である討議要綱の段階と、策定委員会計画案の段階の少なくても2回、長期計画を議案として審議する前に、それぞれの全文を読み、考え、意見を言う機会をもつことになるからだ。議員一人ひとりが策定プロセスにかかわることになるこの議員参加は、長期計画がその規範力を持ち続けるための重要な要因であり、武蔵野市方式が継承され続けることができてきたもっとも大きな理由の一つであると考えている。

議員参加は、１９７０年の第一期の長期計画策定時に市民会議の一つとして市議会各会派代表による形で打ち出された。議会からは議会軽視であるとの意見が出された。それらをふまえて現在の全員協議会での議員参加が行われることになった。市長と議会の二元代表制を踏まえた政策形成過程への議員の関与のあり方として40年以上前にはじめたものだ。近年、市長の政策形成過程への議会の関与が論じられることが多くなっているが、市長の政策形成過程への議員の関与のあり方として、有効な方法の一つの試みであろう。

（2）その他の特徴

①コンサルは使わない

次に些細なことだが、策定手法に関連することで特徴的なことを二つ紹介する。

一つは長期計画案作成のためにコンサルタントを使わないということである。これまでの43年間12回の長期計画（調整計画を含む）策定でコンサルタントを使ったことは一度もない。すべての作業を策定委員と職員がこなしてきた。委員長・副委員長が中心になって計画書を書き上げるのを職員が支援してきたのだ。専門性の高い個別計画ではコンサルタントを使うこともあるが、長期計画では使わない。

どの自治体も、行財政改革の一環で職員定数の削減が求められ、業務の外部化が行われている。どのような仕事から外部化するのかというと、新たな業務や非定型の業務、高度な調査や企画業務から外部化しようとする傾向にある。職員自らは定型的なルーチン業務を今までどおりに行い、計画策定や課題の整理などの実務をコンサルタントに委託する。これでは仕事が面白くなるはずがない。なにより職員が育たない。確かに大変だし、神経は使うけれども計画策定の経験は必ずその職員の成長につながる。職員が成長し続けなければ行政運営の水準は下がっていくことになる。市民の代行機構である職員機構こそが、市民の公共課題解決のための市民からの外部化先であり、市民のシンクタンクやコンサルタントであることの自覚を自治体職員はもたなければならない。なお、長期計画策定の前に策定される「地域生活環境指標」もすべて職員が作成している。

②全文を全戸配布する討議要綱と計画案

市民参加にはタイムリーな情報提供が不可欠だ。中でも、策定委員会が作成する討議要綱と計画案は、今後の市政運営の根幹となる計画の策定途上の情報ということから、何よりも重要な市民に提供すべき政策情報である。

討議要綱は課題を整理し計画の方向性を示したもので、策定委員会が市民と討議をはじめるためのたたき台である。計画案は策定委員会が最終的なまとめに入る前にもう一度市民と討議したり意見を聴いたりするためのものである。この二回の意見交換とパブリックコメントが市民参加による計画策定で最も重要なものであることは言うまでもない。

そこで、これらの情報提供は要約ではなく全文を広報誌に掲載し全戸に配布している。短いといってもタブロイド判で8ページから10ページになる。ほとんどのページが文章ばかりだ。一般的に行われている1～2ページに要約した討議要綱や計画書では「目次」のようなものになってしまい、政策情報を伝えたことにはならないと考えているからだ。ホームページへの掲載も当然行っているが、4年に1度（2回）、全文を紙ベースで市民全世帯に配布することに意味があると考えている。

全文を市民に配布し、読んでいただくためにも、全体の分量にはこだわっている。個別計画を何冊もまとめたような分厚い計画書を、四者がそれぞれ全体像を把握し、共有することは現実的なものとは思えない。職員にとっても、どのページも知っておくべき大事なことが書いてあるにもかかわらず、自分の仕事に関連する部分だけをつまみ読むだけになってしまう。コンサルタント以外は誰も全文を読んだ人がいないという状況になりかねないのだ。武蔵野市の計画の文章はタブロイド版8～10ページだからこそ、全体像を共有化することができると考えている。

2　長期計画の役割と計画の体系

(1) 三層構造を一本で策定

武蔵野市の計画体系は、最上位の計画である長期計画を頂点に多くの個別計画で計画体系を形作っている。体系は図3にあるようにいたってシンプルなものだ。

地方自治体の計画体系という場合、いわゆる旧自治省モデル(1966年の財団法人国土計画協会による「市町村計画策定方法研究報告で示されたモデル)といわれる基本構想・基本計画・実施計画という三層構造が計画体系とされている。しかし武蔵野市では第一期の長期計画以来、この三層を一本として策定してきたことから、これを計画体系とは認識していない。地方自治法に基本構想の議決規定があった2011年以前は、長期計画案を策定した後にそれを要約したものを「基本構想」としていた。現在は基本構想という呼称も使っていない。

この長期計画を、同時に1本の計画として策定委員会が策定する手順は次のとおりである。

図3　長期計画の位置付け

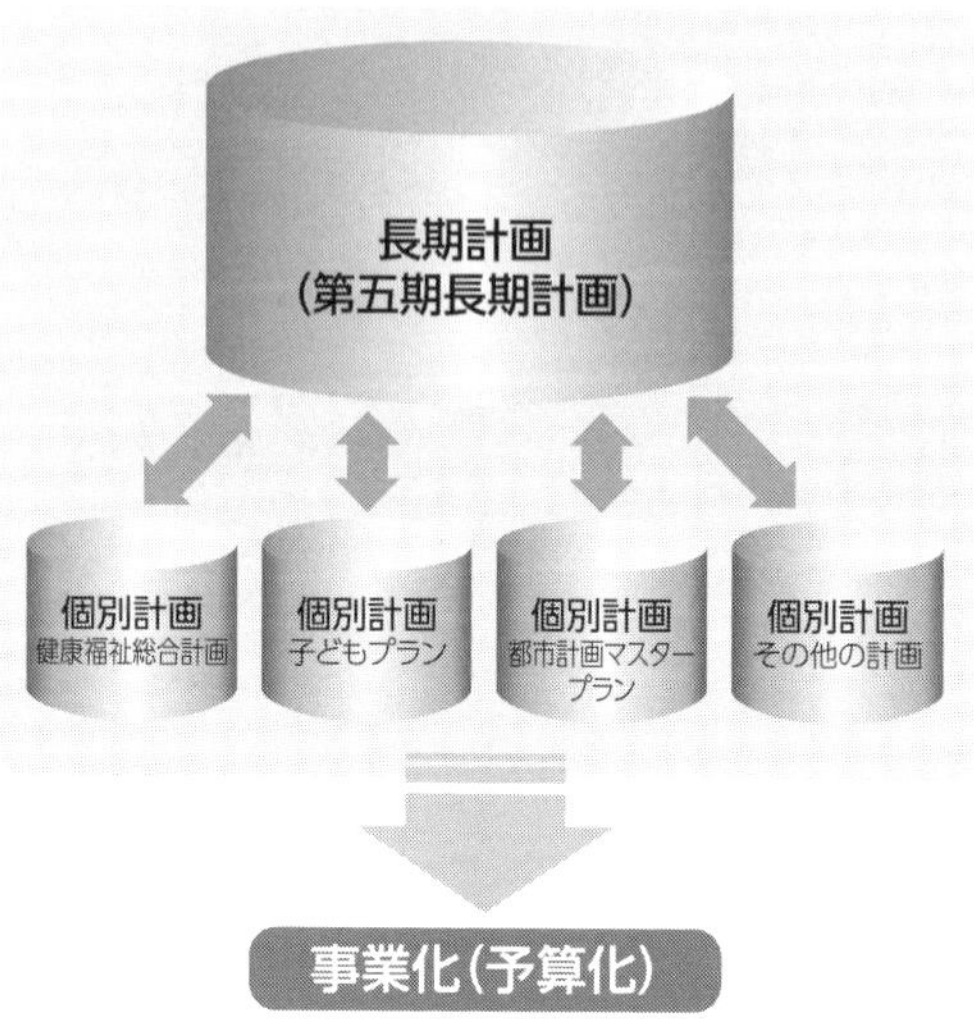

武蔵野市第五期長期計画より

①長期計画の素案をつくる

まず、現行の長期計画の実施状況を確認しながら、現在の市政の課題を整理していく。討議するための課題を課題提案型の討議要綱として簡潔にまとめたものを市民に全戸配布する。それをもとに市民参加・議員参加・職員参加や市長との意見交換を行う。一方で、個別計画や各種審議会・プロジェクトチームの検討結果をもとに庁内で作成された事業計画書のヒアリングを実施し、それを参考に、今後10年間に実施すべき政策・施策・事業を検討し、長期計画素案を作成する。あわせて施策の体系図の案を組み立てていく。この段階で計画案を公表し、もう一度四者との意見交換を行う。

②施策・事業を実行計画と展望計画に振り分ける

概ね長期計画案の本文と施策の体系図ができた段階で、個別の施策・事業を、前半5年で実施すべき施策・事業（実行計画）と、優先順序が劣るものや財政的な事情などで実施が難しく後半5年に回すもの（展望計画）に振り分ける。長期計画に掲げられている施策・事業はすでに他のものに比べ優先順位が高いということなのだが、この段階でさらにどちらを先にやるか、後回しにするかという時間軸での優先順位をつける作業を行うのだ。長期計画の施策・事業を時間の優先順位によって具体性の高い前半部分（実行計画）と優先順位が低い後半部分（展望計画）に振り分けるのである。その上で、前半5年の実行計画に振り分けた事業については財政的な裏付けの確認を行う。この実行計画部分は長期計画の一部として策定されるものであるので旧自治省モデルで想定していた後から行政内部で作成する実施計画とは性格を異にするものである。

③長期計画を要約して基本構想部分とする

前半5年と後半5年の振り分けが終わると計画案はほぼ完成する。

第四期（2003年〜）までは、策定委員会の手が離れる前の最終段階で、長期計画案を要約して基本構想を作成し、長期計画の前に綴じ込んで基本構想・長期計画としていた。現在では、地方自治法改正により基本構想と称する必要がなくなったので、2012年からの第五期長期計画からは名実ともに一本の計画としている。

なお、長期計画条例で定めた議会で議決するための議案は、全文議決ではないため、従来の基本構想と同様の市政運営の基本理念及び施策の大綱を策定委員会から報告を受けた計画案をもとに行政内部で作成している。もちろん議会での実質的な審議は、策定委員会の計画案をほとんど修正せずに議案説明の資料として提出する長期計画案全文を中心に行われる。これは予算説明書抜きでの予算の審議が考えられないのと同様である。

策定委員会はこれらの作業全体を約1年で行う。市長任期と同様に4年ごとに見直しが行われる計画の策定に、2年も3年も時間をかけるわけにはいかない。なお、第五期長期計画については東日本大震災の影響で3カ月ほど策定期間が延びた。

1年で策定するためには、個別計画を策定する際に市民や関係者を巻き込んでていねいな議論が重ねられていることが前提になる。この段階で課題の抽出や分野ごとの政策の方向性の議論がしっかりと行われていれば、論点が整理され一定の結論が出ているはずだ。その結論に対して異論がなく、将来の方向性に問題がなければ、個別計画を尊重した形で長期計画に記載される。もちろん、社会状況や制度改正などにより修正される場合もある。反対に十分な議論が行われていなかったり、重要な論点であるにもかかわらず論争を嫌って先送りされた課題は、長期計画策定時に大きな論争になるのである。やるべき論争をやってこなかったことが策定にかける時間が足らないという批判につながることになる。

基本構想から順に基本計画・実施計画へと具体的な事業に向けて順次策定していく一般的な方法では、

計画全体を策定するのに時間がかかりすぎること以外にも次のような課題がある。

一つは、都市の将来像というような誰も反対しない抽象的な表現の理念の議論からスタートすることになり、市民を巻き込んだ議論にはならないことである。

二つ目は、ビジョンや理念の議論が先行すると、実効性のある具体的な事業への落としこみが、うまくいかないという課題である。ビジョンや政策の方向性は設定できたが、課題解決のための計画化できる具体的な事業や方策がない、という問題となって現れてくる。問題の状況の整理だけで終わってしまうことになりかねない。中心的な課題に対して市民や国や民間企業に要請するということだけではリアルな計画にはならない。自治体計画の策定では常にこの問題が内包されている。そこで、市民の参加を得て実効性ある計画にするために、市政のビジョンや課題の設定などの市政の大枠の議論と、実施可能な事業計画を積み上げていく作業を、同時に進めていく方法をとっているのである。

三つ目は、策定した計画内容が実施段階でなおざりにされる懸念があることだ。基本構想や基本計画と実施計画を完全に切り離してしまうと、実施計画をはじめ事業化にかかる作業はすべて行政内部で行われることになり、財政的な事情などを理由に計画内容がなおざりにされる可能性が生じてきてしまう。これを防ぐためにも、市民などの多くの参加を得て策定される際に、長期計画として主要事業の事業名や予算額もふくめて同時に一本で策定することでその懸念を払拭することができる。

反面、長期計画の縛りが強すぎると、政治的な動きや社会経済状況などの変化に対応することが難しくなる。計画の規範力と実施段階での裁量（遊び）とのバランスをどのように設定するかが、仕組みをつくりあげる上で重要なポイントになってくる。武蔵野市では体系図を含めた長期計画の抽象度を一定のレベルまで高めることで、この実効性確保の問題に対応している。

(2) 長期計画と個別計画の違い

武蔵野市の計画体系は、長期計画と個別計画で構成され、それに基づき、事業化(予算化)・制度化(条例化)され実施されていくという非常にシンプルなものだ。

個別計画が長期計画と整合性がとれていることはもちろんだが、単に各個別計画を束ねた総花的な長期計画では策定する意味がない。長期計画は行政分野を超えて公共課題を設定し、政策や施策の濃淡を明らかにした長期的・総合的な視点をもったものでなければならない。このような観点で長期計画の策定プロセスを考える必要がある。たとえば、策定委員会等に部会などを設けて、行

表　長期計画と個別計画の性格の違い

	計画の役割	策定方法	財政的な裏付け	予算編成の根拠
長期計画	分野を超えた基本政策の設定と政策選択(全体最適)	市民参加 議員参加 職員参加	財政計画あり(大枠で財政フレームに収める)	根拠になる
個別計画	分野・課題毎の課題整理と、施策(解決手法)の明示(部分最適)	市民参加 関係者参加 専門家参加	一部を除いてない	直結はしない

政分野ごとに分かれて議論が行われることもあるようだが、それでは個別計画（特に分野別計画）と同様の議論を行うことになり屋上屋を重ねることになってしまう。全体最適を図る総合計画の意義が薄まってしまうのだ。

武蔵野市の長期計画は、市政全体の課題の共有や分野をこえた基本政策の設定、政策・施策の選択を目的とする計画である。一方個別計画は、分野・課題ごとの課題と施策の設定や具体的な目標と手法の明示などを目的とする計画だ。この性格の違いが、市民参加の方法などの違いになって現れてくる。ここでは、財政的な裏付けや計画の進行管理の方法もふくめて長期計画と個別計画の役割の違いを整理しておく。

財源の裏付けと策定作業

介護保険計画などの一部の計画を除き、個別計画では財政的な裏付けはとっていない。したがって、個別計画で事業化されたからといってそのまま予算化される根拠にはならない。もちろん、財政的な裏付けをとらないからといって、個別計画策定時に闇雲に事業を計画化するものではない。市の財政状況は事務局である所管課長が把握しているわけで、それを踏まえた上で、委員会等の事務局として事業提案・選択の説明を行っている。担当課長の財政的なバランス感覚が個別計画の実現性を大きく左右することになる。

一方、長期計画には財政計画が存在し、大枠で財政フレームに収まるように計画を立てている。主要な施策・事業を１００万円単位で事業費を積み上げ、５年間の実行計画の投資的経費のフレームにおおむね収まることを確認している。その上で、分野ごとに主な事業の一覧表を作成し実施予定年度とともに長期計画に掲載している。

計画的に自治体経営を行うには、財政的にむちゃな個別計画をつくらないということにはじまり、長期計画で再度調整を行うことで実効性を確保するのである。個別計画の実現性の高さが計画行政の成否を分けるとも言える。

このように長期計画で施策・事業を計画化していく実際の作業は、検討済みの個別計画等から優先度の高い施策を選び、財政フレームに収めていくイメージである。個別計画にはそれぞれの計画・分野ごとのプライオリティーがある。長期計画の策定では、それらを尊重しながら、施策･事業を取捨選択し、どのように長期計画に位置付けていくかという作業を行っていくのだ。新たに思いついた施策や事業を書き込んでいく、あるいは新たな事業を積み上げていくというイメージではない。

現在では多くの行政分野に個別計画が策定されている。長期計画ではじめて方針を立て事業化していくという行政分野はほとんどない。部分最適を図る個別計画と全体最適を図る長期計画が、それぞれの計画策定時に相互に相前後して影響しあいながら、時代状況にあった計画づくりが進んでいくのである。

参加手法の違い

次は策定方法の違いである。個別計画もほとんどの場合審議会等を設置して計画案を策定している。

しかし、委員の構成などの考え方は、長期計画とは全く異なるものである。

長期計画の策定方法は前述の通りだが、個別計画の場合は、公募市民を募り、各種団体などの関係者に参加を要請し、福祉なら福祉、環境なら環境の専門家に委員を依頼して審議会等を構成することが一般的な方法である。これらを個別計画への市民参加、関係者参加、専門家参加と呼んでいる。実際に事業に関係する者の参加がなければ、実効性のある計画にはならないのは当然で、民生委員やPTA、消防団などの課題別の関係者・関係団体の参加は個別計画で行っている。また、専門家の参加がなければ的確に課題をとらえた対応を検討することはできない。個別計画はそれぞれ専門的になる必要があるし、その性格上、縦割り的な面を抱え込むこともあるのだ。それを地域総合的な視点で自治体計画の中に位置付けていくことが長期計画の役目なのである。

計画づくりへの市民参加は、それぞれの計画の性格と同様に多様なものでなければならない。市政全体で考えれば、その多様な計画づくりへの市民参加をいかに重層的に行うかの戦略性が必要である。画一的な市民参加の型にとらわれずに、柔軟に参加の手法を使い分けることが必要なのである。

(3) 長期計画と個別計画との整合性

長期計画と個別計画の整合性を図ることは、計画的な市政運営を行う上では当然のことだ。武蔵野市では長期計画条例においても整合性を保つことを求めている。

そのような中で、整合性を図ることを中身ではなく、策定順序や策定時期の形式的な面からとらえる考え方がある。上位の計画を先に（あるいは同時に）策定し、それに基づき下位の計画を順次策定していくべきというもので、一見、計画論として妥当な考えに見える。しかし、日々動いている行政活動や市政を取り巻く環境の変化の中で、このような計画論先にありきの考え方では、実効性のある計画体系は維持できなくなる。

個別計画にはそれぞれに適切な計画期間があり策定時期がある。都市マスタープランのように長期的な計画期間が必要だったり、個別の法律で計画期間が決まっていたりと、策定時期、策定期間は多種多様だ。それらの計画を総合計画と同時に策定したり、計画期間を合わせたりすることにこだわることで、かえって地域の課題への対応の遅れやずれが生じることにもなりかねない。策定時期や計画期間をあわせることが整合性を図ることではない。

武蔵野市では、長期計画の策定作業の中で策定済みの個別計画を基にあらためて総合的・長期的な視点で議論を行い、必要であれば、その方向性に修正・加筆を行うことにしている。個別計画で漏れていたり、状況が変わった考えや政策があるとすれば長期計画でそれを修正するのである。長期計画の策定後は、長期計画の方針や政策に基づき個別計画の見直しを行っていくことになるが、状況は刻々と変化する。個別計画はその後の社会状況の変化を踏まえながらの改定を行っていけばよいのだ。この辺りは柔軟に考えている。

実効性ある計画体系とするためには、個別計画を策定し長期計画で方針や事業をオーソライズするパターンと、長期計画で方向付けを行い個別計画でそれを反映した計画を策定するパターンのどちらも必要なのである。

（4）分野別計画の充実

武蔵野市では第五期長期計画の策定時点で主な個別計画が52本あった。その中でも近年、各行政分野に健康福祉総合計画・子どもプラン・都市計画マスタープラン・環境基本計画等をはじめとする、行政課題を大くくりに政策分野として束ね総合的にとらえている分野別計画が増加、充実してきている。福祉総合計画のようにそれぞれの個別の計画間の調整を行いながら施策・事業の検討を進める傾向にある。

このような分野別計画では、公募した市民による市民参加や関係団体などの関係者参加、大学の研究者等の専門家参加など多様な参加やワークショップの活用など、その策定には様々な試みとともに多大なエネルギーを使っている。また、重要な分野別計画には庁内に部門をまたがる本部体制を構築し、分野別計画の策定段階から、行政部門間の総合性の確保に配慮していく動きもある。さらに、施策・事業ごとの進行管理についても、分野内でのＰＤＣＡサイクルを意識した分野別計画が増えてきている。

行政を取り巻く環境の変化に対応していくためには、これらの充実した分野別計画の存在が欠かせない。今後は、長期計画の役割を純化する一方で、関連の個別計画を統合していき中間計画としての分野別計画に集約していく方向に進んでいくことになると考えている。

3　計画期間とローリング

(1) 計画期間

第五期長期計画の計画期間は10年で、前半5年を実行計画、後半5年を展望計画としている。実行計画は5年で計画を立てるが、実質は最後の1年を余らせた上で市長任期にあわせて4年で見直しを行い次の計画に入っていく仕組みである。したがって、10年の計画だが、実際に事業を執行する期間は8年ということになる。計画期間を10年としている理由は、まちづくりのビジョンや基本政策は、少なくとも2回の市長任期をこえた長期的な視点で計画することが望ましいことや、長期の期間として10年という期間がイメージがしやすく、わかりやすいということなどからだ。

実行計画と展望計画に分けて整理しているが、長期計画の本文を二つに分けて記載しているわけではない。本文（10年）の計画を具体的な施策・事業に落とし込む際に、実行計画部分と展望計画部分に分けて施策・事

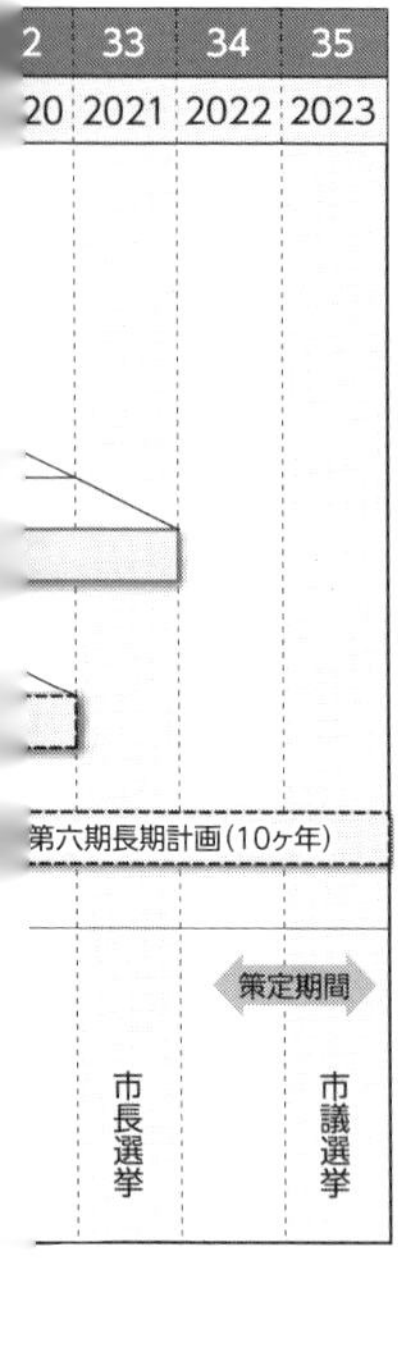

業を体系化しているのである。

前半の実行計画は、一定の精度で財政計画が策定できることを考え5年間の計画としている。主な事業が財政フレームに収まるように計画した部分だ。実行計画は事業も財政計画も5年で計画を立てるが、見直しは1年余らせ、市長任期にあわせて4年で行っている。このことで政治状況や財政状況を含めた状況変化への対応の柔軟性を高めている。

後半の展望計画は、すぐに実施することはできないが将来必要になる政策について記載している。展望計画の施策・事業には財源の裏付けを求めずに大枠の見通し程度にとどめている。展望計画は4年たつと財政的な裏付けの

図4　計画期間のローリング　　武蔵野市第五期長期計画よ

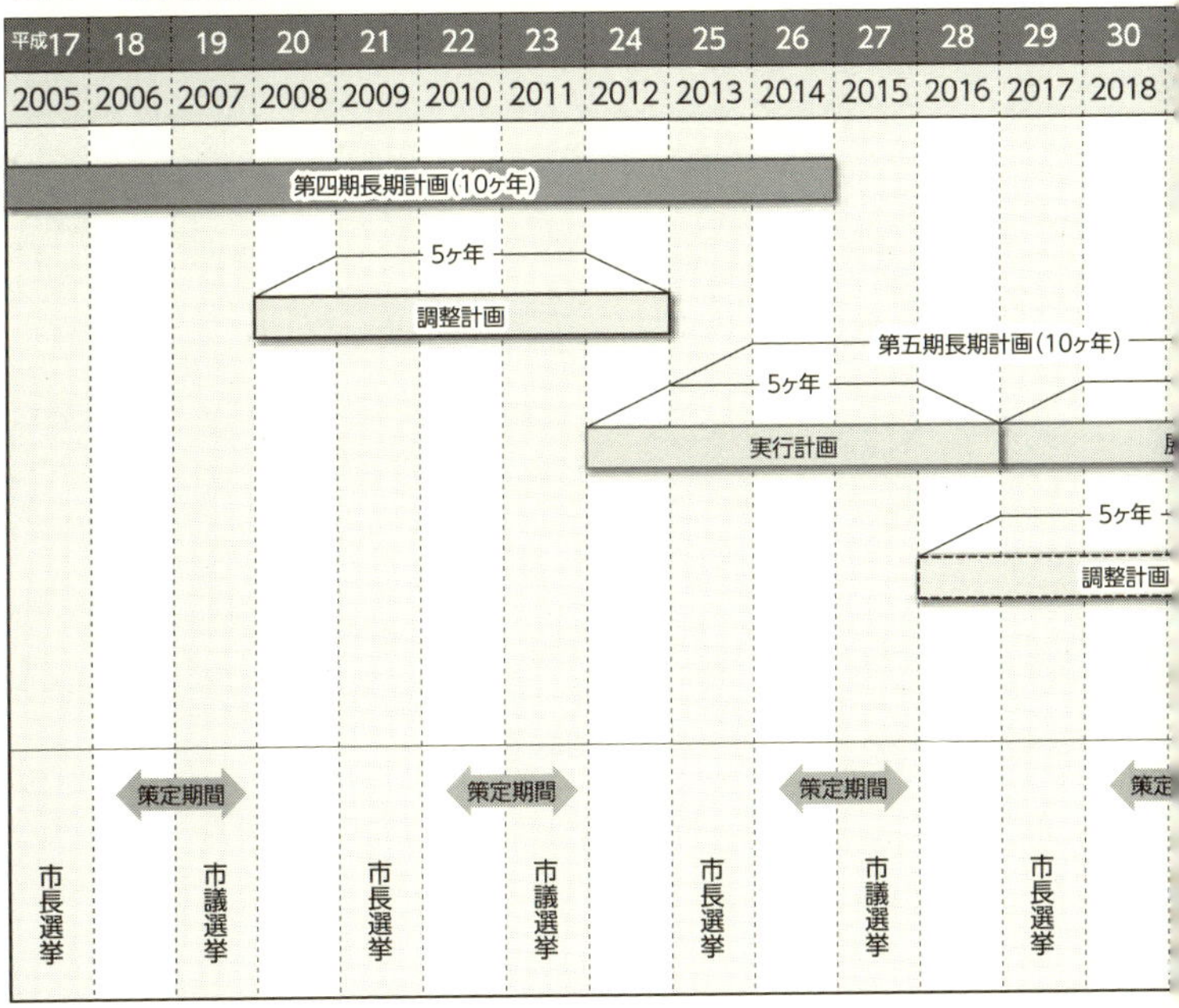

ある実行計画（これを調整計画と呼んでいる）に改定（調整）する。展望計画がそのままの状態で実施に移されるものではない。

このように、財源の裏付けのある実行計画を後半部分の展望計画をベースに次の実行計画（調整計画）として策定しローリングしていくのだ。このようにして長期的な視点を保ちつつ実効性のある計画をつないでいく仕組みをつくっている。

市長・議員の任期を超えた長期的な視点をもつことを重視し、そこで位置づけられたまちづくりのビジョンや基本的な政策を切れ目なく実行計画で継承していくことを目指しているのである。このような考えから武蔵野市では総合計画を「長期計画」と呼んでいる。

(2) ローリング

丹念につくった計画であっても、時間が経つにつれ現実の状況とのずれは出てくるものだ。修正するプロセスを当初より組み込んでおくことが必要である。今ではどのような自治体計画でも修正するプロセスを組み込むのは当然のことになっている。武蔵野市の長期計画では１９７１年の第一期の計画から実行計画のローリングを組み込んでいた。１９８１年策定の第二期長期計画からは、選挙後に改定作業を行うことを想定して市政選挙（市長選挙・市議会議員選挙）にあわせた4年スパンでローリングする仕組みにした。これも策定委員会の市民委員からの提案であった。

実行計画のローリングは、10年間の長期計画の期間内のローリングであることから、当然、長期計画の基本的な理念や基本政策を踏まえた調整になる。これを前提に市長は自らの公約に則して実行計画の見直し（調整）作業を行うことになる。したがって、選挙でセンセーショナルな政策の対立軸を示し、選挙を勝ち上がってきた市長であっても、現行の長期計画を無視した急激な政策転換は難しいものになる。

もし長期計画を無視する市長が出てきたときには、議会が計画的な市政運営を理由にそれを抑止する役割を担うことになる。このように市長を統制することこそが、市議会が計画を議決することの最も重要な意義の一つである。２００５年に前市長の後継候補を破って新たに市長になった現市長も、議会での議決された長期計画（その当時の基本構想部分）については、そのまま継承することを見直し作業に入る前に表明した。このような長期計画のもつ規範力によって基本的な理念と政策を継承したまちづくりが行われてきたのである。

今回制定した長期計画条例では、計画のローリングを選挙後のいつにするかは規定していない。最短の場合は選挙直後から見直し作業に入ることも可能である。しかし、新任の市長の場合は時間をかけるべきであると考えている。自らのマニフェストや公約の実現が遅くなるとの批判はあるが、通常、１年を争うような政策転換を迫られることは基礎自治体ではそれほど多くはない。また、就任後2年が経過してからの改訂であったとしても、自ら策定した計画は次の市長任期においても、２年間は継承されるのである。計画策定とその実施を同一任期内の４年で実現しようとする方が無理があるのではないだろうか。

　武蔵野市では市長の任期に合わせて原則4年で見直しを行ってきた。本条例においても、これまでと同様に、市長任期である4年ごとにローリングすることを想定している。しかし、辞職により任期途中で市長がかわるようなこともあることから、ローリングの時期を市長の任期に合わせてという表現ではなく、市長の選挙が行われたときという表現になっている。市長が再選された場合であっても、新たな選挙で市長が公約を掲げ選出されることや、改定しないと実行計画の期間が切れてしまうことから、再選であっても必ず実行計画を策定しなければならない。これらは、市長の政策と実行計画のすり合わせを行わないと、計画の実効性が保てないという考えによるも

図５　第五期長期計画のローリングスケジュール

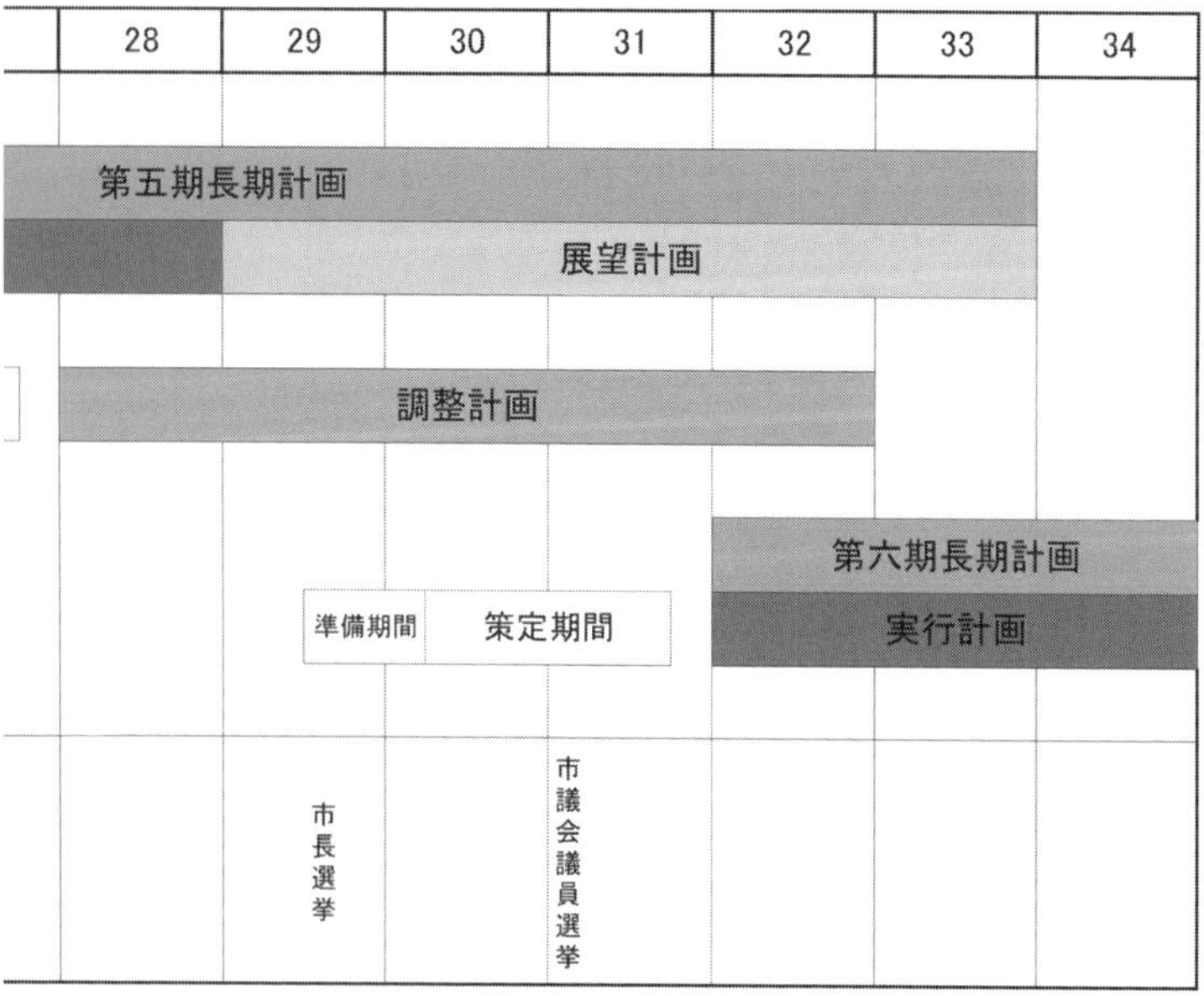

のである。

ここで、具体的なローリングのスケジュールについて説明しておく。

長期計画の策定には、策定方法の確定や策定委員の選任、政策情報の整理・公開などの準備期間（約9か月）と策定委員会による策定期間（約1年）が必要となる。また、計画初年度に新しい計画内容を予算に反映させるためには、前年の12月には計画策定が終わっている必要がある。これらの期間をあわせて、4月に市長選挙がある場合は、選挙から2年後の4月からが自らの意向を反映した新しい長期計画とそれに基づく予算執行のスタートになる。当選年度の予算は前市長が編成していることが多いことから、選挙後の実質2回目の予算編成から新しい長期計画による予算を編成することになる。策定委員会の策定期間は1年で終わらせるべきであるというのは、スケジュールを立ててみるとよくわかる。

しかし、現在の武蔵野市の場合、平成17年からは市長選が10月に行われているため、状況は違ってくる。選挙後すぐに策定に入ったとしても予算化の期間の3カ月を除くと準備期間と策定期間あわせて1年3カ月しかなく十分な準備と議論ができない。また、長期計画と予算は連動しているので、10月から計画がスタートするというような年度を無視した計画期間の設定は考えられない。そこで、選挙終了後

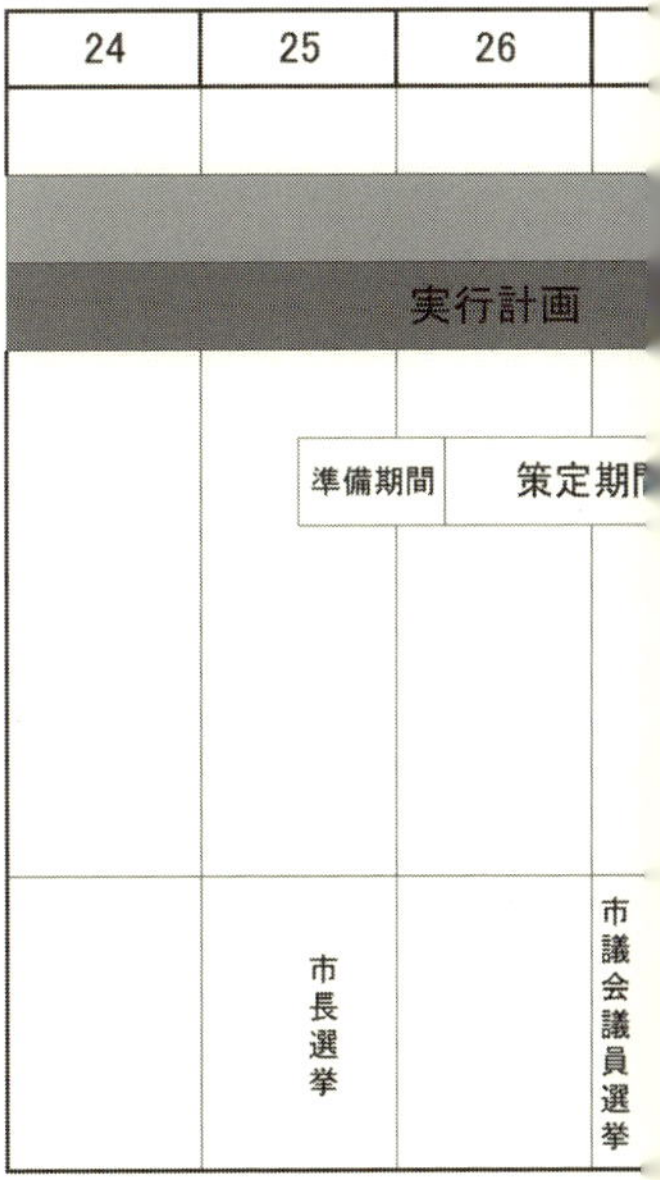

9カ月を準備期間とし、翌年7月頃から策定委員会の策定作業に入り、約1年間の策定期間を経て、2年後の11月ごろまでに議会の対応をふくめ、すべての作業を済ませることにしている。その後の3月までの4カ月は計画初年度の予算編成・審議のための期間となる。

10月の選挙で市長が代わった場合で、自らの意向を少しでも早く反映させるために、予算審議をふくめ想定している2年を準備期間6カ月、策定期間9カ月の1年3カ月で済ませることとした場合、討議要綱と計画案での最低2回の市民や市議会議員との意見交換に時間をとることが難しくなり、これまで述べてきた市民や議員との合意文書という性格からくる計画のもつ規範力にも影響がでるものと考えている。

（3）市長公約と長期計画

武蔵野市の場合、市長と市議会の政策論争には市長公約と長期計画の2本の軸があると考えるとわかりやすい。

市長任期の初期の段階では、政策論争の際に市長は「公約で掲げた」と説明するし、議会側も市長の公約を軸にした非常に「政治色」の強い論争になる。しかし、長期計画の策定がはじまると、徐々に長期計画に公約をどのように反映するかという政策論争に変化していく。

長期計画の改定後は、長期計画で計画化された内容（政策・事業）を軸にした議論に変わり、公約の話はほとんどなくなる。市長は長期計画をベースにしてすべての政策や事業を説明するようになる。市民・議員・職員と議論を尽くしたうえでの自らの計画であるから、そのようになるのは当然であろう。

再選の場合は、自らが策定した長期計画をベースに公約が掲げられることになる。長期計画が議会活動を政局ではなくて政策に向かわせる「しくみ」として機能しているのである。言うまでもないが、首長の公約（マニフェスト）は、市民が項目一つ一つを個別に承認したものではない。新人市長候補の事実上言いっぱなしの公約を市民、議会、職員との政策形成のプロセスもなく、選挙をもって個別の政策を正統化したというには無理がある。ましてや市民と共有したものとはなり得ていない。総合計画の策定プロセスは、選挙に勝った市長の意向を反映させればいい、という単純な話ではないのである。公約に掲げたことが長期計画を策定する中で調整され市の政策になっていく。市の計画を策定することによって市長自らの公約（マニフェスト）を、実効性ある政策・施策に転換し、市の政策体系に位置づけていくのである。

この仕組みでは市長への統制が厳しすぎる、という疑問もあるかもしれない。しかし、市長の権限が市民から信託された権限であるという自治体の基本原理に立ち返れば、市民の代表機関である市長がこのような仕組みを活用することで、市民に対して本来の市長としての役割をより良く果たすことができるのではないかと考えている。また、何より自らの政治信条に基づく政策の実現性も高くなるのではないだろうか。

4　長期計画による政策のマネジメント

（1）3つのマネジメントサイクル（長期計画、個別計画、予算概算要求制度）

総合計画による施策、事業の進行管理や行政評価が自治体の間で話題になり多くの自治体が取り組んでいる。ただ、総合計画と行政評価を効果的に関連付けることについては苦労しているようだ。武蔵野市でも長期計画が全事務事業を対象とした計画ではないのでなおさらである。

ここでは、長期計画を中心にしたマネジメント（ＰＤＣＡ）サイクルをどのように考えているかを整理してみたい。

これまで、長期計画を中心に予算と個別計画と長期計画の三つのマネジメントサイクルを関連づけていく方法を模索してきた。ここで紹介する武蔵野市の長期計画を中心に据えた政策のマネジメントは、ＰＤＣＡサイクル導入というシステム先にありきの話ではない。また、システムとして完璧に動いているものでもない。長期計画を中心に政策をマネジメントしていく中で実践されてきたものの概要を私なりに整理したものであることを申し添えておく。

一つ目のマネジメントサイクルは、長期計画のローリングのサイクルによるものである。

これは最も基本的なもので、主要な政策のマネジメントを実質4年のサイクルで行い、政策の方向性や施策・事業の評価・見直しを行っている。長期計画・調整計画で掲げられた政策が、どのように予算化、制度化され、政策の成果はどうであったかを、次の計画を策定する委員会が評価し、見直しの結果を計画に反映するというものだ。

第五期長期計画は、実行中である「第四期基本構想・長期計画」と「第四期長期計画・調整計画」の実績と評価を4年ごとのローリングの一環として行っている（第3章）。これは、4年ごとの長期計画のローリングの際に、主要な政策についての政策評価を行っているもので、長期計画書では概要だが、詳細な評価内容については討議要綱の段階でホームページなどで公表している。

図6　3つのＰＤＣＡサイクルのイメージ

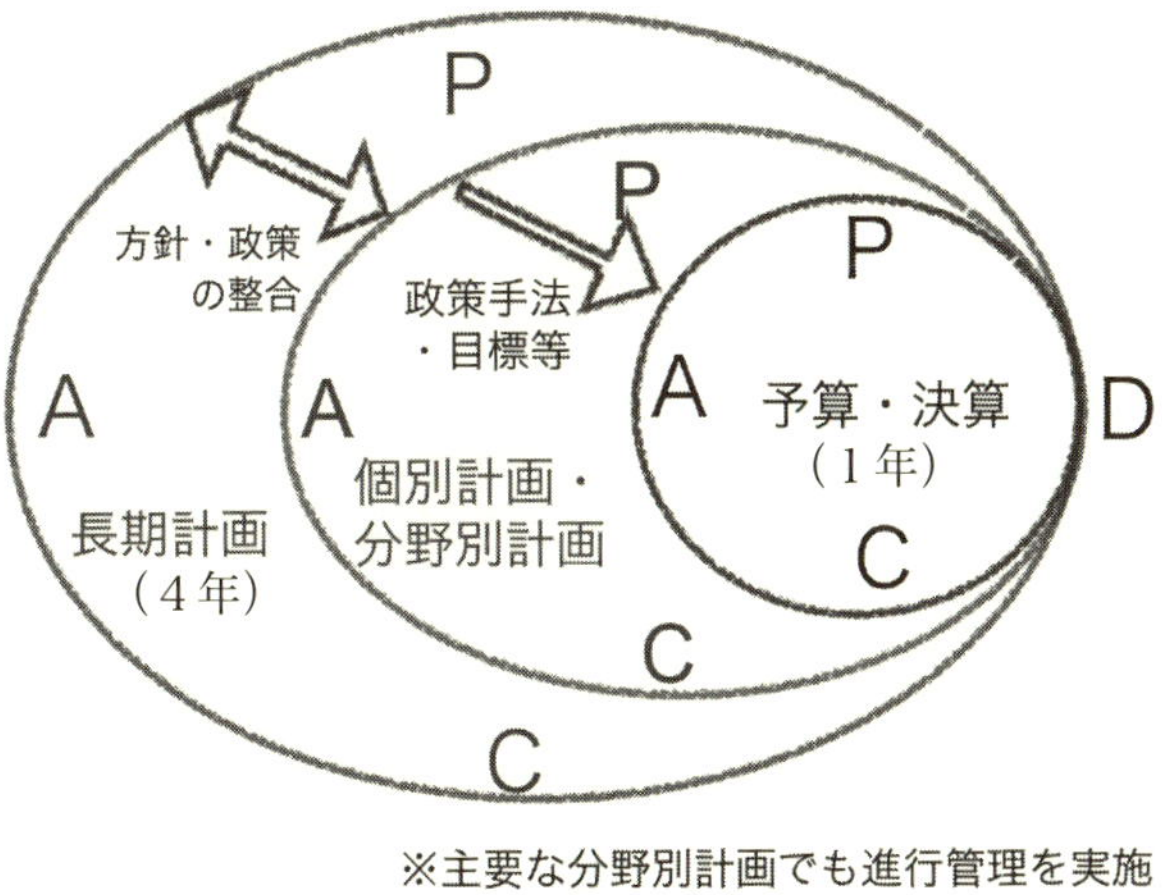

※主要な分野別計画でも進行管理を実施

二つ目のサイクルは年度毎に行われている予算・決算によるマネジメントサイクルである。毎年度の予算編成は長期計画に基づき行い、決算では長期計画を軸に評価するというものだ。したがって、予算・決算の説明資料は、できる限り長期計画にあわせるように作成している。たとえば、予算審議で市長が議会に示す資料は長期計画の構成にあわせる形で作成している。決算についても決算の付属資料は長期計画の施策の体系にそって整理し、決算を通して長期計画の進捗状況を概観できるようにしている。このように予算・決算から長期計画を基軸にした市政運営ができるよう工夫している。

事務事業の評価については、基本はこの予算、決算のステージを使って議会を含めて行うものであると考えている。また、行財政改革の一環としての個別事務事業の評価は毎年必ず実施し、次年度予算に反映するようにしている。まだまだ不十分なところはあるが、あるべきシステムの姿はおおむね見えてきていると思う。

長期計画に基づき、予算・決算のサイクルは1年で、長期計画のサイクルは4年でPDCAサイクルが回っている。DOの実施の部分は事業化・制度化ということであるので、どちらのサイクルも重なり、そのほかのPLAN、CHECK、ACTIONはサイクルごとに別の形で行われることになる。

この長期計画と予算のサイクルの間に、三つ目のサイクルである個別計画（分野別計画）のサイクルが入ってくる。個別計画は分野をこえた調整や財政的な裏付けをとって策定していないため、予算には直接連動していない。個別計画事業の実施にあたっては、長期計画の施策の考え方や体系図で掲げられた施策・事業を、個別計画で掲げられた内容や事業手法によって予算化していくことになる。最終的に実施すべき政策の選択と方向づけ（その結果として政策を抑制する機能ももつ）を長期計画が担い、それを施策・事業として具体化する内容やその手法は個別計画が担って予算化・制度化していくという形で、それぞれの計画の役割を活かしながらマネジメントしている。

最近では、策定方式をはじめ分野別計画の充実が図られ、長期計画の方針と予算化の結果を受け、分野別計画が次期の計画策定や年度単位の進行管理のためのマネジメントサイクルを独自に回すことも多くなっている。

マネジメントサイクルの評価軸の中心はあくまでも長期計画で決められた政策がどのように実行に移され、どのような成果をあげたかについてである。したがって、当然のことであるが実効性のある長期計画を作ることがＰＤＣＡサイクルによる政策のマネジメントや行政評価の前提になる。

絵に描いた餅の実効性のない総合計画では、真面目に計画を見直して次の計画を策定しようとは誰も思わない。市民も意見や要求は個別に市長や議員や職員に言えばいいんだということになる。それでは計画的な行政運営はままならず、原理原則のない「軸のない市政運営」になってしまうのではないだろうか。

（２）予算化の段階での特徴

長期計画と予算を結びつける中心的なシステムが予算概算要求制度だ。これは通常の予算編成に入る前の8月に、各部課が投資的な経費を中心に翌年度に実施すべき事業を概算で要求する制度である。翌年度予算の投資的経費のフレームに収まるかどうかを長期計画を所管する企画部門が判断し、予算の大枠を11月初旬に確定させるものである。単年度のやりくりに神経を使わざるを得ない財政部門ではなく、長期計画の進行管理を行う企画部門を中心に、財政部門を加える形で実施している。

各部課が概算要求を行うにあたっては、要求する事業の長期計画上の根拠を明らかにするとともに、個別計画の事業内容や目標数量をもとに要求することを原則としている。また、要求は当該年度だけではなく今後3年度分の事業内容と予算額もあわせて提出することによって長期的な視点からのチェックも行っている。この方法は、単年度思考になりがちな予算編成を、長期計画と個別計画に基づく計画的な予算編成とするためのシステムとして有効に機能している。

多くの事業は市民参加・議員参加・職員参加で策定した長期計画の実行計画（調整計画も含む）ですでに施策や事業の方向性が明示されており、主な事業については実施年度や事業費の大枠も明らかにされている。したがって、概算要求の段階で予算を職員が白紙からつくりあげるものではない。担当職員は長期計画の政策を、どのように事業として展開するか、関連する個別計画などを参照・検討した上で要求書を作成するのだ。それを査定する側の企画部門の職員も長期計画にどのように記載されているかを確認する作業からはじめることになる。

（3） 新たな政策は長期計画で位置づけてから

長期計画条例にも明記されているが、新たな政策を予算化・制度化する場合は長期計画に根拠がなければならないことを原則としている。緊急を要する事態や法律改正などはもちろん除くが、この原則を四者で共有することが武蔵野市の計画行政のベースとなる。実際には、長期計画の内容は比較的抽象的に書かれていることが多いので、多くの事業は長期計画を根拠とした事業として読みとることができている。しかし、長期計画上で読むことのできない施策や、計画にない公共施設の建設や将来にわたって多額の経常経費がかかる事業については、次の長期計画で検討すべき事項（長期計画事項）となる。もちろん長期計画に記載がないからといって調査や検討をはじめないわけではない。次の長期計画の策定に向けて個別計画の策定等を通じて具体的な検討がすぐにはじまるのである。

時間がかかるように見えるが、実質4年の計画期間の1～2年目は、計画と予算が大きく食い違うことはあまりない。3年目後半からは次の計画の策定作業にすでに入っていて、必要であれば長期計画案に記載していくことができる。したがって、大きな政策判断が伴う課題について、長期計画で位置づけていなければ新たな政策は行えないという長期計画条例の運用は、無理のないものと考えている。このように市民・議会との合意文書的な性格をもつ長期計画を尊重することによって、市民自治の原則に基づく計画的な市政運営を行っていくことができるのである。

これらが武蔵野市の長期計画による政策のマネジメントサイクルのベースになる。執行機関である市長がマネジメントするのはもちろん、市民・議会をふくめて、10年という長期的な視点で行政活動の大きな流れをマネジメントしようとしているのである。

二　第五期長期計画の考え方とその役割

ここまでは長期計画を基軸にした市政運営のしくみの特徴的なポイントについて述べてきたが、ここからは、第五期長期計画を例にとりながら主要な項目の考え方について述べていく。

1　計画の前提条件（財政フレーム）

計画の冒頭、計画の前提条件となる人口フレームと財政フレームを設定するために、計画期間中に予想される人口構成と、市政運営の財源の裏付けになる財政計画の概要を掲載している。この二つのフレームをどのように設定するかで計画の性格や内容が大きく左右されることになる。長期計画ではフレームの設定が恣意的なものにならないように、過去の推移に基づきできる限り機械的に推計フレームを設定している。将来の社会的な変動要因は、大規模な集合住宅の建設などのような確実視できるものに限定している。ここでは財政フレームについて述べていく。

（1）市民自治と財政フレーム

市民自治に基づく自治体運営とは、市民福祉向上のために限られた財源をどのように配分するのかを市民が相互に話し合い調整していくものであるということができる。もちろん、基本的には市民から信託を受けた市長と議会がその調整を行うことになるが、それらも含め、政策を市民間で相互に調整をして自治体の財政を自らの責任で「やりくり」することだとシンプルに考えている。。

「自治」組織の中での「やりくり」の調整作業はどのような場合でも構成員にとっては悩ましいものだ。その悩ましい作業を市長と議会に任せきりにしないで、市民ができるだけ関わることを目指しているのである。武蔵野市ではその調整作業の中でもっとも重要な場として長期計画の策定作業が位置づけられているのである。

様々な市民ニーズを限られた財政フレームに収める「やりくり」作業こそが自治体経営の本質だとすれば、その場となった長期計画は自制的な性格も持つものになるはずである。武蔵野市では、当初より、計画の実効性を高めるために財政計画によって財政フレームを設定し、財政上過大な事業を計画化しないよう配慮してきた。高度経済成長期にあってもそれは同様であった。

この市長や議会にとって悩ましい政策の抑制を伴う計画づくりとその継承に影響を与えてきたのが、在住市民で構成する策定委員会だったと考えている。「やりくり」や「抑制」という言葉ではなく、市民「自治」による市政運営を掲げて「自治体経営」を進めようとしてきたのだ。日常的に市財政のやりくりをしている職員も長期計画の策定を通じて、堅実な財政計画の策定が計画的な市政運営の原則であることを認識し、徐々に自治とはどのようなものなのかがわかってきたのである。

財源の裏付けがない総合計画の場合は、結果として計画の事業化への縛りが弱く、予算化の段階ではじめて具体的な施策・事業の取捨選択が行政内部で行なわれることになる。総合計画が財政計画を持つか持たないか、財政フレームとして機能しているかいないかで予算編成への影響が全く違うものになるのだ。その自治体がどのように総合計画を位置づけているか、計画行政をどのように考えているかは、総合計画の中で財政計画がどのように位置付けられているかを見ればよくわかるのである。

この財政フレームに収める悩ましい作業を、どこで、誰が、どのようにやることがその自治体として望ましいかということが重要な論点であるべきなのである。行政内部の毎年度の予算編成だけでやるのかあるいは、市民が参加した（大枠ではあるが）総合計画の策定を通じてやるのか、ということなのだ。

地方自治体としての自治を主張し、市民自治を標榜する自治体であるならば、おのずと結論は出るはずだ。地方自治体には、次世代の市民が安心して暮らし続けるために、市民自らの責任で事業の抑制を考えることができる「仕組み」が求められているのである。

（2）第五期長期計画の財政計画

ここでは第五期長期計画の財政計画について述べていく。

まず、前提となる財政の状況と課題を示している。次に、前計画の財政計画の計画額と決算の実績額を図で示しながら、計画と実績の相違した部分の理由を説明し、前計画の実効性を検証している。

今回の前半5年の実行計画の財政計画では、歳入では計画額より実績額が上回っているとして、その理由を定額給付金にかかる交付金があったことや前年度繰越金の増などをその要因としてあげている。歳出は、全体額はほぼ同額であるが、平成21〜22年度において投資的経費の縮減分と歳入の伸びた分を基金に積み立てたとしている。

そのうえで、従来の計画との整合性を図り、規律をもった財政運営を行えるように、次のように財政計画の設定方法を説明している。

・国の制度変更や税制改正については、策定段階で確実に予測できるもののみを見込むこととする。
・計画は一般会計に限るものとする。なお、特別会計については、各会計の財政計画を作成し、一般会計の繰出金を推計する。

・各年度の歳入歳出に当たっては、従来の策定方式である直近年度（２０１０年度）の決算額を基礎数値として、一定の伸び率を乗じて歳入歳出を算出する方式を採用し、武蔵野市人口推計や経済見通し等を考慮して策定を行う。

・新規の事業計画の投資的経費については、各該当年度にその財源とともに計上する。なお、バランスシートから財政計画上考慮しなければならない後年度負担等についても明らかにしていく。

次に、第五期長期計画の実行計画部分（２０１２年〜２０１６年）の5年間の財政計画を示している。本計画では5年間で３７６億円の投資的経費を見込んでいる。展望計画部分（２０１７年〜２０２２年）の5年間については財政計画を策定するには経済状況や税制改正などの不確定な要素が多いため財政の見通しとして記載するにとどめている。

なお、この実行計画期間中に予定される事業の事業費は、百万円単位で本文の中に主要な事業として実施年度とともに掲載している。ここに掲げられた事業は財政上実施が可能であることの裏付けになるとともに、掲げられていない事業で大きな財源が必要なものについては実施が難しいことが分かるという仕組みになっている。たとえば、計画化すべき事業であっても実行計画段階では財政計画の枠に収まらないような事業の場合は、実行計画上では「調査・検討」とし、実施は展望計画に振り分けるということを行っている。長期計画が動き出し、実施可能ということであれば長期計画の見直しである調整計画の段階で事業費を計上し調整計画（実行計画）化する、という仕組みである。

これによって、それぞれの施策・事業を計画実行の時間軸の問題として再度評価し整理することが可能になる。もし、長期計画に後半部分である展望計画がないとしたら、実施すべきではあるが時期尚早であるとか、財源的に余裕がないなどの理由で計画化されることなく埋もれてしまうことになる。長期的な展望を明らかにし、それを共有する意味からも計画期間を10年とする意義があるのだ。

経済情勢や税制改正の予想を立てることは非常に難しい作業である。来年度のことも不確定の状況の中で、5年間の財政状況を推測することは至難の業だ。どの自治体でも財政の担当者は財政計画を立てることに後ろ向きである。想定が容易ではないし、予測が外れた場合のことを恐れるからだ。しかし、難しいからといって将来の財政の状況を踏まえないで計画をたてたのでは実効性ある計画にはならない。現状の制度で、経済状況も現状のままという想定であっても財政計画を立てるべきだ。財政状況は想定以上に良くなることもあれば、悪くなることもある。その場合は、長期計画のローリングの際にしっかりとした説明ができればいいのである。

事業は百万円単位、財政計画は億円単位という大雑把なものだが、この程度の単位での推計だからこそ、計画を立てることができ、実効性も保たれるものだと考えている。

2　計画の理念と目的

成熟社会に入り、市政を取り巻く状況や市の政策も、かつての新規・拡大の時代を経て、新しい課題への対応をふくめリデザイン・リニューアルの段階に入った。その認識をうけ、計画の理念と目的は次世代に誇りを持って継承できる「持続可能な都市」を創り上げていくことが、現世代の市民の責務であるとしている。長期計画は、この基本理念を市民や関係者で共有しようとするものだ。ここでいう持続可能性とは、環境や財政の面にとどまらず文化・福祉・地域社会など、都市として存立していくためのあらゆる面を含めたものである。

また、本計画期間は、人口の減少や公共施設・都市基盤の更新の本格的な時期の到来を見据えた、持続可能な都市の構築に向けての土台づくりの期間と位置づけ、21世紀前半の武蔵野市政を方向づける重要な時期にあるとしている。

3　基本的な考え方（市政運営の原則の継承）

第五期長期計画では計画の基本的な考え方として「市民自治の原則」「計画的な市政運営」「市民視点の重視」「広域連携の推進」の４点を、今後10年間の市政運営の基本的な考え方とすることを掲げている。この原則のほとんどが第一期長期計画からの武蔵野市の市政運営の原則とされてきたもので、この計画期間の10年もこの理念を継承していこうというものだ。

武蔵野市では「長期計画を基軸にして市政運営を行う」という自治の仕組み（型）を長い年月をかけて積み上げてきた。長期計画を基軸にした市政運営が、まちづくり条例や自治基本条例に代わってその役割の根幹となる部分を担ってきたと言うことができる。その中でも、この「基本的な考え方」を長期計画の策定のたびに市民とともに確認していくことで、市政運営の原則を継承してきたことの意義は大きい。計画行政の推進にとどまらず、市政運営の基本理念の共有という面で自治基本条例の役割を担ってきたといえるのである。

近年の自治基本条例や議会基本条例の制定の動きは、自治体運営の基軸になるそれぞれの自治体独自の市政運営の原理・原則を求めて各地で起こっているものだ。市民・議会・市長・職員が共有できる市政運営の仕組みや型を求めているのである。それを制度化する手段の一つとして自治基本条例や議会基本条例があると考えている。また、そのような流れの中でそれぞれの自治体でこれまで実際に使われてきた市政運営の方法を条例化することでその安定化を図ることも当然でてくる動きである。武蔵野市ではその安定化を図った一つが長期計画条例の制定であった。

自治基本条例については、第五期長期計画を受けて市政運営の仕組みを今後どのようにしていくかについて議会も交えながら、現在検討を行っている。その検討にあたってはこれまで培ってきた市政運営の仕組み（型）が議論のベースになっていくことになるだろう。

4　基本課題の設定と共有

長期計画は市民・議会・市長・職員をはじめとして武蔵野市に関わるすべての人が市政の課題を共有するためのツールだ。「本計画期間における基本課題」は、施策や事業を検討する前提となるもので計画の中でもっとも重要なものである。武蔵野市は何が解決すべき公共課題なのか、問題はどこにあるのかについて、行政分野をこえて共有すべき課題を設定することができるかどうかが計画の成否を分けることになる。

したがって、この課題の設定には時間をかけて議論している。分野に掲げられるひとつひとつの個別の事業を実施するかどうかはもちろん大事なことなのだが、その議論のベースに市政運営の根底にある基本課題はなんなのかを見失わないようにしなければならない。この10年間に自治体として解決すべき課題はなんなのかが共有されていれば、その基本課題は市議会などでの政策論争のベースになり、その後のさまざまな場面での論争も一本筋のとおったものになるのである。

第五期長期計画で設定された四つの課題は、課題A「地域社会・地域活動の活性化」、課題B「公共サービスの連続性と情報連携の推進」、課題C「市民施設のネットワークの再構築」、課題D「都市基盤再整備の推進」である。

また、これらの課題が長期計画にどのように反映されているかがわかるように、四つの基本課題と施策・事業との関係をクロスさせた表を掲載し、基本課題に向けてどのように取り組みを進めていくかを示している。

5　施策の体系と重点施策

(1) 施策の体系と体系図

長期計画の本文というべき「施策・事業」の章は「健康・福祉」「子ども・教育」「文化・市民生活」「緑・環境」「都市基盤」「行・財政」の6分野に分けて体系化している。

それぞれの分野ごとに5～8つの基本施策が、その基本施策には2～7つの施策が掲げられている。施策の総数は117で、どれも簡潔な文章で表現している。

分野ごとに「主な事業の実施予定及び事業費」として実行計画部分5年間の年度ごとのスケジュールと百万円単位の概算の事業費を掲げている。これは前期5年の実行計画に計画化された主要な事業の実施スケジュールと事業規模のイメージを示している。また、この主要な事業の事業費の総額が財政フレームに収まるかどうかを確認している。

他の自治体と比べると、実行計画をふくめ一本で策定している割には文章の抽象度が高く感じられるかもしれない。それは、長期計画は施策や事業の方向性を共有すべきもので具体的なことは個別計画を見れば理解できる、あるいは今後、個別計画等で検討するという考えによるものである。その意味では、政策の索引的な意味合いが強くなっている。すべての分野での全体最適を図ることを考えるならば、この程度の抽象度のものでないと市民・議会・市長が合意し、共有し、尊重していくことはむずかしいのではないだろうか。

また、文章表現の中で具体的な表現があったり、非常に抽象的な表現があったりと、その表現の程度が不均衡にみえるかもしれないが、議論の結果としての合意文書であるととらえれば無理に統一する必要はないと考えている。

計画化される施策・事業は、分野ごとに体系化され、所管する課の名称とともに付表「施策体系図」として添付されている。この施策・事業は各部課が作成した事業計画書をたたき台として、計画本文にあわせて削除や新たな項目の追加などを行ったものである。

施策・事業は、先に述べたように、時間軸の優先順位の考えに基づき実行計画と展望計画に事業内容を振り分け掲載している。

(2) 施策の優先度の設定

本計画では優先事業として「地域リハビリテーションの推進」「子育てネットワークの多層化」「情報

の収集・提供機能の強化」「市民施設のネットワークの再編」「新クリーンセンターの建設と周辺まちづくりの推進」「上下水道の再整備」「三駅圏ごとのまちづくりの推進」の七つが指定されている。

行政分野をこえて優先すべき事業を明確にすることは長期計画の役割である。何を優先事業にするかについては、その表現もふくめ絞り込めば絞り込むほど優先する効果はでる。たとえば「子育て支援の充実」ではなく「子育てネットワークの多層化」とするなど事業の範囲について一定の絞り込みが行われている。反対に、絞り込むほど優先事業としていない事業について、なぜ優先事業ではないのか等、さまざまな議論が巻き起こることになる。

長期計画の優先化・重点化は、計画全体でいくつかの段階を踏んで行われている。

まず、長期計画はすべての事業を掲げる計画ではないので、長期計画に掲載されることが優先されているものということになる。また、本文の中での表現でもその優先度は変わってくる。さらに、その中でも、この重点施策で掲げられたものの優先度は高いということになる。

これらに加えて、前に述べた実行計画と展望計画に施策・事業を振り分ける段階で、時間軸の優先順位として、先に実施するものと後回しにするものとの優先度が明らかになる。多様な意見を簡単に切り捨てることなく、将来の検討事項として含みを持たせて計画化できるのだ。この点は展望計画をもつことの大きなメリットである。

（3）長期計画のボリューム（分量）

総合計画のボリューム（分量）も各自治体でさまざまだ。個別計画や実行計画のように事業レベルまで詳しく書き込んだ実施計画に近い内容を含む分厚いものから、基本構想に近い内容の薄いものまで実に多種多様である。武蔵野市の計画書は、政策の方向性や実施する施策を簡潔な文章で記述したもので、写真や図表をいれてもＡ４判で約60ページの本文と25ページの体系図で構成している。これは人口14万人の市の総合計画書としては薄いものである。

計画書が薄いということは抽象度が高いということで、それぞれの文章はより多義性をもっているということだ。武蔵野市の長期計画書は、市長が権限の範囲でつくった行政計画にとどまるのではなくて、議会が責任をもって議決した、市民、議員、市長、職員の合意文書という性格を持つものである。ある意味一定の多義性をもたなければ、政治的に簡単には合意・納得できないのではないだろうか。市民参加・議員参加・職員参加でのプロセスや市議会で自治体計画として議決することの意義は、この合意・納得することにあるのである。

なお、合意・納得がないまま計画づくりをすすめると、実効性や規範性がない計画になってしまうであろう。また、そのような計画では「政権交代」の際に計画が全否定されることになる。全否定は計画の内容だけにとどまらず、多くの場合、計画行政のシステム・しくみ全体を否定することにつながっていき、これまで継承してきた仕組みが途切れてしまうことになる。

武蔵野市の場合は、長期計画条例で「市が実施する政策は、すべて長期計画にその根拠がなければならない。」と規定している。ただし書きに「速やかな対応が特に必要と認められるものはこの限りではない。」としてはいるものの市政運営する側にとってはその縛りには厳しいものがある。この条文の規定もこれまでの40年間の計画の細密度・抽象度を前提として想定したものである。詳細な何百ページもある分厚い計画で同様の規定であったならば、計画の縛りがきつすぎて行政運営に支障がでる可能性があり、計画の規範性が保てなくなってしまう。武蔵野市の長期計画書のボリューム（分量）には、市政運営に政治的な裁量を持たせながらも、市長・議会・職員に対しては計画の規範性を担保していくねらいが込められている。

三　第五期長期計画の特徴（継承と発展）

武蔵野市では市政運営のしくみとして武蔵野市方式が継承されてきた。一方、政策としては都市改造の六大事業などの長期計画で位置づけられたまちづくりの柱となる基本となる政策が継承されてきた。この市政運営方法と基本政策の両方を継承し発展させてきたことが、現在の武蔵野市に大きな影響を与えている。ここでは、第五期長期計画の特徴を述べながら、基本政策の継承について考えてみたい。

第五期長期計画には「継承」いう言葉がよく使われている。継承というと後ろ向きに聞こえるかもしれないが、良いものは継承し、その土台の上に時代にあった新たな対応を重ねていくという意味で使われている。ともすれば当たり前となってしまって、積み重ねてきた仕組みや政策の背景の価値に思いが至らなかったり、あるいは、これまでの政策を否定することから政策論争に入ってしまうことなどがある。しかし、日々の市民生活に密着した基礎自治体の運営がそれでいいのであろうか。これまで有効に機能してきた仕組みや政策を、市民・議員・市長・職員らが共有することからスタートすべきという意味をこめて「継承」という言葉が使われている。先人たちによって積み重ねられた継承すべき多くのもの（伝統）をもちえた現在の武蔵野市政は非常に恵まれた自治体である。

1 持続可能な都市にしていくための長期計画

我が国は人口減少・少子高齢化が進み、各自治体は、漸増し続ける社会保障費はもちろん公共施設や都市基盤の更新などの財政負担も重くのしかかっている状況にある。厳しい時代を迎えていることはどこの自治体でも同じだ。当然あれもこれも事業をやれる時代ではない。あれかこれかでもなく、あれもこれもやめなければならない時代を迎えつつあるのだ。

こうした事態に対応し持続可能な行政運営を行っていくためには、これまで以上に計画的な自治体経営が求められている。今や、それに気付いていない地方議員や自治体職員はいない。このような状況を首長の強烈なリーダーシップだけに頼っているだけでは解決できないこともわかっている。自治体経営を戦略的に長期にわたって行っていくための手法（仕組み）をそれぞれの自治体で見つけ出さなければならないのだ。

（1）都市の更新に向けての土台づくり

第五期長期計画では、その計画期間の10年を、その次の第6期の時代にやってくる都市の更新の本格化に向けての土台づくりの10年として位置づけている。

東京都特別区に隣接する過密都市の武蔵野市では、１９６０年代に急激に人口が流入した経験から、このままでは住環境が悪化してしまう、住みよいまちの限界を超えてしまうと感じて長期計画で人口の抑制を課題としてとり上げ、集合住宅の乱開発の抑制や農地の保全などに取り組んできた。宅地開発の指導要綱による行政指導も、もともとは公共施設、学校が足らなくなるというところからスタートしているものである。高度成長期でもすでに武蔵野市の長期計画は自制的な性格をもっていた。

第五期長期計画では、武蔵野市の向かうべき都市像として、都市の持続可能性こそが現世代市民が次世代市民に対して責任を負うべきことであるとした。その中でも、福祉をはじめとする行政サービスを持続可能なものとしていくためには、長期計画上の投資的経費で大きな比重を占める都市基盤や公共施設の更新をどうしていくかということこそが市政の最大の課題であるとしたのである。

（2）公共施設の再整備時代の総合計画

第五期長期計画の策定では、都市基盤整備や公共施設の再整備に今後20年間で１５００億円（計画では１６００億円に修正された）を必要とすることを、策定の初期の段階である討議要綱で明らかにした上で、具体的な政策論争に入っていった。武蔵野市は都市化を迎える時期が他の自治体より早く、学校の鉄筋化や文化施設の整備も他の自治体に先駆けて行われてきた。したがって、公共施設の老朽化への対応も他の都市に先立って問題になってくる。他の自治体に先駆けてこの課題に取り組むことになる。

公共施設の管理については従前から危機感をもっていて、建物の長寿命化の前提となる劣化保全整備を進めるとともに、公共施設整備のための基金の積み立ても積極的に行ってきた。２０１１年には公共施設白書を作成して本格的にＰＲＥ（Public Real Estate: 公的不動産）戦略の取り組みをはじめている。

学校や文化施設は築60年までは使い続けるという前提にたてば、今回の計画期間は学校などの公共施設更新が本格化する前の段階であるため、計画している事業は想定している財政フレームに収まっている。しかし再整備・更新が本格化する10年後以降は非常に厳しいものになることが予想される。第五期長期計画の策定であっても、２０２０年からの第六期長期計画（２０２０年〜２０２９年）の財政フレームを意識しながらの議論が不可欠なのだ。本計画の策定段階では、20年後30年後をイメージした「長期」計画にふさわしい議論が策定委員会においても市議会においても展開された。

今後策定されるどの自治体の総合計画においても、この超長期的な財政計画が最大の課題の一つとしてとらえられているかどうかが問われることになる。この問題を斟酌せずに総合計画を策定したとすれば、その計画の実効性はおぼつかないであろう。

公共施設の量の抑制なくして、すべての行政サービスの量の確保、質の維持・向上はあり得ないという考え方が出発点であるということを、どのように市民と情報を共有していくかが課題なのだ。その共有の手段としては、福祉サービスから都市基盤整備までのすべての行政分野を網羅し、それらの財源を財政フレームに収めることを前提に、行財政改革の方針も併せて議論することができる総合計画以外にはないのではないかと考えている。

この問題を自分たちが知恵を絞らず、どこもおなじだから行政が何とかしてくれるだろうと市民が考え、国や県が何とかしてくれるだろうと市町村の行政や議会が依存思考に陥っているとすれば、その自治体はすでに市民自治による福祉サービスの向上という自治の精神を見失っていると言うべきであろう。

2　基本的な政策の継承によるまちづくり

まちづくりは5年や10年でできるものではないと述べた。まちづくりの基本政策が市民に共有され継承されることで、長い時間を経て政策効果は表れてくる。

第五期長期計画では「緑豊かな都市の構築の継承」「公共施設を三層構造に位置づけ計画的に配置する手法の継承」「市民の自主的なコミュニティづくりの考え方を継承」というように「継承」という言葉が基本政策の継承という意味でも使われている。ここでは都市改造の六大事業として1971年の第一期長期計画で掲げられ今日も武蔵野市の基本政策として定着している緑のネットワークと市民施設のネットワーク計画について紹介する。

(1) 緑のネットワーク計画

第一期の長期計画の緑のネットワーク計画には次のように記載されている。『公害をはじめ都市問題の激化している今日、武蔵野市に緑を計画的に導入していくことは緊急の課題である。緑は、市民生活を豊かなうるおいのあるものにするだけでなく、公害防止のためにも不可欠の要請であることは、今日、武蔵野市民の共通の理解となった。それゆえ大胆にこの計画において緑のネットワークの形成を第一の事業計画としてかかげることにする。』

市民施設もほとんどなく、緑被率がまだ40％（現在は25％）もある時代に、緑化を第一の事業計画として掲げ、市政の最重点課題と位置づけたのだ。策定した１９７１年当時、国においても地方自治体においても、緑化政策を重点的な行政課題とすることなどほとんどない時代にあって驚くべきことである。

その当時、市の公園などの公共の緑がない中で、現存する緑と都立公園をネットワークとして結ぶことを計画で提案し、その後、緑を面として充実させていくきっかけとなったのだ。また、他の施策に先立って緑化の造成を計画化したことで、その後の市立公園の整備を積極的にすすめる根拠になってきた。現在では市の面積が10・73㎢の小さな都市であり、かつ、まとまった土地を確保するのが難しい過密都市でありながら１７０の公園を有するまちとなった。小さなものまで含めると毎年４か所づつ公園が今も増え続けている計算になる。

また、第一期の長期計画には緑のネットワーク計画を早急に推進していくため、緑化市民委員会や造園部門の新設など、市民参加や庁内体制の推進体制にまで踏み込んだ記載がされている。これが武蔵野市の緑化推進のスタートになり、掲げられたことを実施したあと、二期、三期、四期と新たな施策を数多く展開し、現在の緑あふれるまちができあがっていくことになった。この緑のネットワークという基本政策の方針はその後の３人の市長にも継承されていく。どの市長も重点的な政策の一つとして取り組み、現在の武蔵野市の街並みをつくり上げた。これは緑のネットワークという基本政策を長期計画によって継承してきた成果なのである。（武蔵野市ホームページ「緑と公園の資料集」p26～p27しくみ編「長期計画」参照）

武蔵野市に来ていただければ、周辺自治体との街並みの違いを実感していただけると思う。職員採用試験の面接で武蔵野市の特徴を訪ねるとほぼ100％の受験生が「緑」と応えるまでになったのだ。その結果として、住宅地としてのイメージも上がり、緑の価値が不動産価値にも反映され、あきらかに地価にも影響を与えることになった。これら一連の好循環のスパイラルは長期計画を活用した基礎自治体の政策の力が生み出したものである。

（2）市民施設のネットワーク計画

次に、もう一つのネットワーク計画で、市民利用施設の整備にかかる方針をまとめた市民施設のネットワーク計画についても簡単に紹介する。

どの自治体においても常に過剰な配置になってしまいがちな市民施設を、長期計画において二つの大きな原則を掲げることによって、公共施設の配置をコントロールしてきた。学校以外の公共施設がほとんどない1970年代の時点で、今後の施設配置にあたっての考え方を示したもので、画期的な方針であった。

公共施設の再整備（更新）は、現在の市政の最重要課題のひとつになっている。更新の時期を迎えた時代に、あらたな展開が必要となっている中で、第五期長期計画においてもこの原則を継承して再整備・更新を計画的に行っていくことが掲げられている。

一つ目の原則は、市民施設の三層構造フレームに施設を類型化して整備するという原則である。コミュニティセンターから図書館、学校にいたるまでの市民が使用する公共施設を、コミュニティレベル、３圏域レベル（ＪＲの３駅を中心に市域を東・中央・西に３分割した地域）、全市レベルの三層構造に分類して整理し、それに基づき、施設配置をしていくことを原則とすることにしたものだ。たとえば、学校、保育園、コミュニティセンターなどはコミュニティレベルの施設として位置づけ、図書館、運動公園などは３圏域レベルの施設として位置づけ、全市レベルの施設としては市民ホール、郷土資料館、健康センターなどを位置づけたものである。これにより、施設を計画する際に、その施設がどのレベルにあたる施設かを明確にすることで、場当たり的な施設建設を抑制でき、体育施設や図書館などの過剰な設置を抑制することができた。

二つ目は、特定目的の施設はつくらず市民施設を複合施設化することを原則としたことである。

第一期長期計画において、施設計画の留意点として、大型会館の建設にあたっては多目的な利用を考え婦人会館、教育会館などの単一目的の施設は避けることとした。さらに市民施設は規模の大小を問わず市民センター的機能を持つようにするというものだ。それを受けた１９７４年からの第一期長期計画の調整計画では、遊び場、児童館、老人クラブ室、集会室などは、できるだけ多目的な市民施設に集約して各コミュニティ、駅勢圏に配分するとともに、管理運営には市民参加方式を取り入れることとした。

たとえば、児童館、青少年センター、婦人会館、公民館などはつくらずに、複合施設としてのコミュニティセンターをコミュニティレベルごとに整備することにしたのである。すなわち、児童館、公民館などの国の省庁縦割りの補助金による市民階層別のハコモノは原則としてつくらないこととしたのである。この方針を受けて、公民館や児童館ではなく、コミュニティセンターの建設が市民参加によりすめられ、管理も市民参加で行われることになった。その後も建替えなどの例外的なものを除き、前述したいわゆる国の省庁縦割りの補助金による新たな市民施設は建設していない。

第五期長期計画では、今後の公共施設の更新を行っていく際にも、これらの施設整備の原則を継承していくことが明記されている。

この影響は市民施設建設にとどまらず、すべての政策に影響を与えることになった。国主導の画一的な発想ではなく、武蔵野市の地域の課題解決のためにはどのような施策が必要かという観点から政策形成を行うことを促進することになったのだ。その結果、様々な独自の政策が生まれた。たとえば幼稚園でも保育園でもない０１２３吉祥寺（１９９２年）や運輸省の規制にとらわれないコミュニティバスのムーバス（１９９５年）、単なる公共施設の寄せ集めではない武蔵野プレイス（２０１１年）などはその典型である。

これらの政策はすべて武蔵野市が独自に政策開発したものだが、少なくとも検討に2～3年、長いものでは10年の開発期間を要している。時間はかかるが、省庁縦割りの全国画一の外発的な発想ではなく、市民の公共課題の解決に正面から取り組む自治体自身の内発的な発想で取り組んできた成果だと考えている。

（3）基本政策の継承が街をつくる

4年任期の市長がビジョンを掲げ、いくつかの施策・事業を単発的に実施するだけではまちづくりはできない。一人の市長が策定する基本構想で将来の街の姿を語るだけではまちづくりは進まない。その都市の特性をふまえた発想をし、市民が認め共有した基本的な政策を10年20年と粘り強く施策化し続けることによって、街は少しずつ変わっていくのである。

そのためには、絶え間なく基本政策を確認し、必要であれば修正していく作業を続けていく必要がある。武蔵野市においては、その作業を行うための仕組みとして長期計画が果たした役割が非常に大きかったのだ。

手続きや理念の継承は自治基本条例でも可能だ。しかし、さまざま具体的な施策を実施しながら、また政策をローリングしながら、基本政策を4年に一度、市民あげて確認していくという作業は長期計画ならではではないだろうか。基礎自治体が基本政策を継承し発展させていくには、総合計画が適しているのである。

3 長期計画条例

これまで述べてきたように、1971年度を初年度とする第一期長期計画から43年間、4人の市長が長期計画を基軸に据え、計画的・総合的な市政運営を行ってきた。この四つの時代を長期計画がつなげてきたのだ。任期を越えて長期的な視点でものをとらえる長期計画の連続的な連なりが武蔵野市の骨格をつくったと言える。

平成23年12月に制定された長期計画条例は、この武蔵野市方式による市政運営のしくみの中心的な部分を条例化したものだ。

この制定のきっかけとなったのが、地方自治法の改正によって基本構想の議決の法的根拠がなくなったことである。この改正は地方分権改革の地方自治体への義務づけの見直しの一環として行われたもので、今後はそれぞれの自治体が計画的な行政運営に自らの責任で取り組むこととなった。

総合計画を議会の議決事件とする場合には、地方自治法第96条第2項の規定に基づく議決事件として、総合計画を対象に加えることが一般的な方法だ。武蔵野市では、これまで述べてきたように法律による議決の義務付けの有無にかかわらず、市政運営には長期計画の策定とその議会の議決は不可欠であると市長も議会も考えていた。そこで、これまで行ってきた計画的な市政運営の仕組みそのものを長期計画条例として条例化することにしたのである。

第五期長期計画は長期計画条例を根拠とする最初の計画となったが、その策定と並行して条例案が審議されたこともあり、改めてその必要性が強く認識されることになった。また税収の増加が見込めず、都市基盤や公共施設の老朽化がすすむ中で、市民のニーズに的確に応えていくためには、これまで以上に長期的な視点に立った市政運営が求められていることも条例制定の大きな要因となった。今後も長期的な視点にたった計画行政を安定的に推進していくためには、条例を制定する必要があるとの認識があったのだ。

なお、議会での議決内容は、これまでの基本構想と同様に、まちづくりの考え方などの基本理念と施策の体系を要約したものを議案として作成し提出した。議案の実質的な審議は、これもこれまでと同様に説明資料として提出した長期計画案全文を中心に行われた。ビジョンと政策の要約だけでは中身のある審議はできないのである。これは予算説明書抜きの予算審議は考えられないことと同様である。

議会からは全文を議決したいとの話があったが、市長と議会で協議を重ね第五期については、従前のとおりとした。第六期以降は、前述したように分野別計画の充実など計画体系にも変化が生じてきており、長期計画と個別計画の関係性の変化もふまえ長期計画の意義をふくめ全文議決に向けて再度議論がなされるものと考えている。

おわりに

まちづくりは、一人の市長や一回の総合計画の期間で完結するものではない。30年40年という長い時間をかけて市民がつくり上げていくものだ。総合計画が自治体の将来像を見据えて計画されたものだとすれば、その成果を出すためには長い時間が必要なのは当然である。

先進的な自治体では総合計画と関連付けた行政評価が行われている。しかし、そのほとんどが個別の事業の計画期間内での実施状況の評価にとどまっている。30年40年という長いスパンの成果を問う行政評価の例はきかない。40年間の総合計画で数次にわたって設定されてきた「目指すべき都市」に近づくことができたのか、掲げた基本的な政策によるまちづくりを推進することができたのかということを、40年前の将来（未来）のまちに住む、40年前の次世代（現在）の市民が長年の計画行政を評価すべき時が来ているのだ。

武蔵野市のホームページには43年間12本すべての長期計画（調整計画を含む）の全文を掲載している。いつでも誰でもこれまでの市政運営の原則や政策の経緯が確認できるようになっている。議会や庁内の会議で過去の長期計画の文章が引用されたり、議員や職員が30年前40年前の長期計画を読み返すこともある。これらは実効性の高いリアルな計画であったことの証しだ。また、長期計画を使って市民生活にとって本当に必要な施策は何かという政策選択を市民、議員、職員をまきこんで行ってきた成果である。

このような長期計画を基軸にした市政運営を行うことができた理由の一つは、これまで述べてきたように実質的な政策の調整と計画書の書き手を行政内部（職員）だけではなく市民委員を中心に行う策定方法にあると考えている。そして、もう一つの理由は、これを導入・継承し、尊重してきた歴代の市長・市議会議員にある。全く新しい策定手法を導入した43年前、武蔵野市方式として全国から注目される一方で、市議会議員を中心に、政治家の活動に枠をはめるものであるという懸念も示されていた。それ以降、様々な議論を通じながらも継承されてきたのは、市長と市議会議員がこの一連の方法が市民自治による市政運営の仕組みとして一定の普遍性を持ちうるということを感じとっていたからだと考えている。

ここまで、長期計画の策定方式、自治体運営の原則、まちづくりの基本政策について述べてきた。これらを継承し発展させてきたことで、現在の武蔵野市があると述べてきた。未来に向かって切れ目なく続いていく市民の日々の生活に密着した基礎自治体だからこそ、市長や議員の任期をこえた長期的な視点にたった市民のための計画行政が行われなければならない。前任の市長との市政運営との違いを際立たせるだけではなく、良いものは継承し、自治体のもつ強みを活かしていくことが、何より市民の福祉の向上につながるのである。この市政運営の継承と発展を仕組みの面で支えていくことが武蔵野市長期計画の最も重要な意義なのである。

最後に、1981年策定の第二期長期計画（第一章）の冒頭の部分を引用しておく。

「この新長期計画は、前長期計画から継承すべきものは継承し、改めるべきは改め、新たにつけ加えるべきものは大胆につけ加えて発展する性格のものでなければならない。そして、この継承と発展の方式は永く武蔵野市の伝統となるべきである。」

〈資料〉

武蔵野市長期計画条例

平成23年12月13日条例第28号

（目的）

第1条　この条例は、武蔵野市（以下「市」という。）が市政に関する長期的かつ基本的な計画を策定することにより、市の目指すべき将来像を明らかにするとともに政策資源の有効活用を図り、もって総合的かつ計画的な市政運営を推進することを目的とする。

（長期計画）

第2条　市長は、前条の目的を達成するため、武蔵野市長期計画（以下「長期計画」という。）を策定するものとする。

2　長期計画は、市政運営の基本理念、当該計画期間に実施すべき政策、財政の見通し等を定めるものとする。

3　長期計画は、10年を1期として定め、当該計画期間の前期5年を実行計画とし、後期5年を展望計画とする。

4　市が実施する政策は、すべて長期計画にその根拠がなければならない。ただし、速やかな対応が特に必要と認められるものは、この限りでない。

（実行計画の見直し）

第3条　市長は、市長選挙が行われたとき又は市政をめぐる情勢に大きな変化があったときは、実行計画の見直しを行い、新たな実行計画を策定するものとする。

（市民等の参加）

第4条　市長は、長期計画の策定又は前条の規定による策定（以下「長期計画等の策定」という。）を行うときは、市民、市議会議員及び市職員が参加する機会を確保しなければならない。

2　市長は、長期計画等の策定を行うときは、策定委員会を設置するものとする。

（議決）

第5条　市長は、長期計画の策定を行うときは、長期計画のうち市政運営の基本理念及び施策の大綱について、市議会の議決を経なければならない。

（市長の責務）

第６条　市長は、長期計画に定められた政策の着実な実施及びその状況の管理を行わなければならない。

（他の計画との関係）

第７条　市長その他の執行機関が分野別又は事業別の計画を策定し、又は変更しようとするときは、長期計画との整合性を保つよう努めなければならない。

（委任）

第８条　この条例の施行に関し必要な事項は、市長が別に定める。

付則

１　この条例は、公布の日から施行する。

２　この条例の規定は、この条例の施行の日以後の日を始期とする長期計画について適用する。

第Ⅱ章　総合計画の原点としての「武蔵野市長期計画」

大矢野　修
（龍谷大学政策学部教授）

はじめに

本章は、本書第I章と同じく、武蔵野市の長期計画を対象にしている。第I章は、同計画としては最もあたらしい「第五期長期計画」(2012年4月)を主たる対象にして、同計画の策定に直接かかわった実務者による論稿である。いっぽう本稿は、あくまで外部からの視点で、武蔵野市における総合計画の出発となった「第一期長期計画(昭和46~55年度)」と「第一次調整計画(昭和49~53年度)」をテキストに、計画の基本フレーム、策定および運用の手続、手法、計画の主題などについて考察をおこなっている。それをふまえ、この2つの計画がいかなる意味で自治体総合計画の〈原点〉の位置をしめているかについて論じるのが、本稿の基本テーマとなる。

「第一期長期計画」と「第一次調整計画」をセットにして論じることで、武蔵野市長期計画が単なる行政計画ではなく、市民参加、職員参加さらに議員参加をふまえ、〈自治都市・武蔵野市〉を創る、ダイナミズムをもった実行プログラムへと成長していく過程を知ることができる。自治体における総合計画づくりは、自治都市の創造というビジョン（構想）とそのビジョン実現のための手続・手法開発というかたちではじまったが、こうした試みは、当時、日本においてまったく未開拓な領域への挑戦であった。「第一期長期計画」と「第一次調整計画」については、佐藤竺監修の『武蔵野百年史　記述編』（1963年〜1975年の12年間を収録。後藤喜八郎市政1期〜3期にあたる。以下、『市史』という）にくわしく記述されている。また、両計画で市民委員の1人をつとめた松下圭一（法政大学名誉教授）は、その経験をもとに「回想の武蔵野計画」（『自治体は変わるか』所収、岩波新書、1999年）を執筆している。そこに武蔵野市の「基本構想・長期計画」の考え方、策定手続、計画の構成と内容、計画実現の手法等について、明解に論点が整理されている。

本稿は「第一期長期計画」と「第一次調整計画」をテキストにして論をすすめるが、右記『市史』と松下論文をサブ・テキストとして使うことにする。なお松下は、策定時の前後で『都市政策を考える』（岩波新書、1971年）と「自治体計画のつくり方」（『現代都市政策講座』所収、岩波書店、1973年）を執筆している。この二つの著書・論文に実務論をくみこんだ松下自身の自治体計画理論がまとめられており、この著書・論文も参考にしている(1)。

なお、論じる対象が第Ⅰ章と同じく武蔵野市の長期計画であるため、内容が重複する部分があることは避けられない。論をすすめるに先立ち、そのことをあらかじめお断りしておきたい。

一　歴史的文脈のなかで

1　起点は「シビル・ミニマム計画」

日本における自治体計画行政の歴史は、時期的には１９６０年代後半、自治体独自の総合計画づくりからはじまる。当時、自治体にとって総合計画は、理論的にも実務的にもまったく未開拓の領域であった。試行錯誤ではあったが、この時代から開始された総合計画づくりの経験が自治体の政策形成の力量をたかめ、その蓄積によって実質今日の自治・分権改革を準備していく。その意味で自治体独自の総合計画づくりは、日本の自治体政策史というだけでなく、日本の公共政策の歴史にとって極めて重要な意義をもつ。その構想と展開は、日本が高度経済成長に突入していく１９６０年代に激発してくる現代都市問題と、それに抗し具体的に課題解決をめざす、実効性をもった自治体計画を模索するなかで形成されてきた。計画理論だけでなく計画策定の実務の双方において、その中核となったのが「シビル・ミニマム」の思想であった。日本における自治体総合計画の歴史は、1960年代後半にはじまる「シビル・ミニマム計画」としてスタートしている(2)。

自治体総合計画の歴史的意義については、自治体における「政治の発見」と、その手続としての「参加と公開のしくみの創設」を基礎に、「独自かつ創造的な政策の先行」と「計画行政と総合行政の主体への成長」という文脈で、日本の自治体が市民の自治機構＝地方政府へと成長していく戦略装置という位置づけをもって高い評価をうけてきた(3)。だが、あらためて自治体総合計画の歴史をふりかえれば、こうした評価がけっして平坦な道のりで獲得されてきたわけでないことがわかる。

「シビル・ミニマム」を核とした自治体総合計画は、美濃部革新都政の「東京都中期計画」（1968年）が最初であり、その後、「広場と青空の東京構想」（1971年）にひきつがれる。また、全国革新市長会の政策綱領「革新都市づくり綱領―シビル・ミニマムの策定のために」（1970年）にとり入れられる。本稿で論じる第一期の「武蔵野市長期計画（昭和46～55年度）」（1971年）もこの時期に策定されている(4)。

市民・自治体主導によるシビル・ミニマム計画によって、日本の自治体計画は戦後復興以来、国の開発計画の受け皿にすぎなかった県の地域振興計画段階から、現代市民の生活条件となるシビル・ミニマムの公共整備計画への転換がはかられる。のちほど論じることになるが、シビル・ミニマムの公共整備は必然的に都市改造をともなう。しかし、その都市改造は単なる土木公共事業ではなく、公害の抑止にはじまり、現代都市に欠かせない生活条件の整備という政策規範にもとづくものであった。そのことを国主導の高度経済成長政策との対比で特記しておきたい。

2　自治省モデルに対抗して

事実この時期、革新自治体のシビル・ミニマムに対抗するかたちで、自民党、経済界、省庁官僚による巻き返しがはじまってくる。田中角栄首相の『日本列島改造論』（1972年）を契機とした、国レベルだけでなく自治体をまきこんだ「土建国家ニッポン」(5)の動きである。

この全国規模でおこる地域開発ブームを自治体計画レベルで準備したのが、地方自治法改正（1969年）による市町村での基本構想の策定・議会議決の義務づけ規定であった。自治省主導によるこの基本構想の義務付けと、自治体首長を国の行政機構の下部機関とする機関委任事務制度がセットになることで、各省庁単位の全国縦割計画を上位計画とみなし、そこに自治体計画を従属させる体制がより強固に整えられる。この基本構想の義務付けの経緯については、本書「プロローグ」のとおりである。くりかえしになるが、自治省行政局長名・都道府県名宛の通達「基本構想の策定要領について」（1969年）には、市町村の基本構想を「おおむね10年」と位置づけ、「国または都道府県等の総合的かつ長期的な計画で市町村の区域をこえる広域的な計画がある場合には、その期間と一致させることも考えられる」とある。この「通達」が端的にしめすように、当時、自治体独自の総合計画づくりは国の政策・制度と対抗関係にあった。

本稿で、第一期「武蔵野市長期計画」を自治体総合計画の〈原点〉とみなす大きな理由は、この「自治省モデル」―基本構想・基本計画・実施計画を順次個別に策定し、それを国の省庁縦割計画に接続させる発想を排して、基本構想・基本計画・実施計画を地域総合の視点から統合し、一本化していることにある。この設計変更の背後には、右にみた文脈で国の政策・制度との厳しい緊張関係が隠されていた。第一期「武蔵野市長期計画」を自治体総合計画の原点とみなす理由は他にもあるが、それに関しては後ほどまとめてのべることにする。

さて、土建国家ニッポンに象徴される高度経済成長路線はオイルショック（１９７３年）以降も止むことなく継続される。自治体の総合計画はこの影響をうけ、ひたすら拡大・膨張路線を走ることになる。１９７０年代中期から１９８０年代、国家予算にしめる土木公共事業の規模は欧米先進国と比較して突出しており、赤字国債の発行も常態化してくる。大型公共土木事業のルートは大半が自治体経由であり、このルートを通し自治体計画は国の計画の受け皿となり、国と同じく政官業の複合癒着を拡大再生産していく。この拡大・膨張路線は１９９０年代後半のバブル経済の崩壊の時期までつづいている。

バブル崩壊に帰着するこの過程は、明らかに戦後一貫した省庁（官僚）主導による集権型の政治・行政システムの限界をしめしている。たしかにこの時期、「地方の時代」の提唱（１９７９年）に象徴される、自治体の政策自立を追求するうごきはあった。だが他方で、第二臨調（1981年）に代表されるように、政官業を一体とした官治・集権の巻き返しが加速してくる。その拮抗のなかで、内需拡大をうたう国からのバラマキとそれに追随する自治体も借金をつみあげ、総じて省庁主導の拡大・膨張路線を抑止する計画は構築しきれなかった。こうした歴史的流れをふまえれば、自治体総合計画の原点への遡行は、バブル崩壊後の自治体計画の再構築の道筋をさぐるうえでも欠かせない作業となる。

3　なぜ〈原点〉なのか

もちろん自治体総合計画がになうべき課題・内容は、時代の変化とともに異なってくる。自治体独自の総合計画づくりが開始された1960年代後半～1970年代前半と、行財政縮小に入った21世紀の今日では、地域社会は大きく変貌をとげている。当然その関連で、総合計画の計画課題、内容も変わってこざるを得ない。

今日の地域社会は外からのグローバリゼーション、内側での人口減と少子高齢化の急速な進行で大きく構造変化している。他方、自治体に目を転じれば、バブル崩壊後の財政運営の失敗をもろに受け、自治体は国と同様に過大な借金（債務残高）をかかえている(6)。時代の政策基調は明らかに高度経済成長以来の「拡大・膨張」から「縮小・再編」へと転換をせまられている。この転換に即応しつつ独自かつ実効性をもった総合計画の道筋を描くには、国依存の発想から脱却することはもちろんのこと、ステレオタイプ化した総合計画イメージを刷新し、行政スタイルの転換（再構築）につながる実行プログラムを組み込んでおく必要がある。

では、こうした実行プログラムはいかなる構想、手続で具体化できるのか。おそらくそこには、計画課題や内容に変化があったとして、自治体総合計画に欠かせない、共通する何かが内在しているはずである。〈原点〉への遡行は時代をこえ、その共通する何かを探りあてる動機から出発している。

本稿の基本趣旨はこうした課題設定のもと、その原点としての位置をしめるとおもわれる武蔵野市長期計画―「第一期長期計画（昭和46～55年度」（以下、第一期に限定して『武蔵野・長期計画』という。なお文脈によって『長期計画』と表記する場合もある）と「第一次調整計画（昭和49～53年度）」（以下、『調整計画』という）を対象に、〈原点〉としての位置を確定し、その地点から自治体総合計画のもつ今日的意義を考えることにある。

ここで、なぜ『武蔵野・長期計画』『調整計画』を自治体総合計画の〈原点〉としてとりあげるかについて、簡潔に整理しておく。

一つは先述のごとく、二本の計画を一本にして統一したことに典型なように、『武蔵野・長期計画』『調整計画』は明確に国主導の計画イメージ（自治省モデル）に対抗し、地域の固有課題解決のための長期・総合計画という発想で設計されている。

二つは当時、市民参加「武蔵野市方式」と称されたように、策定過程に徹底した市民参加・職員参加さらに議員参加が取り入れられている。総合計画を市民、長・議会、職員で共有しかつ自治体の最上位計画とするためにとられた手続だが、その取り組みは当時の他の自治体の域をはるかに超えている。

三つは、市民参加・武蔵野市方式の中核にすえられた策定委員会の役割である。市民委員によって構成された策定委員会は、職員がつくった原案を審議するいわゆる審議会方式ではなく、行政機構から一定程度自律（自立）した立場にたち、市民、議員、職員からの多様な意見・要望を調整する媒介機能をになっている。この機能は原案作成段階だけでなく計画の実施、進行管理、更新（ローリング）にいたる計画全体にわたっている。

なお、この市民委員を核とした市民参加方式は本書第Ⅰ章がしめすように、『長期計画』の策定から40年以上が経過した今日まで継承されており[7]、『武蔵野・長期計画』（1971年）ついで『調整計画』（1974年）は、武蔵野市の総合計画づくりにあっても〈生きた原点〉の意味をもっている。

四つは、総合計画は単なる行政計画ではなく、あくまで市民の立場から日常生活環境を総合的に把握し、より豊かな生活環境を創出するための実行プログラムだということである。そのためには既存の施策・事業の刷新、組み換えは避けられないが、こうした要請は必然的に〈行政〉観念の転換をうながすことに留意しておきたい。

五つは、市町村と県の総合計画は独自の性格をもった計画であることの認識である。『武蔵野・長期計画』『調整計画』は市町村総合計画としての典型であり、県レベルの総合計画の主たる役割は市町村間の計画調整にある。この機能への着目は、自治体計画が各省の全国縦割計画の従属から脱却するための基本要件であるが、両計画はその道をひらく手がかりを与えてくれる。

以上が『武蔵野・長期計画』『調整計画』を原点たらしめる理由ということになるが、この五つの論点は、今日の縮小・再編の時代における総合計画のあり方を検討するうえでも基本論点になり得る。つまり両計画は武蔵野市のみならず日本の自治体なかんずく市町村の総合計画にとって、今日なお〈生きた原点〉としての位置をしめている。もちろん本計画に深く立ち入ることで、今日的意義を照らす論点はさらに広がってこよう。だが、とりあえず以上五点を目安に〈生きた原点〉の探索にむかうことにする。

『武蔵野・長期計画』の策定委員会は、4人の研究者からなる市民委員（市長委嘱）と助役（当時）2人で構成されている。市民委員は遠藤湘吉（委員長）、佐藤竺、田畑貞寿、松下圭一である（『調整計画』も同じメンバー）。4人とも武蔵野市民である。同委員会は1970年10月4日にスタートし、翌年2月8日に成案を市長に提出している。その間わずか4か月である。なお同年3月に『武蔵野・長期計画』の概要をまとめた「武蔵野市基本構想」が市議会に提出されている(8)

策定にあたっては、徹底した市民参加・議員参加（三部構成の市民会議。第1部会：市議会代表。第2部会：各種市民団体代表。第3部会：一般市民の自由参加）と職員参加が並行してすすめられている。この策定手続の中核をになったのが策定市民委員（以下、市民委員と記す）であった。市民委員の作業は『長期計画』に記載されているが（第Ⅰ章（2）「長期計画の策定過程」）、策定手続は市民委員を軸にすすめられていることがわかる。

まず、市政アンケートなどによる市民要望、また行政各部局の個別要望を分析・整理して「討議要綱」を作成。この討議要綱を素材に、三部構成ごとの市民会議さらに庁内で職員との討議を平行して開き、ついで広く一般市民と討論会を開催するなど、市民委員は約20回におよぶ会合をこなしている。またこの間、市長とも協議の機会をもっている(9)。こうした手続をへて成案は市民委員自身の手で作成され、市長に渡される。なお討議要綱段階と成案ができた2回、広報紙に全容が掲載され、全戸配布されている。以上が『武蔵野・長期計画』の策定手続の大筋である(10)。

この流れからも明らかなように、市民委員は「市民、職員、また市長、議員との間の対話の媒体」(11)となり、策定過程全体のエンジン役をになっている。しかし重要なのは、市民委員の役割は、策定段階だけでなく、市長・議会による制度的決定後の計画実施、進行管理、計画更新の全過程にわたり媒体機能をはたしていることにある。媒体とは、いいかえれば〈調整〉である。後ほど明らかにしたいが、市民委員が計画策定からその実施、更新の全過程で調整役に徹することで、『武蔵野・長期計画』『調整計画』は静態的な行政計画の域をこえ、〈自治都市・武蔵野〉を創る、ダイナミズムをもった実行プログラムとしての実質を確保していく。

『武蔵野・長期計画』の全体像は「目次」のとおりである（１０８頁。なお『調整計画』は１３２頁）。『武蔵野・長期計画』前文となる「序　新しい『市民のふるさと』武蔵野市」につづき3章構成となっている。末尾に付表「長期計画主要施策一覧表」が添付されているが、それを含め全体のボリュームはB5

判87頁ときわめてコンパクトである（タブロイド版広報紙8頁にまとめ公表）。

先述のように『武蔵野・長期計画』は自治省モデルをとらず、長期構想と基本計画・実施計画を一本化した構造になっている。つまり「基本計画」は前期・後期に分節され、前期を実施計画とする構成になっている。3年後に、この実施計画はローリングの手続にもとづき、『調整計画』に引き継がれ、新たな実施計画として再編される。「基本構想」「長期計画」「実施計画」3つが統一されかつ3年ごとに「調整」されることで、変化のはやい現実に即応できる「柔らかな計画」としての条件をととのえている。

二　『武蔵野・長期計画（昭和46～55年度）』

1　「新しい市民のふるさと武蔵野」のための長期戦略――序および第1章・その1

本稿は『武蔵野・長期計画』（第一期長期計画）が今日なお自治体の総合計画にとって参照すべき〈生きた原点〉の位置をしめる、との仮定のもとに出発した。先に〈原点〉たる理由を5点あげておいたが、その根底に、策定手続をふくめ計画の前提として「武蔵野市民自身がつくる総合計画」の理念を実現する条件が組み込まれていることを確認しておく必要がある。

「目次」（108頁）をみてほしいが、第1章「長期計画の構想」（1）～（8）がこの部分にあたる。第1章は、通常であれば、総合計画一般でいう「基本構想」に相当する。だがこの基本構想は、総合計画によくありがちな望むべき将来ビジョンの列記ではなく、将来ビジョンをいかなる前提条件のもとに実現するかに大半が費やされている。将来ビジョンは「序　新しい市民のふるさと武蔵野」に簡潔にのべられている。「序」は、この将来ビジョンを実現する主体が武蔵野市民であることを明記している。しかし、実効性をもった計画になるには、その記述が単なるきれい事に終わらない条件をそなえていなければならない。これが序につぐ第1章の位置になる。

将来ビジョンの核は〈自治〉である。同時に〈自治〉は将来ビジョンを実現する前提条件でもある。この〈自治〉をめぐる目的と手段の緊密な連関の明示が第1章（1）～（8）の内容である。重要なことは、その前提条件が一般論にとどまっていないことである。個別の地理的、歴史的条件、さらに高度経済成長期という時代的制約のなかでの武蔵野市における自治の条件の明記である。その明記に自治体総合計画の〈原点〉たる理由の根幹を見出すことができる。

だが、そこに原点たる根拠があったとして、しかし、なぜ日本の総合計画は自治の条件の明記から出発しなければならなかったのか、その疑問は残るように思う。そこで以下に、序でいう「新しい市民のふるさと」の意味をたずねながら、その疑問をさぐるところから論をすすめることにする。

（1）現代的〈自治都市〉形成のための計画原則

『武蔵野・長期計画』は、市民の自治活動と市長、市議会、市行政機構の民主的・科学的行政の結合により、新しい〈自治都市〉という姿をもった「ふるさと」をつくることを宣言することからはじまっている（「序・

新しい市民のふるさと武蔵野」）。

歴史的にみて、日本の都市は中世・近世にかすかな萌芽（たとえば堺や博多）はあったものの、〈自治〉にふさわしい都市は存在しなかった。中世・近世の城下町、明治期の帝都・東京の建設、戦後の企業城下町まで、権力や軍事・産業の拠点ではあっても、市民による〈自治〉にふさわしい都市は築きえなかった。「新しい市民のふるさと」とは、こうした権力ないし軍事・産業の都市づくりから飛躍し、日本においてはじめて〈自治都市〉の姿をもったふるさとを創ろうという挑戦を意味していた。

現代社会における自治都市の要件は、端的にいえば、市民にとって欠かせない生活条件つまりシビル・ミニマムとなる道路網、上下水道、電気・ガス、大量輸送網、公園、学校、集会広場等々の都市施設が、個人の負担能力をこえて公共的に整備されざるをえないという現実からはじまる。生活様式全般の都市化・社会化であるが、都市が膨張するにしたがい、現代人の生活条件を規定するこれら複雑高度に社会化された人工システムを誰が計画的に整備し、維持・管理するかが切実に問われてくる。

1960年代にはじまる高度経済成長によって日本列島は都市化の波にまきこまれる。だがその現実は、大都市部を中心に無秩序な都市の膨張と過密化をもたらし、世界に類例のない公害・環境破壊と生活全般にわたる都市問題をひきおこす。この事態は、日本の都市が権力の都（みやこ）や軍事・産業都市以外の都市を築くことができなかった問題（未熟さ）へとはねかえってくる。日本では、国家観念を基礎にオカミによる都市づくりの経験はあっても、市民による自治の力で都市をつくるという経験をもつことができなかった。生活全般をおおう都市問題の激化はまさにその帰結ではないか、という深刻な問いである。

したがって、現代的〈自治都市〉に挑戦する『武蔵野・長期計画』は、二つの問題意識のもとにスタートせざるをえない。一つは、現代市民の生活条件を規定する複雑高度化した人工システムから生じる多様な都市問題を制御する実行プログラムの構築である。二つは、これら人工システムを日常生活の破壊ではなく、より豊かな都市生活の可能性へと飛躍させるための戦略構想をいかなる方法でプログラム化するかの課題である。

その模索がまさに計画イメージの180度転換という発想のもとに開始される。1960年代にはじまる、市民自治にもとづく自治体なかんずく市町村を起点とした総合計画づくりがそれであった。その典型をつくったのが、市民参加・職員参加による武蔵野市方式として注目された『長期計画』の策定ということになる。

日本における〈自治都市〉への挑戦は、策定・実現・更新の全過程を徹底した市民参加・職員参加でつらぬこうとした総合計画づくりの模索からはじまっている。その意味で『武蔵野・長期計画』に掲げられた五原則（第1章（5））―市民自治の原則、自治権拡充の原則、市民生活優先の原則、科学性の原則、広域協力の原則[12]は、日本の歴史上、まったく未経験の自治都市づくりに挑戦するための五原則でもあった。

（2）計画の前提要件を基本フレームに組み込む

実効性をもつ総合計画になるには、うえの五原則をふまえ、一つに、現代社会における市民の生活条件をめぐる公的整備の具体的プログラム化は欠かせない。二つは、現代都市からたえず噴出してくる市民相互の利害対立を調整する民主的手続のルール化も重要である。前者が現代市民の生活権であり同時に自治体の政策基準となる「シビル・ミニマム」の導入である。後者が総合計画の策定・実現・更新の全過程を市民自治の原則のもとに制御する市民参加システムである。

この二つは、現代的〈自治都市〉にむけ実効性ある計画になるための欠かせない前提要件となる。他方、個別の都市はそれぞれ気象、地理等々の自然条件や人口規模、産業の配置等をふくめ均一でなく、問題の発生のしかたも異なってくる。したがって実効性ある計画であるためには、右の一般要件にくわえ、それぞれの都市を特徴づけている諸条件をふまえて出発せざるをえない。

この諸条件のちがいにより政策基準となるシビル・ミニマムの内容・水準は自治体によって異なることが大いにありうる。そのために、その内容・水準を確定する手続として市民参加が不可欠ということになる。この二つの一般要件と都市ごとの個別要件の動態的連関によって、総合計画はそれぞれの都市の個性を生かしつつ実効性ある計画の前提条件をととのえることができる。総合計画が各自治体の独自性をもち、相互に代替できない理由もそこにあるはずである。

では『武蔵野・長期計画』の前提となる個別要件とは何であったのか。「武蔵野市の特徴」（第1章（8））がそれにあたる。なお、前掲『市史』にも当時の市勢と政策の主要課題がくわしく記されている。その記述をもとに策定当時の武蔵野市の特徴を簡略に整理しておく。

武蔵野市は東京都心から20キロ圏の大都市近郊都市である。面積は全国で下から数えたほうがはやい小規模な都市であったが、人口の密度は当時、全国でもトップクラスであった。財政規模は、折からの高度経済成長の成果をうけ年々上昇カーブをえがいている。ちなみに1963年〜1974年の11年間の決算総額をみれば、8・7倍（22億4400万円→195億2300万円）である。歳入は市民税と固定資産税の比率がたかく、両方をあわせるとつねに80％台をしめていた。この数字から市民の所得水準が全国的にみて高水準にあったことがわかる。

いっぽう人口の推移は、戦後の市制施行時（1957年）、6万5000人でスタートしているが、1965年までの約20年間で13万人に達している。この増加傾向は他の大都市近郊都市と同じだが、武蔵野市では1965年以降、今日までほぼ横ばい状態にある。ただし人口の流動ははげしく、1960年代後半からの10年間で3分の2が入れ替わる状態にあった。この人口流動データから、計画策定当時、人口急増期はすぎていたものの気を緩めればさらに人口密度をたかめる状況にあったことがわかる。

なお産業別就業者数の推移をみれば、農業などの第一次産業は1965年にすでに1％を割り込み（0・9％）、第二次産業も漸減（1965年、32・8％→1975年26・5％）、第三次産業は上昇（1965年、66・2％→1975年72・5％）となっている。武蔵野市はすでに40年以前から、今日の日本の社会経済

武蔵野市長期計画（昭和 46 ～ 55 年度）

目次

構造を先取りしていたことになる。

『武蔵野・長期計画』はこうした都市としての特徴をふまえ、武蔵野市の構造はきわめてコンパクトかつその規模も適正であること。また市民のたかい所得水準・教育水準とあいまって、都市としては成熟期に入り、計画が理念として掲げる「市民参加」にとってもま好条件であった、と自己認識している(13)。

これらの記述から、「当時、理念も手法もかいもく検討のつかないなかで、あえて市民参加による行政の計画化に挑戦し、未踏の世界を切り拓いた」(14)と自負できるのは、武蔵野市がこうした好条件をもっていたから、と結論づける誘惑にかられそうである。

しかし〈自治都市〉という将来ビジョンからすれば、これらのデータはあくまで外的条件をしめしたものにすぎない。武蔵野市にかぎらず都市の特徴を規定する要件は、メリットとなる要素もあれば逆に制約となる要素もある。その事情はどの都市でも同じであり、武蔵野市も当時、固有の地域課題をかかえていた。したがって『武蔵野・長期計画』の独自性はその外的条件に由来するわけではなく、制約要件もふくめ外的条件を〈自治都市〉という価値実現にむけ組み替えるしくみが計画の基本フレームに組み込まれていたこと、に見出すべきであろう。

『長期計画』の全体構成は、「前文」から末尾の「主要施策一覧表」まで、一貫して武蔵野市を特徴づける条件（制約要件）を新しい〈自治都市〉の可能性に転換させる構想のもとに組み立てられている。その考え方と計画の前提条件を明記したのが「序」および「第1章」ということになる。

基本構想の部分にあたる序・第1章の内容は、一面で武蔵野市のあるべき将来ビジョンの明示である。

だが重要なことは、この将来ビジョンが先行してまずあって、その実現の手段として実行プログラムが組み立てられているわけではない、ということにある。むしろ事態は逆である。

まず、緊急に解決をせまられている複数の固有課題があり、その課題を解決するための「長期戦略」（構想）として将来ビジョンは位置づけられる。『武蔵野・長期計画』は、将来ビジョンと実務的プログラムという二重の性格を計画の前提要件におき、その二重性を統合するしくみを基本フレームに組み込むことで、実効性かつダイナミズムをもった計画となっている。そこに、独自性とともに『武蔵野・長期計画』が今日なお〈生きた原点〉であるもう一つの核心を見出すことができる。

この固有課題と将来ビジョンの関係から明らかなように、『長期計画』は計画理論が先行して策定されたわけではなく、実務上の緊急課題がむしろ理論構築のバネになっている。策定当時から、市民参加・武蔵野市方式は4人の市民委員が大学の研究者であったことで学者参加と揶揄されていた。だが、『武蔵野・長期計画』を評価するにしろ批判するにしろ、当時の武蔵野市がかかえる現実をふまえた実務と理論相互の緊張に着目しない論評は何も語っていないに等しいといえよう。

2　現代都市の危機と『武蔵野・長期計画』──第1章・その2

（1）五つの緊急課題

『武蔵野・長期計画』のダイナミズムを支える基本フレームは、右に指摘したように、あるべき将来ビジョンからのみ導き出されるものでないことを確認しておきたい。基本フレームは、まさに現代都市・武蔵野市がかかえる制約要件を市民自身の手で克服する道筋をひらく行動指針であるかぎりで、基本フレームたりうる。

松下は『武蔵野・長期計画』策定当時の1970年前後、武蔵野市がかかえていた緊急課題を次の五点──①高層住宅増大への対応。②人口抑制手法の策定。③玉川上水の保存。④清掃工場の設置。⑤アメリカ軍施設三跡地の利用計画をあげている（前掲「回想記」）。

この五つの緊急課題は、放置すれば〈自治都市・武蔵野〉の実現はあやうい、との危機感から発している。『武蔵野・長期計画』が実質、実効性をもった計画であるかどうかの第一義的な判定は、この緊急課題に即して、阻害要件になりかねない問題を逆に市民のより豊かな生活条件に切り替えることができたか否かで試されることになる。松下の論旨を手がかりにそのことを考えてみたい。

さて①は、市域各地で大型高層マンションの建設が目立ちはじめ、生活道路の問題と同じく近隣住区で日照障害をめぐって紛争が噴出しはじめる。くわえて、この高層住宅問題は超過密都市・武蔵野にさらなる人口過密の負荷をあたえる要因ともなり、その対応は緊急課題であった。後の「宅地開発指導要綱裁判」(15)はこうした現実を背景にして起きていることに留意したい。

②は、超過密都市のなかに新たな人口増要因をかかえることへの危機感の表明である。直接的には⑤に関連して、国の外郭団体による住宅団地の建設予定を中止させるかの問題であった。この緊急課題から、他の自治体では類例のない人口抑制方針が計画の「基礎指標」として取り入れられる。当時、まとまった学校用地はすでになくなっていたという背景もある。

③は、鉄筋コンクリートで固められた人工都市にいかに自然を導入するかの問題である。多摩地域を横につなぐ玉川上水を埋め立て自動車道路にする東京都の計画にストップをかけ、緑のネットワーク計画の軸線にしようという構想である。この構想は、後にのべる「都市改造の六大事業計画」の一つに組み入れられている。なお、この保存計画は計画策定の五原則の一つ「広域協力の原則」の典型事例でもあった。とくに広域協力は東京都や周辺都市との行政レベルの調整・協力にくわえ、流域に広がる市民運動（玉川上水を守る会）との連携を呼び込んでいることに注目したい。

④は、隣市・三鷹市との清掃一部事務組合がこじれ、超過密都市の中にごみ焼却場を建設するという問題である。ごみ焼却場はいわゆる迷惑施設の典型であり、どこに建設するかはかならず市民を被害者と

受益者に分断する。場所の選定をめぐり市民相互の調整（自治）能力がきびしく問われてくる。ここでも徹底した市民参加方式で建設予定地を決めるという試みがなされ、最終的に市役所横に決定されたが(16)、それを成功に導いた要因の一つに「地域生活環境指標地図」の作成があった。この指標地図作成は、1974年の『調整計画』（「第一次調整計画」）段階ではじまっているが、これも有力な〈原点〉の一つであり、後ほどふれたい。

⑤の米軍施設の跡地の国有地は、武蔵野市にとって最後に残された大規模オープン・スペースである。この空間を②や③と連携して市全体の環境水準をあげるための緑のネットワーク計画の中枢拠点にする構想である。計画実現まで、国・都さらに国の外郭団体とのきびしい交渉・調整を経ているが、最後は武蔵野市の発案で、凧遊びができ、また有事には武蔵野市周辺はもちろん中野、杉並、練馬など一時避難ひろばにもなる、植樹あるいは上空に電線のない文字通りの「原っぱ公園」（都立）など、武蔵野市の計画構想どおり実現している。いずれも流動化という、現代都市が避けがたくもつ特性からでてくる緊急課題ばかりであった。

（2）緊急課題と基本フレームの連関

では、この五つの緊急課題と『武蔵野・長期計画』の基本フレームはどのようなかたちで連動しているのだろうか。第1章の記述の順序とはすこし異なるが、つぎの三点で検討してみる。

〈人口抑制方針〉

一つは「基礎指標」（第1章（8））にある人口抑制の課題である。

先の「武蔵野市の特徴」からも明らかなように、人口の上昇カーブが緩やかになっても人口増の要因は止まっていない。高層住宅に代表される都市のタテへの立体化、さらに鉄道、道路など大量輸送交通網の発達はつねに人口増の要因としてはたらく。しかし、首都圏域近郊の超過密都市・武蔵野にとって、これ以上の人口増は都市構造の変更をせまる脅威となる。

『長期計画』にとりいれられた人口抑制方針は、まさに武蔵野市の地域特性をふまえた、現実の〈必要〉からでてきた基本フレーム（基礎指標）であったことが分かる。とはいえ、人口増イコール都市の成長と信じられていた当時の時代風潮を考えれば、この人口抑制策はきわめて政治的勇断を必要としたはずである。その意味でこの方針は、市長・市議会をふくめ武蔵野市民自身が政治的に選びとった「自治の条件」であったといえよう。

〈三層の地域生活単位〉

二つは、「長期計画の目標と課題」（第1章（6））の一つにあげられた「地域生活単位の構成」である。

現代都市の特長である流動化・開放性に対応して、生活空間もまた自己完結した閉じた空間ではあり得ない。『武蔵野・長期計画』ではこうした現代都市の特性をふまえ、地域生活単位を三層の構造としてとらえている。近隣住区を単位としたいわゆる「コミュニティ」（八つのコミュニティを想定）、駅勢圏（吉祥寺、三鷹、武蔵境の中央線各駅）を中心とした三つの「地区」、それと「全市」レベルである。

もちろん、その起点は八つに区分されたコミュニティ（近隣住区）だが、このコミュニティは「新しい近隣感覚を身につけながら、市民自身がつくりあげるもの」であって、したがってその区分は「市が上から機械的に決定するものではない」と強調される[17]。つまりその区分は、所与として確定されたものではなく、あくまで柔らかな構想＝デザインとして、仮設された区域以上のものではない、ということである。

『武蔵野・長期計画』にはわかりやすくその構想図が掲載されている。手書きの楕円で描かれたその区域図と町内会・自治会単位に直線の交差で区画された他都市のそれを比較したら、どのような印象をうけるであろうか。おそらく両者の比較から、市民と行政をめぐる関係のとり方の違

武蔵野市コミュニティ構想

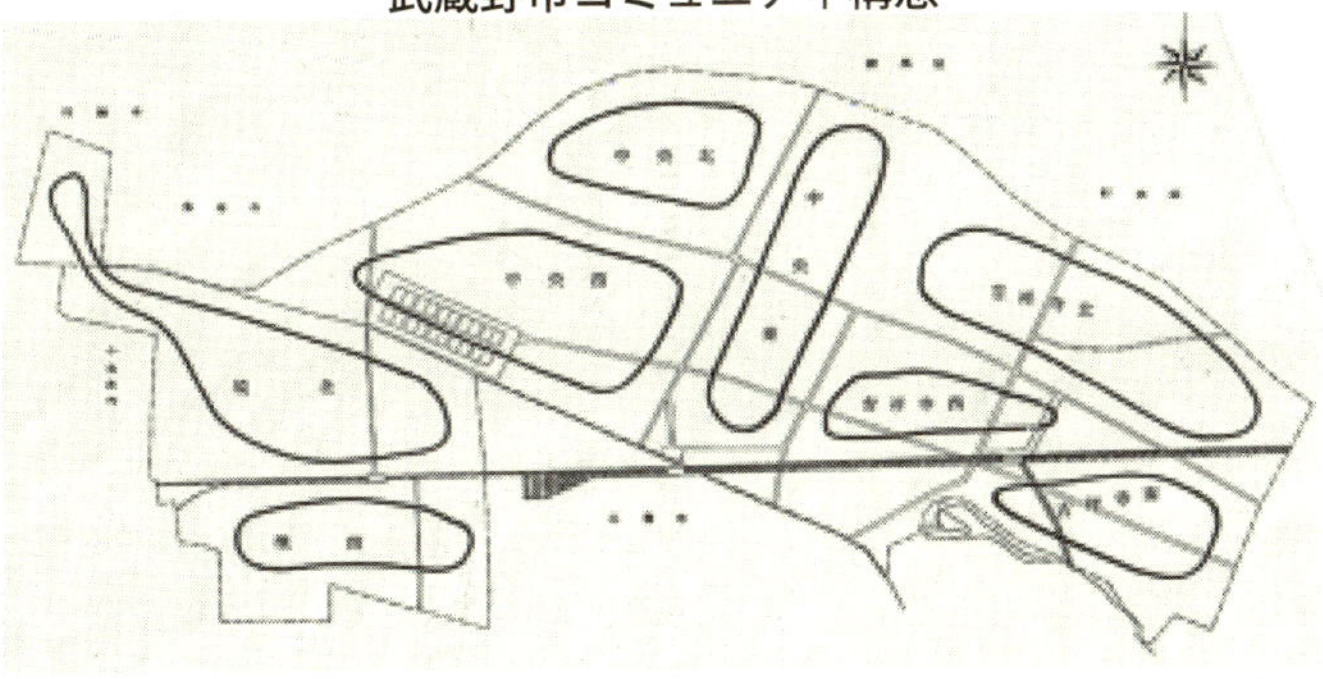

「武蔵野市長期計画（昭和46～55年度）」所収。その後「第1次調整計画」では11の区分に変更されている。

いが鮮やかに浮かび上がってくるはずである。

その比較を典型化すれば、通常の行政管理に依存した生活空間とは対照的に、武蔵野市の手書きの楕円の区分図からは、市民相互の自発的な交流・対話を基本とした生活空間＝自治の空間を鮮明なイメージで思い描くことができる。自治の空間であるがために、各コミュニティはけっして均一ではなく、それぞれ地域個性をもちかつ相互に開かれた生活空間になる。この対照から、総合計画は行政機構の「縦割部課単位」で編成されるべきものでなく、あくまで自治の空間をより豊かにすることを目的にして設計されるべきことを再確認しておきたい。

だが、大事なポイントがさらに一つある。それはコミュニティだけが生活空間として構想されているわけではない、ということである。異なった個性をもった①コミュニティ相互間、さらに②駅勢圏ついで③市域全体の三層が相互に補完しあい、自治の空間として形成されなければ、武蔵野市民がつくる〈自治都市〉の将来ビジョンは夢におわってしまう。

もちろんコミュニティは基礎的な生活空間であり、したがって、ここが市民活動ないし自治都市の起点になることは確かである。事実、『武蔵野・長期計画』では、「社会教育」の名で専任職員を配置して人件費がかさむ公民館は一切設置せず、八つのコミュニティ単位で、市民の自発的交流の〈ひろば〉となるべき施設（コミュニティセンター）を行政主導を排しつつ整備すべきことが強調される。この市民施設をふくめ計画の全体構成は、三層化した地域生活単位に対応して編成される方針が提起される。そうすることで、計画は流動化しダイナミックにうごく現代都市の特性に即応し、実効性をもった計画の前提条件を確保できるようになる。

「長期計画の目標と課題」（第1章（6））には、この三層の「地域生活単位の構成」をうけ、「豊かな市民生活の実現」と「都市改造のための六大事業」が明記されている。この二つの柱が、将来ビジョンと連結する実行プログラム、即ち現代社会における市民の生活権であるシビル・ミニマムの具体的内容を構成することになる。『長期計画』の目次でいえば第2章で、ここが総合計画一般でいう「基本計画」にあたる部分である。なお、シビル・ミニマムという言葉は、計画書では必要最小限にとどめられているが、内容は明らかにシビル・ミニマムの論理・構成によっている。

シビル・ミニマムの具体的内容については次節で論じるが、ここでは生活空間の重層性に対応して、生活課題別・地域別に構造化されていることを確認しておきたい。松下がのべる「シビル・ミニマムの都市空間への構造化」（シビル・ミニマムの空間システム化）[18]である。シビル・ミニマムの編成をめぐる空間システム化が基本フレームに組み込まれることで、市民の生活環境を破壊しかねない課題（五つの緊急課題）は、逆に市民の豊かな生活条件の基盤となる戦略プログラムとして再編される。「都市改造の六大事業計画」は、そうした構想のもとに立案されている。

〈3年単位のローリングシステム〉

三つめの基本フレームは、シビル・ミニマムを基軸に編成された「基本計画」（第2章Ⅱ・Ⅲ）をめぐるローリングシステムである。「長期計画の性格」（第1章（7））として、計画の実効性をたかめるため、

3年ごとのローリングシステム（調整システム）をとることが記されている（のち、市長、市議会の任期との関連で4年に修正）。

このローリングシステムが自治省モデルをこえ、基本構想・基本計画・実施計画を一本にした編成方針のポイントになる。この編成方針により、たえず流動化にさらされている現代都市にあって、いっぽうで長期的な戦略ビジョンを見失わず、他方で緊急課題解決の実務的プログラムという二重の課題に機動力をもって対応する態勢が整えられる。3年単位で前期・後期に分節された基本計画をローリングという調整システムで連結させることで、基本計画は将来ビジョン（基本構想）を具体化する実行プログラムに転化される。つまり総合計画は、基本計画部分を3年単位の前期（実行計画）と後期（展望計画）に分節し、それをローリングで連結することで、基本構想をふくめ1本の計画で済ますことができる。

ローリングシステムは、前期「実行計画」の進行管理をまとめた「主要施策一覧表」（巻末「付表」）と連動し、それを後期の「展望計画」につなぐ媒介（調整）機能にある。1971年度に策定された『武蔵野・長期計画』は3年後のローリングをへて、1974～78年度を計画期間とする『調整計画』（「第一次調整計画」）へと引き継がれていく。

『調整計画』については、次項であらためて論じることにする。ここでは前期の実行計画のローリングをふまえ策定された同計画は、ここでも市民委員を媒体にして、徹底した市民参加・職員参加、さらに市議会との討議をへて策定されていることを確認するに止めておく。

いずれにしろ、ローリングシステムを組み込み三本の計画を有機的に連結した計画は、行政の内部だけで自己完結する硬い行政計画ではなく、流動化する都市状況に機動力をもって対処しつつ、つねに将来に開かれた柔らかな計画となる。また、計画は3年単位に市民・議会によって検証されることで、市長ないし職員の恣意、独善をチェックする機会となり、長・議会の政治責任と職員の行政責任も明確になってくる。

3　シビル・ミニマムの空間システム化——第2章の構成と主題

『武蔵野・長期計画』は、行政の作文として役所内部で円環する静態的な計画ではなく、〈自治都市の創造〉という長期ビジョンを見失うことなく、他方で現代都市・武蔵野がかかえる固有課題を解決するためのダイナミックかつ柔らかな実行プログラムとして組み立てられていること。また、定期的なローリングシステムを組み入れることで、基本構想・基本計画・実施計画の三層の計画を有機的に連結させ、政治・行政責任も明示されることが、右の緊急課題と三つの基本フレームとの連関からみえてくる。

そのことを確認したうえで、本項では、具体的な課題解決の実行プログラムとしてのシビル・ミニマムの内容について、考察をふかめたい。「目次」（108頁）では第2章Ⅰ～Ⅲにあたるが、その項目に即し、自治体の総合計画がいかなる意味で「シビル・ミニマムの空間システム化」であるかを検討する。

（1）武蔵野市民が市政をつくる――そのための前提条件

『武蔵野・長期計画』第2章は、先述のとおり、三本の計画のうち「基本計画」の部分に相当し、Ⅰ～Ⅲの編別で構成されている。Ⅰの「市民がつくる武蔵野市政」は、（1）「市民参加システムの形成」、（2）「地域生活単位の構成」、（3）「市庁舎改築」（当時は大正期の木造オンボロ庁舎）が掲げられている。「市民参加システムの形成」は二つに分かれており、①交流のひろばとしての市民施設のネットワーク整備と市民参加の具体的制度化、②情報の整理・公開の前提としての広報改革である。

「市民がつくる武蔵野市政」というビジョンから、市民参加は策定段階にとどまるものでなく、長期計画の全過程につらぬかれる必要がある。したがって市民参加システムは、市政の主体である武蔵野市民の政治的制度条件の整備を要請する。ついで「地域生活単位」は、政治主体である市民の自由な生活空間の構築を意味する。また、市民センター（市庁舎）の改築は、職員の単なるオフィスの改築ではなく、市民活動の自由な「ひろば」の拠点としての市庁舎構想である。

いずれも市民自身の手によって、現代の「ふるさと」（自治都市）武蔵野を構築するための基本フレーム（必要条件）に照応した政策・制度課題である。『武蔵野・長期計画』は、この〈自治都市〉の必要条件をふまえ、市民自身の手で「わがふるさと」を創出するために、（1）（2）（3）の三項目に対応して、課題別の市民委員会の設置を提起している。市民委員による長期計画策定を課題別の計画段階まで広げる提案である。そのことについては、次節の『調整計画』でくわしくのべる。

（2）豊かな市民生活の実現にむけて――生活課題別の分立と統合

ついで第2章のⅡとⅢ（目次参照）は、〈わがふるさと武蔵野〉を創出するうえで必要条件となるシビル・ミニマム整備の項目である。Ⅱ「豊かな市民生活の実現」は、（1）都市基盤計画、（2）文教計画、（3）福祉計画に分類されている。いずれも生活領域別に市民の日常生活に欠かせないシビル・ミニマム保障を整理したものである。この三つの領域の下には計26の生活課題別の項目が並べられている。また各項目のもとには、ここでは詳述する余裕はないが、その項目を実現するための指標や個別施策が書き込まれている。

この三分類とその下に位置づけられた26項目の生活課題、また各項目を具体化するために配置された複数の指標・個別施策群は、くりかえすが行政内部の視点で書き込まれているわけではなく、あくまで市民の日常生活が起点である。つまり生活空間をより豊かな自治の空間に飛躍させるための必要条件である。したがって、これら26項目の課題別および各施策・事業はそれぞれ単独で成り立っているわけではなく、相互に補完しあい、その総合力で現代市民の生活条件の必要を満たそうとしていることに留意しておきたい。

たとえば「生活道路」（Ⅱ－（1）－①）は、家庭と学校、駅、公園などをむすぶ道路であると同時に、子どもの遊び場や市民の出会いの場でもあり、さらに全市の緑のネットワーク計画に組み込まれるなど、複合的な機能をもつ。したがって生活道路の機能は「文教計画」の小中学生の教育、さらに「福祉計画」の交通安全、公害防止、市街緑化・美化などの項目と重なってくる。また「基盤計画」のごみ収集・処理は同時に、「福祉計画」にある環境衛生の課題でもある。このように生活課題別の項目は、いわゆるソフト計画・ハード計画の仕切りをこえて、それぞれ複合的機能をにないつつ分立するが、相互に補完しあうことで、市民の日常生活条件を総合的にカバーする空間システムとなる。

シビル・ミニマムは一般に、①生存権（健康保険、生活保護などの社会保障）、②共用権（道路、学校、公営住宅などの社会資本）、③環境権（公害、公衆衛生など社会保健）の三領域で定式化されている(19)。もちろん三領域とも、基礎自治体がになうべき政策課題は限定される。そのことを前提に、この三領域は右の論旨をひきつげば、26項目の課題別に機械的に分担されているわけでないことが分かる。26すべての項目がそうだというわけではないが、基本は、各項目を構成する複数の個別施策・事業のなかに三領域の要素が分担され、それを統合したかたちで各課題別項目は成り立っている。

現代市民の生活権の保障としてのシビル・ミニマムは、三領域の要素を組み込んだ26項目の生活課題の分立、さらに項目相互を組み合わせた総合的システムとして編成されることで、計画全体の実効性を確保しようとする。だが、この26項目はあくまで武蔵野市の独自課題をふまえた分類である。大都市近郊都市であればその項目は似てこようが、その項目数とそれを具体化する個別施策は、各自治体によって違いがあって当然である。しかし、その構成と機能には何ら違いはないはずである。

以上のことをふまえ、総合計画が「シビル・ミニマムの空間システム化」である理由の一端をおさえておきたい。しかし、この定義を満たすには、さらに三層の生活空間に対応した、もう一つの分立と統合の戦略計画の立案が不可欠になる。それが「都市改造の六大事業計画」（第2章Ⅲ）である。26項目の生活課題別とこの戦略プログラムとの組み合わせによって、シビル・ミニマムの空間システム化は、武蔵野市の実態をふまえ、立体的な像を結ぶようになる。

（3）戦略プログラムとしての六大事業計画

六大事業の立案は先述の五つの緊急課題が発端である。『武蔵野・長期計画』は六大事業計画について概略、現代市民の生活基準つまりシビル・ミニマムは、自然発生的な都市構造を改造することからはじまる旨の記述ではじまっている。都市構造の〈改造〉は多大な経費と長期の時間を要する。緊急課題と長期の事業計画の結合から、あらためて『武蔵野・長期計画』の機能が、緊急課題の解決をめぐる「長期・総合」の実行プログラムであることを確認しておきたい。

さて、事業計画名はつぎのとおりである。①緑のネットワーク計画（課題別）。②市民施設のネットワーク計画（課題別）。③全市完全下水道化計画（課題別）。④吉祥寺駅周辺再開発計画（地域別）。⑤中央地区整備計画（課題・地域別）。⑥武蔵境駅周辺開発計画（地域別）。（）に示したように、生活課題別・地域別に分化して構想されている。ただし、それぞれは単独事業として孤立している訳ではなく、ここでも分立と相互補完を保ちながら、武蔵野市における現代都市基準即ちシビル・ミニマムの水準向上をもたらす戦略的プログラムとして位置づけられている。

いいかえれば、六大事業計画による都市改造は単なる土木公共事業ではないということである。都市改造はあくまで重層化された生活空間をより市民の自由な空間に再編するための条件整備とみなすべきである。

緑のネットワーク計画は玉川上水の保存とあわせ、米軍施設の跡地を⑤中央地区整備計画とセットで防災と緑化戦略の拠点にする事業構想である。この緑の拠点と既存の大型公園さらに農地や屋敷林、チビッコ広場さらに市民施設の緑化などが連結されることで、点にすぎなかった緑は線へ、さらに線から面へとひろがっていく。まさに〈緑〉を軸とした都市改造の展開である。

なお、この事業計画のために緑化市民委員会が設置されている。市民参加・武蔵野方式の中核の一つである課題別市民委員会は、六大事業計画を中心に都市改造を市民参加によって実現するための組織であるが、課題別の市民委員会は緑化市民委員会によってその典型がつくられている。なぜ典型かは後ほどくわしくのべる。

市民施設のネットワーク計画も、三層性をもつ生活空間に対応して構想されている。計画では行政施設から文化施設、福祉施設、集会施設などが機能別に分類されているが、これら市民施設群はその規模をふくめコミュニティ、地区、全市レベルの三層の生活空間に対応し、適正配置する考え方が基本である。

市民施設ネットワーク計画には二つの留保が入っている。一つは、大型市民施設の建設は単一目的の施設は極力避けるとある。省庁タテ割補助金に依存した官主導による施設建設の否定である。二つは、市民施設は大小を問わず緑地や遊び場とつなぎ、市民の〈ひろば〉機能をもって建設するとある。三層の生活空間に適正配置される市民施設の建設は、それ自体が都市改造の重要な拠点である。だが、くりかえすが、都市改造計画はたんなる土木公共事業ではなく、現代市民の生活条件を自治の空間に転換させる拠点であることが、緑のネットワークとあわせこの二つの留保条件から見えてくる。

なお、市民施設ネットワーク計画は、前期5年の実行計画では学校鉄筋化が重点になるため具体的進展はなかった。『調整計画』ではコミュニティ・センター計画と市民センター（市庁舎）建設計画に重点化されていく。しかし、それもまだ用地取得のみであった[20]。この市民施設をめぐる計画の限定は、つぎの下水道計画の緊急性と連動している。

全市完全下水道化計画は、『長期計画』段階では、下水道普及率は昭和44（1969年）で全市24・1%、認可区域でも35・6%にすぎず、1964年以来おこなってきた市民アンケートでは、下水道施設の要望がつねに最高位をしめていた、と『市史』に記されている（843〜845頁）。

下水道事業は当時、全国的にみてまだ本格化しておらず、完全下水道計画はむしろ先駆的な試みであった。完全下水道化は、現代都市の生活基準（社会保健）として不可欠の条件であるが、その整備には巨額の資金が必要になる。松下も当時、長期計画の策定委員として下水道整備をすすめるため、二つのことを市議会の全員協議会に提案したとのべている[21]。一つは、下水道計画を先行させるため、うえに記したように市民施設の建設は学校の鉄筋化とコミュニティ・センターに限定し、その他は一切ストップしたことである。

この限定化は、氏がのべているごとく、いかに富裕都市・武蔵野であっても、あれもこれもの施策展開は無理であり、まさに長期的展望のもとに「施策間に優先・劣後順位をつけるのが総合計画」という認識によっている。計画による優先順位の選択は、文字通り政治的調整であり、ここからも総合計画は単なる行政の作文に止まらないことが理解できよう。

二つは、公債費の増による資金調達である。氏は、戦略事業のためには、公債負担比率を15％くらいまで増やすワリキリが必要と訴えたと記している。今日からみれば、高度経済成長を巧みに活用した判断といえるが、いずれにしろ計画にもとづく政策選択のなかに、すでに自治体経営の視点が組み込まれていることを確認しておきたい(22)。事実、計画の原資となる土地・資金は、都市改造の六大事業のいずれにとっても不可欠である。その意味で「六大事業計画」の後に「財政用地計画」（第3章）が組まれていることは、計画の実効性をはかるうえで不可欠であった。

なお佐藤竺監修の『市史』は、長期計画の特徴の一つにストック重視があった、と記述している（783～784頁）。ストックとは、三つの課題別のネットワーク型計画がそうであったように、現代市民の生活条件＝シビル・ミニマムの構築のための都市改造の長期戦略を意味していた。これは、以下に記す駅周辺再開発計画も同様である。

当時、革新自治体（武蔵野市は当時、有力な革新自治体の一つであった）に対し、バラマキ福祉というキャンペーンが張られていた。しかしこうした批判は、少なくとも武蔵野市に限っていえば二重の意味つまり①ストック重視の政策、ならびにバラマキではなく、②財政推計にもとづく戦略的事業選択に着目しない、意図的な批判であったことがわかる。

さて、六大都市改造事業のうち、吉祥寺駅周辺再開発計画、三鷹駅周辺の中央地区、武蔵境駅周辺開発計画は、三つの駅勢圏を中心とした地域別の拠点開発型計画である。中央地区整備計画は、緑のネットワークの拠点と同時に市庁舎建設や三鷹駅北口の広場整備などをふくんでおり、ネットワーク型と拠点型の混合になる。長期計画では三つの駅周辺再開発計画になっているが、当時の緊急性は吉祥寺駅周辺の再開発にあった。

吉祥寺駅周辺再開発はすでに長い歴史をもち、『市史』では、『長期計画』策定当時は第3期の完成期と位置づけられている。同再開発の都市計画事業の決定は1969年だが、その決定にいたるまで、また決定後も、複雑極まる利害がうずまく地元地権者や周辺市民との折衝、計画権限をもつ東京都さらに国鉄(当時)等の関係機関との協議、さらに市議会との調整に多大なエネルギーと時間が費やされていた。1971年当時の最大の課題は、大型デパートの進出をはじめ一大ショッピング街の出現による交通渋滞の規制と、それに関連して駅北口広場の整備問題にあった。

『市史』を読むかぎり、都市計画の権限をもたないなかで、国のいわゆる「高権」発動を呼び込んだ問題処理はされていない。都市改造のなかでも駅周辺再開発は大きな力技を必要とする事業である。その困難にもかかわらず、市民参加、職員参加による市民相互間の調整、また行政権限をこえた行政機関相互の協議・調整、さらに市議会との調整など、粘りづよく合意形成がはかられている。

駅周辺再開発（地域別の拠点開発）による土地の高度利用は、後背の住宅地域の環境を維持・向上させるためにも重要である。都市改造の六大事業計画はそれぞれ分立はしているが、同時に相互に補完しあうことで、現代市民の生活条件となるシビル・ミニマム全体の水準をおしあげる戦略プログラムとなっている。駅周辺再開発と緑のネットワークの補完関係がその典型である。そのことを含め、都市改造は土木公共事業にとどまるものでないことを重ねて強調しておきたい。

『武蔵野・長期計画』は、末尾の「主要施策一覧表」でしめくくられている。構成は「目次」に掲げられている全体構成とぴったり対応している。各項目ごとに、前期（昭和46〜50年度）と後期（同51〜55年度）に分けられ、具体的指標ないし個別施策名が一覧できるよう表にまとめられている。実施状況は毎年度末にまとめられ、策定市民委員との討議にかけられており、したがって当然、前期の記載事項は具体的であり、その数も後期にくらべて多い。

『武蔵野・長期計画』は、この前期「実行計画」のローリング（調整）をへて、後期「展望計画」を「第一次調整計画」（『調整計画』）というかたちで再編し、引き継がれていく。

三　『調整計画（昭和49～53年度）』――その特徴をめぐって

『調整計画』（「第一次調整計画」）は、『武蔵野・長期計画』にあらかじめ決められていた3年ごとのローリングにより、前期5年（1971～1975年度）の実行計画（実質は3年）の進捗状況をふまえ、1974～1978（昭和49～53）年度の「実行計画」としてまとめたものである。

『調整計画』の策定のために、新たに「長期計画調整委員会」（遠藤湘吉委員長はじめ4人の市民委員はそのまま。策定期間は1973年2月～同年10月）が設置されている。策定手続に関し、議会との関係で若干の変更がなされている。変更とは、策定段階では相互に一議員として参加、市長による議会提出後は議事機関としての役割に分けたことである。その区分のもとで議員は、討議要綱と計画案段階の2回、市議会全員協議会で市民委員から説明をうけ、討議をおこなうかたちに変更されている(23)。その他は、計画フレームから計画の編成まで、基本枠組の変更はない。ただ、あくまでその枠内ではあるが、一部修正がなされている。以下に、その実状についてフォローし、急速な社会の変化に即応した機動性と戦略性を兼ねそなえた計画の展開について考えてみる。それに関連し、『調整計画』の策定と並行して「地域生活環境指標地図」という政策情報の手法開発がおこなわれている。その意義についても論じることにする。いずれも『武蔵野・長期計画』『調整計画』が今日なお〈生きた原点〉であることをしめす欠かせない重要ポイントである。

1　戦略性と機動力を兼ねそなえた計画

『調整計画』は計画フレームで変更と追加が一つずつある。変更は、八つに区切られていたコミュニティ予想区域が11区域に増えたことである。追加は、ローリングの時期に合わせ、計画調整の補助システムとして「地域生活環境指標図」の作成が明記されている。

『調整計画』の特徴はどこに求めるべきであろうか。ここでは四点をあげておく。一つは、生活空間の重層性を前提に、計画の全体構成に変更はないが、その枠内で計画の重点化がおこなわれ、計画の戦略性がより明確になっている。二つは、各課題別市民委員会の活動が本格化し、市民参加・武蔵野市方式が確立されてくる。三つは、「地域生活環境指標地図」の作成・活用もあり、政策の優先順位とあわせ計画の進行管理が整えられ、機動力・実効性がよりたかまっている。四つは、計画の重点化・戦略性にともない、行政組織の態勢確立と職員育成の重要性が強調されている。順次、そのポイントをおさえておく。

(1)　三つの重点政策

『調整計画』の目次（132頁）にそって説明するが、計画の特徴は六大事業計画の推進とあわせ、三つの重点政策（第5章）と四つの緊急施策（第6章）にある。まず計画の重点化である。

重点政策は①子ども・老人・婦人の福祉、②公害・災害と緑化の推進、③市民参加・市民文化の確立、である。①は、国・自治体の責任分担を前提に、地域の固有課題と市の責任領域をむすびつけ、市民の自発的活動をひきだすことに焦点があてられている。子ども・老人・婦人関連施策を地域総合の視点からネットワーク型に再編・統合して、生活課題別計画をより強化しようとする試みといえる。

このことにより、子ども・老人・婦人の福祉は、いわゆる厚生省系（当時）のタテ割に分立した福祉行政の枠をこえ、シビル・ミニマムでいう〈市民福祉〉の文脈で再編・統合することがめざされている。しかし、その統合が実効性をもつには、その内部にたとえば子ども・老人・婦人ごとの個別計画をもつ必要がある。課題別のネットワーク型計画は、個別計画の分化と統合のダイナミズムを内部にもつことで実効性はよりたかまる。②も同様である。日照、騒音、悪臭、振動などの生活公害や交通災害、地震などの大型災害はそれぞれ個別の計画を必要とする。同時に、公害・災害と緑保全・緑化が結合される

武蔵野市長期計画第１次調整計画（昭和 49 ～ 53 年度）

目次

ことで、公害・災害の抑止策は市民の生活環境水準の向上と重なり、省庁縦割の枠をこえた個別計画のあらたな策定をうながしていく。たとえば市有地緑化○カ年計画、ちびっこ広場○カ年計画等々、複数の個別計画を内部にかかえることで、公害・災害抑止のネットワーク計画は複合機能をもちつつ地域課題に即応した計画として深化・発展していく。

重要なのは、これら計画の分化と統合のダイナミズムを誰がになうかである。その課題が、③市民参加の確立につながっている。その中核をになったのが、この時期から本格的に活動しはじめた生活課題別の市民委員会である。市民センター建設市民員会、緑化市民員会は1971年発足だが、その後、健康市民、コミュニティ、清掃対策、市民文化、広報（いずれも1973年設置）の市民委員会がこの時期から動きが活発になっていく。

この課題別市民委員会は、長期計画の策定市民委員と同じく、制度的にはあくまで市長の諮問機関である。だが、いずれの市民委員会も市民の創意・批判を政策決定過程で生かすための媒体として位置づけられる。『調整計画』はそのことを積極的に推進することを記し、しかも「その拡大は市長・議会の制度的決定権限を損なうものではなく、逆にその基盤の拡大を意味するものである」(24)と明記している。長期計画策定の市民委員につぐ課題別市民委員会が市民参加・武蔵野市方式の根幹であり、この市民参加システムは今日なお〈生きた原点〉として、自治体の政治・行政のあり方に鋭い問いを投げかけているはずである。そのことは後の4の主題として論じる。

(2) 四つの緊急施策

四つの緊急施策として、①米軍施設跡地の確保と整備、②ごみ処理システムの整備、③市民センターの建設、④用地の先行取得、があげられている。

①は市庁舎建設や緑のネットワークの拠点でもある中央整備地区の種地確保であり、緑化市民委員会の活動の他、庁内に関係機関との交渉・調整のための対策本部の設置が記されている。②ごみ処理は、先の緊急課題にあった焼却施設の市域内建設と大型不燃ごみの広域施設の建設という難問をかかえていた。清掃システムの整備は、完全下水道化とならび現代都市の基盤整備の中心であり、清掃対策の市民委員会も立ち上がっている。この清掃対策市民委員会の下に、その後、ごみ焼却場選定の「特別市民委員会」が新たに設置される(注16参照)。③市民センター建設は、先にみた市庁舎改築である。

④は用地の先行取得であるが、立ちおくれている公園・遊び場の新増設を含め各種市民施設用地の先行取得の緊急性が強調される。また、そのための財源確保の工夫もあげられている。「調整計画の展開」(第7章)として掲げられた施策一覧をみれば明らかだが、施設建設の重点化は、いっぽうで中長期を展望した土地の先行取得を要請する。ここに1970年代の高度成長時代の計画課題と行財政縮小時代にはいった今日的状況のちがいがある(バブル経済崩壊後、総務省に依存したかたちであるが、土地価格の下落により、「塩漬け土地」をかかえた各自治体の土地開発公社の整理がようやくはじまってきている)。

2　二つの先見性

上記「調整計画の展開」は、前期（1971～1973年）3カ年の実績を右欄に、左欄に新規事業・重点施策を一覧にした表になっている。この『調整計画』の一覧表は、3カ年の実績をふまえ財政推計（第9章　財政計画）の枠内で選択された施策・事業一覧である。財政推計は政策の重点化と同時に、施策・事業群をあらためて中長期の展望のなかに位置づけなおすきっかけをつくる。市民施設の重点化と土地の先行取得はその一例である。

限られた財源の明示は、一面で市長、議会、職員のアイデアや思いつきを大きく拘束する。だが、この緊張関係がかえって行政刷新の重要な契機となっている。重点化による関連施策の更新・再編は既存施策のムダや有効性をみなおす機会でもあるからである。ローリングによる調整・進行管理をしめすこの一覧表から、計画行政の規律性とあわせ施策更新・再編の展開を読みとることができる。

ところで、施策の更新・再編のためには行政組織の改革と職員の育成が不可欠になる。「課題別計画の立案と推進」（第8章）でそのことが提起され、上記「三つの重点政策」の発想をひきつぎ、新たな課題別に対応した個別計画の立案と推進をうながしている。たとえば防災計画、用地計画、バス運送網、市民ボランティアシステム等である。これらは、いずれも先の複合的効果をねらったネットワーク型計画と同様、既存の縦割組織をこえた新しい行政スタイルと職員参加を要請する。そのための組織態勢（計画では、庁内プロジェクト・チームを提案）と人材育成（職員研修）が強調されている。計画の実効性をたかめるには、不可避的に行政の内部改革と職員の思考転換をうながす、ということである。

この関連で、つぎにのべる「地域生活環境指標地図」の有効活用も指摘されているが、もう一つ、先見性をもった提案がされている。いわく「今後自治立法としての条例・要綱が多くなることが予測されるので、法務担当職員の充実をはかる」と。すでに１９７４年段階で、今日でいう「政策法務」の必要が自覚されている。

先見性はさらにもう一つある。「財政計画」（第９章）に二つの表─１９７１～１９７３年度の財政推移をしめした第１表と、１９７４～１９７８年度の財政計画の第２表が掲げられている。先見性というのは、この財政データの表に、土地開発公社による土地購入金を市の一般会計の公債費として算入している旨、注として明記されていることである。

この注釈は土地開発公社に例外として認められている債務負担保証にかかわるものであろう。土地の先行取得は高度経済成長期にあって政策の種地（ストック）として緊急課題であった。そうであればなおさら、中期財政推計をもとに連結財務の発想を組み入れた施策の優先順位づけは極めて重要になってくる。この注から、総合計画と財政推計のリンクによる財政規律の確保とともに、無制限な事業拡大を抑止するメカニズムが『武蔵野・長期計画』『調整計画』全体にくみ込まれていることを読みとることができる。地域総合性の視点を基礎とした政策法務と連結財務による財政規律の確保という、今日的課題に通じる二つの先見性は、当然のこととして〈原点〉の重要項目として書き加えておかなければならない。

3　地域生活環境指標地図の意義

『市史』は1971年の長期計画原案の策定にあたり、計画に必要な最小限の統計や資料すら未整備な状況からのスタートであったとのべている。「地域生活環境指標地図」（以下「生活環境指標」という）は、「調整委員会」の内部に生活環境指標分科会を設置して取り組まれたが、作成の動機は、計画に必要な政策統計の不備を補うためであった。なお、作成は市民委員（佐藤竺、松下圭一、西尾勝）と自主参加の職員（17名）が共同して取り組んでいる。

「生活環境指標」の目的は、一つは、武蔵野市内の各地域別のシビル・ミニマムつまり生活環境に関する市域内格差の実態と生活環境水準の自治体間比較について、指標値表ないし指標地図で客観的に整理し、市の行政水準向上の基礎資料にすること。二つは、その実態を広く市民に公開して、市民自身による計画策定を引き出すための政策資料にすること、にあった。

市全域を視野にいれた指標情報が地図として視覚化されることで、地域課題とその達成度は市民、市長・議員、職員に共通したかたちで〈見える〉ようになる。くわえて地域課題が共通に見えることで、それぞれの立場のごり押しや過剰要求が抑止され、全市的な視野から議論する可能性がひらけてくる。市民相互の個別利害をこえ、市民自身の手で〈自治都市・武蔵野〉をつくるためには、この生活環境指標は欠かせない道具となる。

たとえば市民施設であれば、三層の生活空間に対し小型、中型、大型施設をどこに配置すれば均等といえるか。この「生活環境指標」から、そのための有効な情報を得ることができる。事実、コミュニティ市民委員会はこの生活環境指標を活用して市民施設の適正配置を検討している。さらに、ごみ焼却場を市域のどこに建設するかというきびしい選択をせまられたとき、この生活環境指標を事前に見ておけば、超過密都市にとって適地が限られることは誰にもわかる。市民相互の調整能力つまり自治能力は事前の地域情報の公開から出発することを、こうした事例からはっきり確認することができる。

『調整計画』にはすでに生活環境指標の一部が記載されている。また、先述の課題別の個別計画を策定する際、さらに長期計画のローリングにあわせ、市民参加のツールであるこの生活環境指標を3年ごとに改訂することが明記されている。

武蔵野市生活環境指標地図の構成

1　施設
1－①　武蔵野市全図・コミュニティ地区［コミュニティセンター条例・コミュニティ構想］
1－②　コミュニティセンター一覧
1－③　公共・公益施設
1－④　集会施設
1－⑤　集会施設現況
1－⑥　公衆浴場
1－⑦　宗教施設

2　緑化
2－①　樹林・樹木分布（昭和47年）［緑被地率、覆樹率］
2－②　樹林・樹木分布（昭和59年）［緑被地率、覆樹率］
2－③　樹林・樹木分布（昭和61年）［緑被地率、覆樹率］
2－④　樹林・樹木分布（平成元年）［緑被地率、覆樹率］
2－⑤　保存樹木・樹林・生垣指定箇所
2－⑥　緑のネットワーク計画
2－⑦　市民の散歩道・文化財・武蔵野百選

3　土地利用
3－①　農地［農地面積のグラフ］
3－②　あき地・駐車場［あき地・駐車場のグラフ］
3－③　公有地［非課税地比率のグラフ］
3－④　市管理地［市管理地、市が買収した土地面積のグラフ］
3－⑤　工場分布
3－⑥　工場数等の推移－工場数、従業員数、製造品出荷額等のグラフ－

4　住宅
4－①　町丁目別住宅所有状況図
4－②　住宅の所有関係別居住状況
4－③　集合住宅
4－④　マンション［総人口、マンション人口のグラフ］
4－⑤　マンション町丁目別建築状況
4－⑥　宅地開発等指導要綱の指導件数［指導件数のグラフ］
4－⑦　町丁目別用途別家屋状況

5　都市計画
5－①　土地利用現況図（土地・建物用途総括図）
5－②　土地利用現況図（建物階数総括図）
5－③　都市計画用途地域・地区・日影規制区域［用途地域別建築物の用途制限］
5－④　町別用途地域別面積
5－⑤　地価公示［公示価格変動指数のグラフ］
5－⑥　都市計画施設［都市計画道路の状況］
5－⑦　公道・私道［道路率のグラフ］
5－⑧　公道幅員別道路（都道及び市道）
5－⑨　L型側溝未整備道路
5－⑩　上水道系統図
5－⑪　上水道［水源自然水位、平均自然水位、給水量、給水栓数のグラフ］
5－⑫　下水道系統図・雨水浸透施設
5－⑬　下水道［処理開始告示面積、水洗化人口のグラフ］

6　交通
6－①　自動車交通規制（一方通行路）
6－②　自動車交通規制（自転車及び歩行者用道路）
6－③　自転車駐車場設置箇所・違法駐車防止条例重点実施地域
6－④　自転車駐車場設置状況一覧［駅周辺の停留台数のグラフ］
6－⑤　交通安全施設
6－⑥　交通事故発生箇所（昭和61年）
6－⑦　交通事故発生箇所（平成2年）
6－⑧　交通事故［自転車の事故、二輪車の事故、事故分布状況、死傷者数の推移、事故類型別発生件数、道路別発生件数］
6－⑨　バス路線・停留所・運行回数［駅別乗降客数のグラフ］

7　環境
7－①　自動車排気ガス関連環境調査（交通量・一酸化炭素・二酸化窒素）［公害苦情件数］
7－②　二酸化窒素の濃度分布図［公害環境調査］
7－③　風俗営業・遊戯娯楽施設等分布、旅館・レンタルルーム規制地域
7－④　資源物集団回収［集団回収実施団体、平成2年度資源回収実績、粗大ごみ再生利用状況］
7－⑤　ごみ収集［集団回収量と売却金額及び補助金推移、ごみ排出量の推移］
7－⑥　ごみの最終処分場位置図

8　防犯・防災
8－①　警察施設（犯罪件数）［あき巣の侵入口・侵入方法、多摩地区の主な警察署管内犯罪発生件数、刑法犯発生状況、犯罪種類別発生状況］
8－②　危険物貯蔵所・ガス・高圧電線・地中送電線［町別ブロック塀等の状況］
8－③　防火施設［火災発生件数及び焼失面積のグラフ］
8－④　防災施設
8－⑤　はしご車（大型）・消防ポンプ自動車（普通）通行障害道路［原因別火災発生状況、防火施設及び車両の状況］
8－⑥　避難場所

9　情報・金融・商業
9－①　郵便局・金融機関
9－②　郵便ポスト
9－③　公衆電話
9－④　市広報・住居表示等案内板設置箇所
9－⑤　商業施設分布（平成3年）
9－⑥　商店会

10　福祉・医療
10－①　医療機関（一般診療）
10－②　医療機関（歯科診療・保険薬局）
10－③　広域救急病院
10－④　ひとり暮らし老人・ねたきり老人・老人クラブ
10－⑤　民生・児童委員、老人食事サービスボランティア
10－⑥　社会福祉施設（含む高齢者向け住宅）
10－⑦　福祉施設一覧
10－⑧　保育園・幼稚園等
10－⑨　保育園・幼稚園の入園状況

11　教育
11－①　武蔵野市立小・中学校現況
11－②　学校
11－③　高校進学状況
11－④　通学路
11－⑤　こどもグループ
11－⑥　体育施設
11－⑦　遊び場
11－⑧　図書館・地域文庫
11－⑨　専修学校・各種学校

12　選挙
12－①　投票区・投票所
12－②　選挙

<指標基礎数値>
－農地・あき地駐車場・非課税地比率・市管理地・道路率・火災・市立公園－

4　市民参加・武蔵野市方式と市民政治

日本における〈自治都市〉への挑戦は、市民参加・職員参加を基礎とした自治体計画（総合計画）づくりからはじまった。その原点が『武蔵野・長期計画』および『調整計画』であった。たしかに両計画は、策定段階から六大事業計画にはじまる生活課題別のネットワーク型計画、さらにその下に配置される各個別計画まで、その全過程に市民参加・職員参加を組み込むことで、現代都市・武蔵野がかかえる緊急課題を豊かな自治の空間につくり変える実行プログラムとして着実に成果をあげてきた。これが「武蔵野市方式」として注目された理由であるが、その結節点の役をになったのが市民委員会であった。『調整計画』における実行プログラムは、この段階で本格化する課題別の各市民委員会による自主的な個別計画の検討、提言がベースになって組み立てられている。武蔵野市の基幹的政策は、まさにこの市民委員会の活動に結節して展開されてきた。

（1）独自権限をもつ市民委員会――緑化市民委員会を例に

ところで市民委員会は、市民の創意性・批判性を政策決定過程に生かすための市民組織であり、『調整計画』でもそのことが明記されている。市民の創意・批判を確保するには、行政から一定の自律性を保つことが不可欠である。そのため市民委員会は、制度的には市長委嘱の諮問委員会であるにもかかわらず、提案権を軸に独自権限を付与されている。しかし考えてみれば、独自権限をもった市民委員会という存在は、市長、市議会、職員からすれば諸刃の存在であることに変わりはないであろう。市民委員会への提案権の移管は、市長・議会の制度的決定権限、また職員がになう補助機能との間に緊張を呼び込むからである。にもかかわらず、市民委員会への提案権の移管は、市長・議会の政治的決定権限の基盤拡大を意味するのか否か、この問いを「武蔵野市長期計画」はどのようにクリアしたのだろうか。これが〈生きた原点〉であるかどうかの最後の難関（アポリア）ということになろう。

『市史』は、市民委員会のさきがけとなった緑化市民委員会は他の市民委員会に比し、突出して活動的であった、と記している[25]。同委員会の活動をたどることで、市民参加による政策過程と政治機構としての市長・市議会の関係は明らかになってくる。なお当時、自治体議会・議員は一般に、市民参加に懐疑的であり、武蔵野市議会も同様であったが、先に記したように、長期計画の策定に限っては、討議要綱、計画案段階の2回、全員協議会で市民委員との自由討議がもたれている。したがって設問は当面、計画策定後の施策・事業の執行過程における市民参加形態として、緑化市民委員会の活動は市長の制度的権限の基盤拡大に寄与した否か、というかたちで問われてくる。

緑化市民委員会の活動は、同委員会の立ち上げ早々に公表された活動プログラムの作成からはじまっているが、活動の具体的内容は、設置要綱（1971年9月）に如実にしめされている。『市史』をもとに、要綱の要旨を記しておく。

委員は市長任命（12名）で、任期は2年（初代委員長は松下圭一氏）。各委員は一市民として対等に発言を保障されている。委員会の主要権限は、

・会の招集、日程、議題決定、議事運営、議事作成におよび、すべて公開である。
・市長による包括的諮問に応じ何度でも提言を出すことができ、その都度、回答をもらう。
・権限に属する課題について市民会議の開催権を有し、また、市職員の出席も要求できる。
・市民団体との懇談会の開催、関係部課からの資料提供、市長の委員会への出席も請求できる。
・市長了解があれば対外的意思表示も可能である(26)。

この権限がしめすように、緑化市民委員会は行政に対して一定の自律性が確保されていることは明らかである。

〈自治都市の創造〉という理念が実効性をもつには、創意と批判に富む市民の自律的な活動が前提になければならない。緑化委員会の提言により実現した多岐にわたる施策をみればそのことは明瞭である。

仮名まじりの課名をもった「緑と花の課」の新設にはじまり、緑化市民委員会の提言を庁内調整するための「緑化推進本部」（市長が本部長）の設置、「市民緑の憲章」の制定、さらに市有地の公園化計画、先述の米軍施設跡地の利用計画、学校緑化、遊び場倍増三カ年計画、農地保全条例の制定（1000㎡以上の農地所有者との保全協定による一部減免や全額補助の借地公園など）等々である。また、玉川上水保存

に関しても、緑化市民委員会は緑のネットワーク計画の一環として、流域の市民運動（玉川上水を守る会）と連携し、埋立て計画を防止する運動の先頭に立っている。また、緑化関連の緑色の活字をつかった広報・緑化特集号も予算化されて、緑化市民委員会が独自編集・発行をしている。くわしくは『市史』を参照してほしいが、まさに緑化市民委員会の自律的活動が自治体政治・行政のスタイルを変え、自治体政策の新しい可能性を示唆している。

（2）自治型行政技術の開発

だが、くりかえしになるが、自律的な市民参加は市長の政治家としてのリーダーシップに鋭い批判を突きつける存在であることにかわりはない。ここに市民委員会の任命権者である市長のジレンマがみえてくる。市民委員会はその活動を通して、市長の政治的決定権限といえどもけっして万能でないことを市長につきつける。だが他方で、市長が市民の創意と批判を真正面から受け止め、政治家としての決断を行使することで、市長の補助機関である職員機構は既存の行政スタイルをこえ、政策刷新・組織再編のきっかけをつかむことができる。代表機構と職員機構を機械的に分離する「機構分立」の考え方ではなく、市民参加・職員参加をベースに、市長・議会・職員の相互補完（「過程分立」）にもとづく動態的な政策循環が実務レベルにおいて展開される道をひらく。自治体の現場レベルでの理論と実務の結合が、日本の政治にとって未経験の新しい〈自治都市〉の展望を開いてきたともいえる（なお、機構分立・

過程分立の対比については第Ⅴ章293頁を参照）。緑化委員会を起点とした一連の施策展開からみえる市民・市長・市長補助機関である職員機構との関係から自治型行政技術の可能性が透視できる。

以上のべてきたことをふまえれば、先の設問、市民委員会への権限付与は政治機構としての市長・議会の決定権限の市民的基盤拡大に寄与したことは明らかであろう。総合計画の〈原点〉への遡及は、必然的に市民政治型の新しい政治家像をよびこむ。自治・分権をもっともらしく語りつつ実質はポピュリズム政治への傾斜がみえる今日の自治体政治にあって、１９７０年代当時、市民の創意ときびしい批判を真正面から受け止めつつ、新しい政治家像を手探りで模索していた市長が存在していたことを記憶にとどめておきたい。

市民参加「武蔵野市方式」の市政展開は１９７０年代、まさに首長を下級行政機関の長に封じ込めていた機関委任事務体制下での〈自治都市〉への挑戦であった。その制度の内側から、市民政治の新しいタイプの首長像の造出を示唆する動きがあったことを確認しておきたい。

なお緑のネットワークを軸とした〈緑〉政策は、「市民緑の憲章」（１９７３年）をふまえ、第二期長期計画以降も、一貫して都市改造の戦略プログラムとして位置づけられてきた。「緑の憲章」の理念は〈自治〉であり、「憲章」では、自治にもとづき市民と行政は武蔵野市のすべての緑を共有財として大切にし、ともに緑化を推進することが謳われている。この理念のもと、〈緑〉は都市基盤の基軸に位置づけられ深化・発展してきている。

本書第Ⅰ章でものべられているように、第五期長期計画でも〈緑〉は基本課題の一つに挙げられている。引用すれば「緑の構築は、単なる植生・樹木の確保や増加の観点にとどまらず、環境対策、開発規制、延焼遮断、安らぎの場、景観形成等の多機能な観点を含めた、まちづくりの基軸になってきた概念」とのべている。〈緑〉は、ソフトの政策をふくめた複合的性格をもつために、都市基盤だけでなく長期計画全体の基幹政策として引き継がれてきた。それゆえに〈緑〉は、宅地開発指導要綱を再編してできた「まちづくり条例」（２００９年）の開発基準、規制のキー概念でもあった。つまり〈緑〉は、政策法務という行政技術の開発にとっても重要な位置をしめることになる。行政技術の開発は、つぎの市民施設の適正配置（市民施設ネットワーク計画）にもうかがうことができる。

（3）市民施設ネットワーク計画・その後

〈緑〉と同じく市民施設ネットワーク計画は、第一期長期計画から第五期まで、一貫して基幹計画として引継がれてきている。同ネットワーク計画は、行政施設から教育・文化施設、福祉施設、集会施設などの市民施設をコミュニティ、地区、全市レベルの三層の生活空間に対応して適正配置することが目的であったが、今日にいたり問題状況は大きく変わってきている。具体的には、適正配置による「建設」ではなく施設の老朽化、行政需要の変化による有効活用、管理コストの増大などによる「市民施設ネットワークの再構築」が問われている。「第五期長期計画」はこれらの課題をふまえ、再構築のとりくみとして概略、つぎのように記している。①行政需要の変化や新たな課題への対応は、既存施設の活用、転用および複合化を原則に、施設の総量（総床面積）を抑制。②維持・管理の計画により施設の延命化をはかる。③公共施設ごとに老朽度、イニシャルおよびランニングをとおしたフルコスト、利用状況などを整理・分析し、公開して市民の理解を得つつ再構築を推進する。

市民施設の再構築は現在、どの自治体にとっても緊急課題だが、そのためには、特に③の情報整理・公開は重要である。だが、ほとんどの自治体はその対策に決定的に立ちおくれているのが現実であろう。武蔵野市はいち早くこの問題の深刻さを察知して、公共施設全体の実態調査をしてきた。その成果が「公共施設白書」（２０１１年９月）である。同「白書」から、こうした取り組みはすでに「第三期長期計画・第二次調整計画」（２０００年）からはじまっていたことがわかる。

その内容をくわしく紹介する余裕はないが、１３０カ所におよぶ公共施設を、①建物状況（老朽化、耐震化、バイアフリー、環境負荷）、②利用状況、③運営状況、④コスト状況、⑤利用・運営状況とコスト状況の関係、に分類して整理・公開している。ちなみにコスト状況は、修繕費、高熱水費、管理委託および減価償却などのコストと、人件費、事業費、委託費、消耗品費など事業運営のコストを合計したトータルコストで把握されている。

各施設にはそれぞれ市民の利害が細かくからんでいる。おそらくこうした個別施設ごとの実態分析とその公開がなければ、特に上記①でいう施設の転用や複合化、さらに総量抑制を市民に納得してもらうことは困難である。施設の転用や総量抑制は単なるリストラではない。主眼は、地域社会の変容を予測し、将来の建て替えもふくめた既存ストックの維持・保全に必要となる費用を調達するためである。

市民施設ネットワークの再構築という今日的課題に応えるには、財政計画との調整は欠かせない。武蔵野市は「第一期長期計画」から、財政推計とのリンクによって、財政規律の確保とともに、無際限な事業拡大を抑止するしくみを組み入れてきた。そうすることで、長期計画全体の実効性を確保しつつ「公共施設白書」の作成にみられるような行政技術の開発をうながしてきた。

翻って、武蔵野市の財政状況は第一期長期計画当時から、他の自治体と比較して極めて良好であった。現在も、どの財政指標をみても、全国的には高い数値をもつ多摩26市のなかでもトップである（「武蔵野市の年次財務財政報告書（平成22年度版）」）。ちなみに武蔵野市の財政力指数は1・43、経常収支比率は88・8（2012年度現在）である。そのため、武蔵野市政への評価は、「富裕自治体だからこそ」という前置きでなされてきた。

だが、これまで考察してきた結果をふまえれば、富裕自治体だから他の自治体のモデルとなる「総合計画型地域づくり」(27)が可能になったわけでないことは明らかである。長期計画と決算・予算の連動を媒介に、財政規律と行政技術の刷新を結合させる仕組みを創意工夫しながらつくってきた結果が、高い財政数値を生んでいると見るべきであろう。武蔵野市では1998年度決算から、独自の連結財務諸表を作成しているが、その開発もこうした動きと重ねてみることで、その意義はいっそう明瞭になる。

おわりに ―〈行政〉観念の転換を

1　総合計画批判論の検討

1990年代のバブル経済の崩壊ついで2000年の分権改革を機に、武蔵野市長期計画を原点とする自治体総合計画に対する歴史的評価とは異なり、総合計画に関する批判が、不要論や限界論さらに首長選挙のマニフェストとの関連で論じられてきた。いかなる意味で不要ないし限界なのだろうか。さいごに批判論点を整理しながら、自治体総合計画の原点に遡行する意義を再確認しておく。

総合計画批判は雑誌等での発言などが主であり、不要論、限界論の根拠が総合計画それ自体にあるのか、それとも策定手続・計画の構成・内容・運用等々にあるのか、見極めるには材料が不足している。ただ、共通した論点はありそうである。その一つに、総合計画は策定の段取りから原案作成、進行管理まで事実上役人主導であり、その実態はもっぱら首長や役人に都合のいい「行政計画」になりがちなのに、なぜ自治体の最上位計画としての位置をしめているのか、という点にうかがえる。批判者の一人である片山善博（元総務大臣）は、自身の鳥取県知事の経験をもとに、総合計画の最大の受益者は土木建設業者ではないか、とまで指摘する。なぜなら、総合計画は長期計画として箱モノなどの建設計画が実施年度とともに明示されているため、土木建設業者は「総合計画を業界の『調整』の指針として『活用』し、計画的に受注できる体制を整える体制ができる」(28)からである。かつての田中首相の「日本列島改造論」（1972年）以降に本格化する、土建国家ニッポンにおける政官業複合癒着の自治体版にお墨付きを与える総合計画の構図である。

総合計画不要論や批判がこうした実態をふまえてなされるのであれば、問題は総合計画それ自体にあるというより、その根はもっとふかく、歴史的に堆積した日本の政治・行政システムの構造欠陥からきていることになる。となれば、民主的統制を欠いた行政計画がなぜ自治体の最上位計画としての位置をしめることができるのか、への疑問は、日本の政治・行政の構造欠陥との対比から考えておくべき、ということになろう。

首長ないし役人主導による総合計画が自治体の最上位計画をしめる理由は、いうまでもなく市民の代表機構である首長を縦割り省庁の下部行政機関の長に置き換える制度トリックにあった。それがテコとなって、代表機構である長・議会を軸に展開されるべき〈自治体政治〉の幅をいちじるしく狭め、国の官僚組織と一体となった〈省庁行政〉が自治体をおおきく支配していく。戦後日本の自治体は、この制度のなかで各省庁から下りてくる各種行政計画の実施機関としての役割をはたしてきた。ほとんどの自治体はこの制度に安住し、総合計画を自治体の最上位の計画と位置づけることに首長とその補助機関である職員、さらに議会も何ら疑義をはさまないできたことは事実であり、自治体版政官業の癒着もこの構造のなかで拡大再生産されてきた、とみるべきであろう。

とくに、市町村の基本構想が自治法上義務づけになった当時も、県の基本構想に法的義務はなかったことをあらためて確認しておきたい。その理由は、機関委任事務制度を中核とした行政システムとふかくかかわっていた。武蔵野市、多治見市、栗山町に象徴されるように、総合計画の改革は市町村レベルでおきているのに比べ、県の総合計画がおくれている理由は、本来市民の代表機構である首長を国・自治体を一体とした官治・集権型の政治・行政過程に閉じ込めようとする、それ自体一定の政治的思惑による制度イメージにつよく拘束されてきたことに原因があることは明らかであろう。

冒頭で、『武蔵野・長期計画』が自治体総合計画の原点である理由の一つにあげたように、県と市町村では総合計画の機能が異なっている。いうまでもなく広域自治体である県と基礎自治体である市町村はそれぞれ独自の機能をもつ〈政府〉である。今次の分権改革の最大の成果は、この政府の分節化（重層化）にあったとすれば、県・市町村の総合計画は、この政府体系の分節化に対応して、それぞれ独自の機能をもつ必要がある。

市町村の総合計画は市民生活に直接関係のある具体的な地域計画であり、県の総合計画は、市町村計画の相互調整をふまえ、課題別を軸に県全体の広域計画として編成されるべきである。総合計画が本来もつべきこの重層構造に着目し、県レベルの独自性および戦略性が自覚されることで、知事・県議会も政策選択のよりどころをもつことができる。だが実態は、国あるいは市町村に対する県課題の独自性、戦略性の仕切りがあいまいなため、国の事業の下請け計画になり、国とおなじく政官業癒着の温床をかかえることになる。さらに県による二重行政を正当化し、無駄な公共事業を産出する誘因をつくる。

なぜ県の総合計画は改革がおくれるのか。その背景の一つに、省庁官僚の県幹部職員への大量出向を指摘しておくべきであろう。とくに総務省と国土交通省が際立っている(29)。この慣例があるかぎり、戦前からの「官治・集権の砦としての県」という性格は今後もつづくと見なければならない。

総合計画をめぐる批判は首長マニフェストの関連でも論じられてきた。首長選挙におけるローカルマニフェスト（以下、マニフェストという）は２００３年の地方統一選挙から本格化した。それまでスローガンないし要求の羅列にすぎなかった選挙公約を重点化し、政策実現の期限、財源、手法や工程表を明示して、候補者の政治責任を明らかにする政治改革の試みである。マニフェストの登場によって、最上位の自治体運営指針とみなされていた総合計画とマニフェストの関係如何があらたな課題として浮上してくる。

「マニフェスト」からみた総合計画批判もやはり、行政の内部事情を正当化する「行政計画」に焦点があわされる(30)。いわく総花的で施策・事業を羅列しただけで、優先順位が明確でない。計画期間が10年ないしそれ以上のため、抽象的で具体性に欠ける。「総合」といいつつ、実質は、縦割り部局の施策・事業を束ねた総合にすぎず、事業の改廃ないし重点化にそぐわない。また計画の進行管理や評価も不十分である、等々である。これに比べマニフェストは、4年単位の首長選挙ごとに、政策の達成度をはじめ選挙民に対する応答責任、民主性も確保できる、というわけである。つまり、長主導の〈政治〉改革によって、変化への対応がおくれる〈行政〉の限界を切り開こうとするところに「マニフェスト」の優位性がある、とみる。

マニフェスト選挙は、三層構造をもった総合計画を前提にする限り、行政の恣意を抑止する政治改革のはたらきをもつことは確かである。だが他方で、マニフェストは候補者の新しい思いつきであってはならないことにも留意しておく必要がある。「拡大・膨張」から「縮小・再編」への転換をせまられる中での自治体の政策選択は、〈行政〉の独善の抑止と同時に、〈政治〉による思いつき、恣意もまた抑制される必要がある。

とすれば問題は、マニフェストか総合計画かという二者択一にあるわけではないことになる。マニフェストの意義は、今日の地域社会がかかえる構造変化にたえ得る総合計画づくりがまずあって、そのうえで新旧いずれかの首長候補がどこに政策の重点をおくのか、あるいは限定するかというところに求めるべきであろう。そのためには、現職首長および対立候補、ついで職員の独善、恣意を制御するしくみを組み込んだ総合計画が課題となる。

事実、「多治見市方式」として、こんにちの縮小・再編期における総合計画の典型をつくった西寺市長（当時）は、三期目の市長選挙でマニフェスト選挙をおこなっているが、その際、対立候補が不利にならないように「マニフェスト作成支援要綱」を作成している(31)。そうした試みができるのも、縮小する財政推計とリンクした総合計画によって施策・事業を厳格に管理・運営する公開のシステムが構築されていたからである。

2　再考　なぜ市民参加・職員参加が重要か

いずれにしろ問題は、総合計画批判が平板かつステレオタイプ化していることにあるように思う。なぜ、平板なのか。その核は政治課題と行政機能を機械的に切り離し、その分離をそのまま代表機構と職員機構に置換する思考にあるはずである。

『武蔵野・長期計画』『調整計画』では、市民委員が計画策定段階から執行・評価の全過程において市民、職員、さらに市長、議員との対話を通し、相互調整の媒体となった。調整の媒体となることで、政治ないし行政の独善、恣意を抑制しつつ、他方で、政治課題を行政機能につなぎ、双方を動態的な相互浸透の関係に組み入れる回路をひらいてきた。この連関のなかで、市民委員は〈自治都市の創造〉という戦略ビジョン（政治課題）を実行プログラム（行政機能）に接続させる「媒体」（調整役）となってきた。

だが、この回路を円滑に作動させるには二つのカベを超える必要がある。地域社会を変える行動指針になるために超えなければならない課題は何かといいかえてもよい。一つは行政内部に仕切られた権限のカベであり、もう一つは市民自身がもつカベである。その実例を『武蔵野・長期計画』から一つあげておく。

あらためて「目次」（108頁）を参照してほしいが、「生活道路」という項目（第2章Ⅱ－（1）－①）がある。「現代的な都市基盤の整備」という基幹政策の下におかれたこの項目は、市民要求を反映したものである。だが、単なる羅列ではない。「生活道路」はあるべき戦略ビジョンと連動し、新たな都市生活の条件（生活価値）を創出するために設定された項目である。生活道路ということばは今は日常の生活用語だが、1970年代当時は新しい政策区分であった(32)。

生活道路は役所の管轄区分による国道、都道、市道、私道の分類をこえ、「幹線道路―生活道路」に大別された計画独自の分類である。したがって生活道路は役所の管轄権限、また部課別の仕切りにもとづく施策ではなく、あくまで市民生活の実態をふまえ、自動車の無秩序な進入から市民の日常生活をまもる目的で〈仮設された〉施策である。ゆえに生活道路は「たんに家庭と学校、駅、市場、公園などをむすぶ道路として使用されるばかりでなく、こどもの遊び場であり、また市民の出会いの場」(33)として、複合的な機能をもつ空間として設定されている。

複合的であるために、生活道路を確保するには縦割部課単位に分断された施策・事業の再編が求められるが、課題はそれだけではない。ある場合、自動車の一時乗り入れや全面禁止の規制が必要になるが、市町村にとって規制の実効性を確保するには、管理権限の枠をこえた行動と責任が要求されてくる。具体的には警察をふくめ外部の行政機関との調整をくみ込んだ実行プログラムの作成が必要になる。

こうした一連の流れから、総合計画に盛られた施策・事業群は、行政組織のセクショナリズムによる役人の作文にとどまるものではないことは明らかである。逆に、行政権限のカベをこえ、新たな政策価値を創出するための実行プログラムとして位置づけるべきことがわかる。この関連で職員の担当所管をこえた思考転換（職員参加）は欠かせない。

では、市民自身がもつカベとは何であろうか。いうまでもなく生活道路の背後には、交通事故・交通公害の増加にたいする市民の批判がある。『武蔵野・長期計画』はその声にこたえるため、生活道路という新しい政策価値を仮設（構想）したことになる。だが交通規制の個所、範囲によっては新たな利害関係者を生み、そこから批判が噴き出てくる。典型事例は自動車の進入によって商圏の拡大をねがう商店街であろう。

一つの政策価値の選択が契機になって市民が受益者と被害者というかたちで分断されれば、何のための価値選択かということになる。そのリスクを回避するため、総合計画は市民相互の〈調整〉つまり市民自身の自治能力をうながすしくみをそなえておく必要がある。とはいえ重要なことは、市民が調整能力を身につけるには何か特別な知識・技術が要請されるわけではない、ということにあろう。

市民自身の調整能力をたかめるには、まず地域課題が一望できる情報の公開が必要になる。「地域生活環境指標地図」がまさにそのための装置ということになるが、その条件整備によって、市民は自身の要求が多数のなかの一つとして相対化する目を養うことができる。そこから市民相互の個別利害をこえ共通に必要となるもの（公共善）をさがす議論がはじまる。市民参加とは個々の市民の要望を聞くことで終わるのではなく、〈必要〉をめぐる市民相互の意見のすり合わせ（相互調整）を呼びこむことで

〈参加〉たりうる。個別課題に関し、市民間の相互調整をうながす条件整備（ルールづくり）は自治体職員の役割である。

地域社会から噴出するさまざまな問題は、縦割所管にたてこもった行政の限界を自覚させる貴重な機会である。生活道路の例がそれであったし、生活道路という仮設が所管間の調整能力をひきだすきっかけになる。ここから縦割の職務参加をこえた地域課題全域にわたる職員参加の動機がめばえてくる。くわえて新たな政策価値の構想は、市民相互の調整（自治）に支えられてはじめて実行プログラムになり得る。論理的には、市民参加が前提にあって職員参加がそれを補完するというべきであろう。だが、現実の進行は市民参加と職員参加は相補的であり、職員参加によって市民相互の利害のカベをこえる条件整備がなされ、逆もまたしかり、ということになる。

いずれにしろ、役所の都合を優先した行政方針とみるステレオタイプ化した総合計画イメージをこえるには、計画のなかに市民参加（政治）と職員参加（行政）が交錯し、相互に補完しあうしくみを組み込んでおく必要がある。誤解のないよう書き足しておくが、この相互補完関係は双方の癒着を意味するわけではない。むしろ市民参加と職員参加の交差は、一面で市民相互間、さらに所管部課間の緊張を誘発する。だが、この緊張が地域課題の発見から立案・執行・評価の政策の全過程に市民、議会、首長、職員を組み込む回路をひらき、自治体を計画行政＋総合行政の主体へと成長させる機会となる。昨今の総合計画批判には、政治課題と行政機能を相互補完でとらえる視点が明らかに欠落しているように思う(34)。

松下は、「第一期長期計画は、いかに実効性を確保するかという考え方で作り、そのためもあって、当時どの自治体もカタチをなしていなかった市民参加、職員参加手続を手さぐりではじめた」（前掲「回想の武蔵野計画」）とのべているが、『市史』でもこの点が強調されている。ここで言われる計画の実効性確保と市民参加、職員参加の関連は、〈政治〉と〈行政〉を相互補完の関係でみる文脈で理解しておきたい。双方の緊張と補完の媒体となったのが、くりかえすが市民委員の存在であった。この媒体機能が円滑に作動することで、市長の思いつきや職員の独善ではない〈自治都市・武蔵野〉をつくる計画の道筋がひらけてくる。さらに、その道筋の中で議会・市長の政治責任ついで自治体職員の行政責任も明確になってくる。

第一期長期計画から40年余、高度経済成長のまっただ中で構築された「武蔵野市長期計画」の理論・実務は、今日の行財政縮小時代まで一貫して継承されてきた。この間長期計画は4人の市長にひき継がれてきた。自治都市・武蔵野の骨格は、本書第Ⅰ章が強調するように、市長・議員の任期をこえた長期計画の連続的な連なりのなかで築かれてきた。5期40年にわたる武蔵野市長期計画の継承と発展の核には、右にみた市民、市長、議会、職員の交差による政治・行政の動態的関係が組み込まれている。そのダイナミズムが今日なお、武蔵野市長期計画を自治体計画の〈生きた原点〉としていることを再度強調しておきたい。

注

(1) 自治体計画についての松下の考え方は「革新自治体と現代都市政策」、「2000年代の自治体計画」（松下編著『自治体改革＊歴史と対話』所収、法政大学出版局、2010）にまとめられている。特に、自治体計画の歴史的段階について、参考にした。また西尾勝『自治・分権再考』（ぎょうせい、2013）に収められた武蔵野市長期計画に関する論稿も参照した。氏は「第一期長期計画」の緑化市民委員等をへて「第二期長期計画」策定委員長をつとめている。

(2) 「シビル・ミニマム」という言葉の造語は松下圭一である。松下のシビル・ミニマム概念を使い、市民生活をめぐる基本施策領域を整理し、その政策基準と達成率を数値モデルで表した「東京都中期計画」（1968）が、自治体独自の総合計画の嚆矢となる。言葉の由来と「東京都中期計画」、及びその計画手法を引き継いだ「広場と青空の東京構想」（1971）と松下自身のかかわりに関して、「革新自治体と現代都市政策」（前掲書所収、72～95頁）で率直に語られている。なお、自治体独自の計画という意味では「横浜市6大事業計画」（1964）が年代的には先行する。だが同計画は、あくまで横浜市の都市改造をめざす「戦略プロジェクト計画」であり、「総合計画」という発想はなかった。くわしくは鳴海正泰「飛鳥田市長の6大事業のまちづくりの立案過程」（「自治研かながわ」2010・10月号、神奈川地方自治センター）参照。

(3) 行政学者を中心とした政府間関係研究集団による戦後地方自治の歴史的評価である。1973年のオイルショックをへて第二次臨時行政調査会で醸成された民間企業礼賛、行政不信とくに自治体不信の世論への危機感から、共同提案「地方の時代の発展のために」を発表。そのアピールの中で、高度経済成長期に取り組まれた地方自治の成果を、①地方における政治の発見、②地域格差の是正、③政策の先行、④計画行政と総合計画の主体に成長、⑤参加と公開のしくみの創設、にまとめている。くわしくは西尾勝「新々中央集権と自治体の選択」(『世界』１９８３年６月号、岩波書店、１００〜１１１頁）を参照。

(4) 東京都「中期計画」にはじまる１９６０年代中期〜１９７０年代の主要な自治体総合計画及び革新市長会「革新都市づくり綱領」は、『資料＊革新自治体（正）(続)』(日本評論社、１９９９年、１９９６年）に収録されている。

(5) 石川真澄／ジラルド・カーティス『土建国家日本─世界の優等生の強みと弱み』光文社、１９８３）参照。

(6) 自治体の債務残高は、１９８０年当時39兆円であったが、１９９７年は１５０兆円、２００４年に２００兆円と急カーブで上昇。２０１２年現在も同水準にある。総務省ＨＰより。

(7) 武蔵野市は２０１１年12月に「武蔵野市長期計画条例」(２０１１年12月）を制定し、そこに明確に市民委員による策定委員会の設置をはじめ、『長期計画』(１９７１年）と『調整計画』(１９７４年）を通して開発された「市民参加・武蔵野市方式」の継承が記されている。くわしくは本書第Ⅰ章を参照。

(8) 「武蔵野市基本構想（昭和46〜55年度）」は、１９７１年の３月議会に提案されたが、同年４月の市長選挙をめぐり各党の思惑もあり、市議会では審議未了となった。市長選挙で後藤喜八郎市長が３期目当選したことをうけ、同年６月市議会で可決された（『武蔵野百年史　記述編』(以下『市史』)、１９９８、７８６〜８０４頁)。だが、内容はあくまで「武蔵野市長期計画」の概要をまとめたものにすぎず、頁数もＡ４版13頁の簡略なものである。

(9) 『武蔵野・長期計画』第１章（２）に計画策定の経緯（手続）がのべられている。

(10) 市民参加手続は『調整計画』(１９７４）策定の段階で一部微調整がされ、ここでいわゆる「武蔵野市方式」

が固まっている。特に議員参加はこの段階で、全員協議会による市民委員との自由討議に修正されている。その経過については前掲『市史』806〜807頁を、市民参加手続の一覧に関しては、松下「回想の武蔵野計画」（『自治体は変わるか』所収、岩波新書、213〜214頁）を参照。

(11) 松下同書、204頁参照。

(12) ここでいう「科学性の原則」は、科学的知見によって総合計画が策定される、という意味ではなく、客観性、公開性ないし透明性というニュアンスで理解したい。松下は『武蔵野・長期計画』策定の経験をふまえ、後にポリシー（政策）とサイエンス（科学）を明確に区分し、サイエンスはあくまで知恵と合意の結集としてのポリシーの補助情報と位置づける。最新の「武蔵野市第五期長期計画」でも、（1）市民自治の原則（2）計画的な市政運営（3）市民視点の重視（4）広域連携の推進、となっており、科学性という言葉はない。また、こんにちの各自治体の「総合計画」ないし「自治基本条例」からも科学性という言葉はほとんど消え、「政策情報の作成・公開」におきかわっている。

(13) 前掲『市史』357頁。

(14) 同書761頁。

(15) 武蔵野市はマンション建設で付近住民と紛争がたえなかった中高層建築物を対象に、全国ではじめて高度規制をした「宅地開発等指導要綱」（1971）を制定した。内容は、日照権障害、テレビ電波障害などについて住民との事前協議および住民同意、負担金の納入などに関し、これらの手続を踏まない建設業者に行政の不協力を規定したもの。ある建設業者がこの指導要綱を無視してマンション建設をおこなったため、武蔵野市は水道の給水をストップしたことで裁判となった。詳細は、後藤喜八郎『都市づくり要綱裁判』（日本評論社、1985）、武蔵野市市史編纂室『要綱が生んだ日照権』（ぎょうせい、1997）を参照。

(16)　武蔵野市は迷惑施設の典型ともいえるごみ焼却場（クリーンセンター）用地を市民参加で選ぶという前例のない試みをおこなっている。用地選定の過程における市民参加手続については、「クリーンセンター建設特別市民委員会」（1979年12月）に専門委員として参加した寄本勝美の論稿（『自治の現場と「参加」』所収、学陽書房、1989、11～64頁）参照。

(17)　前掲『長期計画』第2章Ⅰ-（2）「地域生活単位の構成」の項における説明文。

(18)　シビル・ミニマムの空間システム化としての自治体計画という表現については、松下『都市政策を考える』（岩波新書）所収の「シビル・ミニマムの都市構造化」（122～141頁）を参照。

(19)　松下のシビル・ミニマムに関する論稿は多数あるが、ここでは「生活権の思想と政策」（『現代政治の基礎理論』所収、1995、東京大学出版会）。「シビル・ミニマムの提起」（『戦後政治の歴史と思想』所収、1994、筑摩書房）。「シビル・ミニマム再考」（『自治体再構築』所収、2005、公人の友社）を参考にした。

(20)　前掲『市史』157頁。

(21)　松下、前掲「回想の武蔵野計画」216頁参照。

(22)　くわしくは、本稿「二つの先見性」を参照のこと。

(23)　策定手続における議員参加の変更の経緯については、前掲『市史』805～806頁にくわしい。

(24)　「第1次調整計画」第5章-（3）「市民参加・市民文化」の項の説明文。

(25)　前掲『市史』367～384頁。

(26)　同書369～373頁。

(27)　松下前掲「回想の武蔵野計画」198頁参照。

(28)　片山善博「『総合計画』に頼らない『計画性』」（「ガバナンス」2010年4月号、所収）参照。

(29) 総務省「国と地方公共団体との間の人事交流状況」(2012年8月現在)、総務省HPより。

(30) 「マニフェスト」からの総合計画批判は、伊藤修一郎「マニフェストと総合計画」都市問題研究、第62巻第3号、所収)およびUFJ総合研究所編著『ローカル・マニフェストによる地方のガバナンス改革』(2004年、ぎょうせい)等を参照。

(31) 西寺雅也『自律自治体の形成―すべては財政危機との闘いからはじまった』(公人の友社、2008年、一一七～一四〇頁)参照。西寺はマニフェスト作成支援要綱をつくることで、「職員にとっても密談していると受け取られかねない候補者との接触も公然と職場内で可能になる」と記している。この発言から、マニフェストと総合計画の連関は、あらためて「行政とは何か」の問いを呼び込むことを確認しておきたい。

(32) 生活道路の設定は、『東京都中期計画』(1968年)の第5章Ⅱ-(1)「生活道路」にはじまる。

(33) 『武蔵野・長期計画』第2章Ⅱ-(1)-①「生活道路」の項。

(34) 自治体における政治・行政の動態的関係に否定的な見解は、本稿でとりあげた総合計画批判の論旨とは異なるが、すでに1970年代当時からあった。村松岐夫は、武蔵野市の長期計画策定における市民委員を念頭におき、「行政と参加の結合は、行政に正当性を与えることによって『政治』をしめ出す可能性を開いた」とのべている(村松「行政過程と政治参加―地方レベルに焦点をおきながら」(『年報政治学1974』所収、岩波書店)。ここでの「政治」は直接的には自治体議会をさしているが、はたしてこの指摘の先に、たとえば今日の自治体財政の危機を回避する道が開けていただろうか。むしろ事態の進行は逆だったことを確認しておく必要がある。

第Ⅲ章　多治見市における総合計画の理念と手法

青山　崇（多治見市企画部長）

はじめに

多治見市では、すでに10年以上にわたり総合計画（以下、基本構想から実行計画までを総称して「総合計画」と表記する）を名実ともに市の最上位の政策規範として位置づけ、第5次総合計画（2001~07）、第6次総合計画（2008~15）と、少しずつ姿を変えながらも、総合計画に基づく計画行政を基本とした市政運営を進めてきた。

後述するように、多治見市は、財政状況の悪化とその克服のプロセス、さらに、そこから学んだ結果として総合計画を基本とした政策実行システムにたどり着いている。こうした「経験」を市政運営の基本ルールとして「多治見市政基本条例」を制定しており、総合計画による政策実行を多治見市の普遍的な理念とシステムとして規定している。

本稿では、こうした多治見市の取組について、①総合計画の策定手法と行政の改革、予算編成との連携、②基本条例などの自治立法において総合計画を位置づける意義、③計画策定における行政内部及び議会の重層的な議論の重要性の3点に絞って、時系列的に整理しながら見ていくこととする。

地方分権、地域主権改革と呼称を変えながらも、自治体では自己決定・自己責任が求められる改革が進められている。それをスローガンで終わらせないためには、自治体が自らを「律する」という考え方が必要である。財政とリンクした（したがって、夢では終わらない）総合計画の実行とその担保としての条例化はその証左である。

また、政策の実行までのプロセスに関しても、政策の発想から実行・評価までのプロセスにおいて、どういった「政策主体」がどのような「議論」を行ってきたのかが重要であり、適正なプロセスを経たという「正当性」が政策の正当性をつくっていくというのが筆者の考えである。その考えの根底には、例え行政内部の意思決定であるとしても、外部に開かれたシステムであることが「地域民主主義」の具体化にほかならないという思想がある。

効果の乏しかった政策でも「なかったこと」にはできないし、成功も失敗も受け入れざるを得ないのであるから、その決定と実行における政治的プロセス（誰が、どうやって決めたのか）がきわめて重要であり、このことは「民主主義はプロセス」であることを示している。総合計画に基づく政策実行プロセスは、まさにこの具体化に他ならない。そういった認識を持つことで「生きた計画」として総合計画が機能していく。

本稿は、こうした考えに基づいて、多治見市の第5次・第6次の総合計画を紹介しているが、意見に関する部分はあくまでも私見であって多治見市の見解ではないことをご承知おきいただきたい。また、多治見市における財政運営の基本を定めた「健全な財政に関する条例」と総合計画の関係については、第Ⅳ章の福田論文において詳細にとりあげられているので、そこで確認いただきたい。なお、本稿において同論文と異なる見方をしている部分があれば、それはそれぞれの問題意識に基づくものであるので、あわせてご承知おきいただきたい。

一　総合計画に基づく自律的な自治体運営

1　多治見市の地理的・産業的特徴

多治見市は、濃尾平野から山を一つ越えた名古屋市の北東36㎞程に位置し中心部が盆地状となった地形となっている。この地形的特徴と産業的特性は多治見市が抱えてきた財政的な弱さと無関係ではなく、多治見市が財政的な危機感を持ち続ける理由の一つとなっている。

盆地状の地形の中心部は住居や工場が入り組んでおり、ベッドタウンとしての住宅地は、郊外に形成されてきた。高度成長期を経て多治見市の市街地は急速に拡大してきたが、今日、人口が減少し都心回帰現象が問題となってくるなかで、この急速に拡大してきた地域の空洞化が進みつつある。

また、産業としては、古くから陶磁器産地として成り立ち、多治見市を含めた3市の陶磁器（美濃焼と総称される）生産高は、国内食器生産高のシェアの50％以上を占めている。美濃焼の特徴は、地域毎の分業と大量生産であり、社会経済全体が右肩上がりの時代には、大量生産・大量販売は有効であるが、現在では、こういった生産手法は成り立ちにくくなっている。また、安価な外国製品との価格競争を強いられるなかで、陶磁器産業が多治見市の主要な産業でありつづけることは困難となっており、他に大きな産業がなかった多治見市は、油断をすればすぐに財政が悪化してしまう状況にある。

2　財政悪化と財政緊急事態宣言

1970年代の多治見市は、名古屋市のベッドタウンとして人口が急増し学校の新設や道路整備などが緊急の課題となっており、以下の施設整備を70年代後半から行ってきた。中学校の分離新設（79年）・小学校の分離新設（80年）・文化会館の建設（81年）・塵芥処理場の建設（82年）・総合体育館の建設（85

年）・小学校の分離新設（87年）・中学校の分離新設（88年）・総合福祉センターの建設（88年）・宿泊研修センターの建設（89年）・産業文化センターの建設（93年）・食器洗浄センターの建設（94年）・生涯学習センターの建設（97年）などである。このほか85年ころから10年間に整備した都市公園・公民館・児童館などの中規模施設は、20以上に及んでいる。その結果として、起債残高が普通会計における歳出総額を上回るなど財政は厳しい状況となっていった。

一方で、陶磁器産業は低迷しており、86年には多治見市が特定不況地域に指定されたことやバブル崩壊により税収も落ち込み、これまでの施設整備と相まって、多治見市の財政状況は悪化し、96年度には経常収支比率が89・8となり、県下14市（当時）で最悪の事態となった。（図1）

こうした財政状況をふまえ、96年には財政状況に関する危機感の共有と打開策への取組を促すために「財政緊急事態宣言」を発している。経常収支比率は、翌97年度には89・5であったが、この宣言と具体的取組により2000年度には78・3、

図1　年度別経常収支比率（%）の推移（データ出典：多治見市HP）

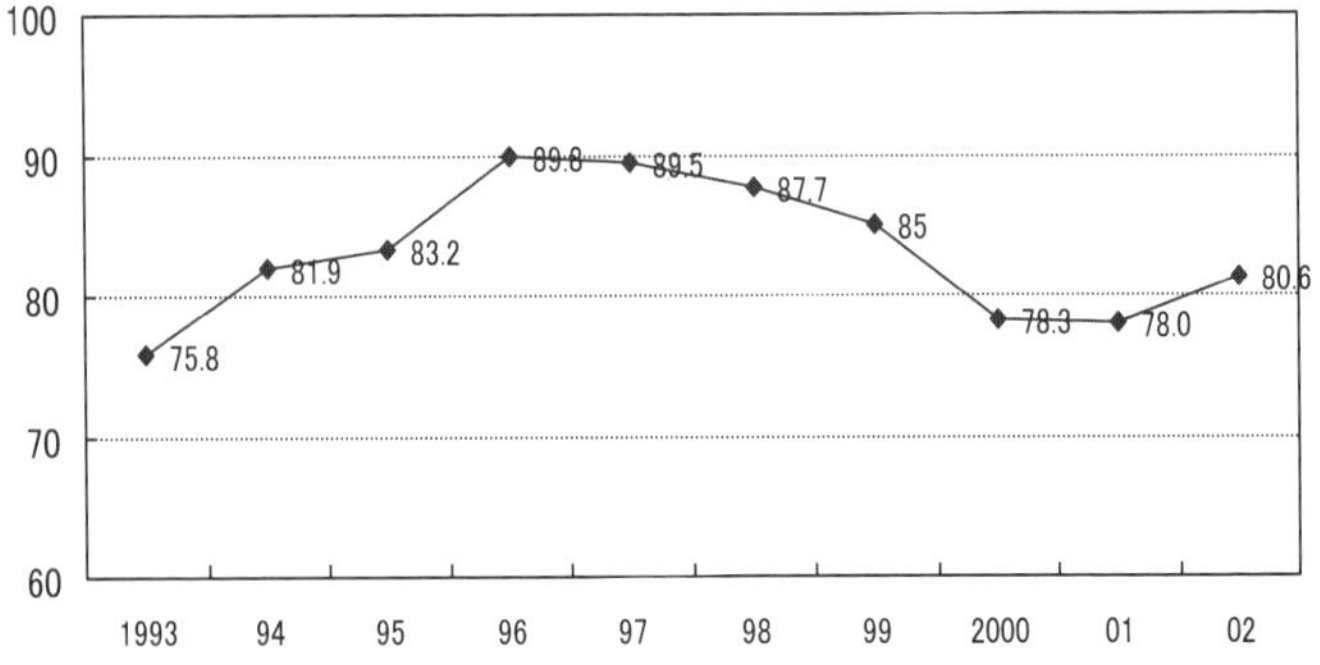

01年度には78・0と改善してきた。職員人件費や補助金の1割カットなど市民・職員に直接利害が及ぶことに取り組んできたが、最初に宣言を出すという財務情報の公開があったから可能であったといえる。

96年度から宣言が解除される01年度までの間に、経費の削減、人件費の抑制や市債の繰上償還などに一丸となって努めた結果、2000年度決算で宣言時に定めた財政状況に関する目標値を達成している。この改善の取組のなかで、どんな事務事業であっても利害を有する市民がいることから、事務事業の廃止・縮小について説明を行い理解を得る努力を各課が行った。この経験は情報の公開と説明責任を果たすことの重要性を職員に認識させるひとつのきっかけとなっており、「宣言」という行為が職員に与えたインパクトは、①すべての施策事業に利害がある市民があり、なぜ削減しなければいけないのかの理解を得る努力をしていく必要があることから、市民に対しての情報公開と説明責任を果たすことが前提であるということを再認識させた、②一方で、財政悪化の原因が従来の施設整備などの大型事業が財政状況を勘案せずに実行されたことから、これらをどう排除するのかという問題意識を持った、それは、庁内での財政情報の公開と共有の重要性（財政状況は、財政課しか知らないという現状の改善）あるいは、予算編成は全体で決めることが必要である、といった意識として共有された、③ある日突然事業が「降って湧いてくる」という政策選択の恣意性を排除するシクミが必要であることなどである。

これらの問題意識を共有するなかで、第5次総の策定作業を1999年度から進めたが、こうしたインパクトを念頭において計画策定作業に臨んでいる。

3　第5次総合計画の策定

(1) 従来の総合計画の問題点

２００1年度から5次総をスタートさせているが、財政緊急事態宣言中の計画策定になったこともあり、今までの総合計画のあり方を根本的に見直すことから策定作業を始めている。

当時、総合計画策定手法は、武蔵野市の手法が高く評価されていたが、98年8月にその武蔵野方式に深く関わった法政大学(当時)の松下圭一氏を講師に招き「分権段階における総合計画づくり」というテーマで講演会を開催した。後述するとおり多治見市の総合計画は少しずつ姿を変えながらも、この講演の示唆に沿った形で5次総・6次総と策定、実行されてきている。

その講演内容は、①自治体は、財源の自然増を想定した施策・施設の「量充実」の段階は終わり「質整備」の段階に入っている、②90年代末以降の「自治体計画づくり」は、「夢」を描くのではなく、政策・組織・職員のリストラ計画と理解すべき、③自治体計画策定の意義は、自治体の再構築をめぐっての合意づくりにある、(計画づくりは、市民合意を目指す「政治」として行われる) というものである。

また、計画づくりの手順と構成に関しては、①自治体の財務実態を資料に含めた、議論の柱となる「討議要綱」の作成、（計画づくりは作文ではない。具体性と実現性が課題）、②市民・職員・議員の参加機会の確保、③基本計画は、前半の実施計画と後半の展望計画で構成する、④市長任期にあわせ計画を見直す、（実質4年での見直し）との考え方を示している。(1)

総合計画は、自治法上の規定がなくなったとはいえ、基本構想を含む自治体の長期的で総合的な計画であり、目指す将来像を描くものであるということは異論のないところである。しかし、将来像をあいまいにし、また、大きく描くあまり現実性に乏しいものとなり総合計画が夢物語に終始していたり、絵に描いた餅に終わっているというのが実際のところであろう。

多くの自治体の総合計画の現状がこのようであるなか、政策・組織・職員のリストラ計画として総合計画が機能するためには何を考慮すべきであろうか。拡大再生産を続けていた国全体の方向が大きく変わり、環境問題や人口減少といったキーワードに代表されるように、時代状況が大きく変わってきたことをまず認識すべきであり、そういう時代の総合計画は、従来のような右肩上がりの発想による拡大計画では、意味をなさなくなっている。総合計画は政策の取捨選択ツールであるという認識を持つべきだとの考えが示されている。

このことは、言うのはたやすいが実行は困難を伴う。今まで続けてきた政策・事業を「計画」という名の下に優先順位を付け、不要不急なものは止めていこうということであり痛みを伴うものである。しかし、総合計画をそういったものと認識できなければ、財源とリンクした実効性のある計画は不可能である。

遠い将来の夢を描くことを全く否定するつもりはないが、計画に書いたことはきちんと実行していくという実行予定政策集としての役割を果たすことが前提である。そうでなければ、健全な自治体運営を担保しつつ、選挙などによって行われる市民の信託を具体化するという最も重要な役割が欠落してしまうからである。

（2）第5次総合計画の特徴

従来の計画の問題点をふまえ、5次総では、①市民参加・職員参加・議会参加の実践、②計画の成果を測ることが可能な形態とする、③確実な進行管理を可能とする、という三つの基本的な考え方を定めた。また、市民や職員が共有できる形で市の目指すべき姿を描くために、議論のための共通認識として「討議課題集」を作成するとともに、

当課:	教育推進課
連課:	教育研究所、教育総務課
区分:	ソフト・ハード

（単位：千円）

画	27年度計画
〜11人採用） 評価、結果の公	①第3学年で実施（講師9〜11人採用） ②第3学年導入の検証、評価、結果の公表 ③研修
377	377
0	0
0	0
0	0
0	0
377	377

実施内容
第3学年で30人程度学級を実施中。（講師13人採用） 非常勤講師を対象に、指導力向上、生徒指導等の研修5回実施。

総合計画コード：　111010

議論する場を市民に提供しその結果や経緯について情報提供を行うことにより透明性を確保した。

この課題集の作成は、職員による委員会で、前の計画（後期計画の策定時には前期計画）の評価と次の計画策定に向け論点を整理したものである。内容としては、人口や財政状況の推移、前の計画の総括と新たな計画の策定方針、政策分野別の

表１　総合計画実行計画シート（第６次総のもの）（出典：多治見市 H

第6次多治見市総合計画　実行計画（H24～H27年度）

政策名：	教育・文化	総合計画コード：	111010
施策Ⅰ：	学校教育	事業優先度：	◎
施策Ⅱ：	確かな学力・体力と豊かな心を育む教育を推進します	マニフェスト：	○
事業名：	きめ細やかな教育を行うため30人程度学級を実施します	新市建設計画	

		全体計画	24年度計画	25年度計画	
事業内容		①30人程度学級編制の実施 ②検証、評価、結果の公表 ③教職員研修の実施	①第3学年で実施（講師9～11人採用） ②第3学年導入の検証、評価、結果の公表 ③研修	①第3学年で実施（講師9～11人採用） ②第3学年導入の検証、評価、結果の公表 ③研修	①第3学年で ②第3学年導 表 ③研修
事業費	4年間の合計（千円）	1,727	596	377	
	財源内訳　国支出金	0	0	0	
	財源内訳　県支出金	0	0	0	
	財源内訳　市債	0	0	0	
	財源内訳　その他	0	0	0	
	一般財源	1,727	596	377	

	前期共通コード	基本計画事業名	事業計画
23年度（前期計画）	1110012402	きめ細やかな教育を行うため30人程度学級を実施します	①実施学年 ②教員研修の開催

1/192

成果と課題などを掲載しており、その後の庁内議論・市民委員会での議論、地区懇談会などでの説明等、以後の総合計画策定議論を進める上での現状認識に関する共通資料となる。同じ情報を持って議論しようという「情報の公開と共有を前提とした参加」に対する認識があるからである。

また、実際に策定後の総合計画が計画として機能するためには、内容が現実的であり、具体性を持つことが必須となる。このため、5次総（6次総も同様であるが）では実施項目の表現から曖昧な部分を排除し、誰がいつまでに何を行うかをはっきりさせることを目的として、基本計画の各項目を具体的に表記し担当課も明記した。さらに、これらを具体化した「実行計画シート」（表1）を作成し進行管理を行っている。このシートは各事業毎に1枚となっており、事業実現の具体的な施策・担当課名・関連課名・指標・目標値・達成度・財源・事業進捗を計画期間中各年次別に記載する形をとっている。これによって、現在どこまで進んでいるのか、どんな結果を出したのかを一枚のシートから読み取れるようにし、毎年度全シートをホームページで公表している。

もう1点、計画の内容が現実的で具体性を持つためには、計画策定を外部委託しないことが重要であり、多治見市では、人口推計など技術的な部分を除き、すべて手作りである。

（3）予算編成との関係

計画に実効性を持たせるという点で最も重要なことは、計画と予算の一体化である。計画に載せていなくても予算が計上されること、逆に、計画上は重要な政策と位置づけられていても、予算が確保されていないことから実効性がないといった例は、多くの自治体で経験していることである。総合計画を進めるプロセスと予算編成のプロセスは、それぞれの所管で別々に行われているといったケースが多いだろうが、この場合、実質上の事業決定や政策形成が予算編成過程のなかで行われることとなり、計画行政は有名無実化してしまう。時折、財政主導とか企画主導といった表現がなされる。シクミとして、両者をリンクさせるということが重要だということはたやすく理解できるが実行はなかなか難しい。計画行政を実行するうえで一番大きな課題は、計画の進行管理について全庁的な「共通認識」を持ち予算と計画を一体化することである。

　計画と予算が一体化するということが全庁的シクミとして共有されれば、予算全体に対して、計画部門が総合計画の予算編成に一定の責任を持って調整を行うことが必要となってくる。実務的には、総合計画事業に関する経費の算定は、総合計画と予算を所管する企画担当課と財政担当課が協議し予算編成作業を担うこと

図２　予算区分の考え方

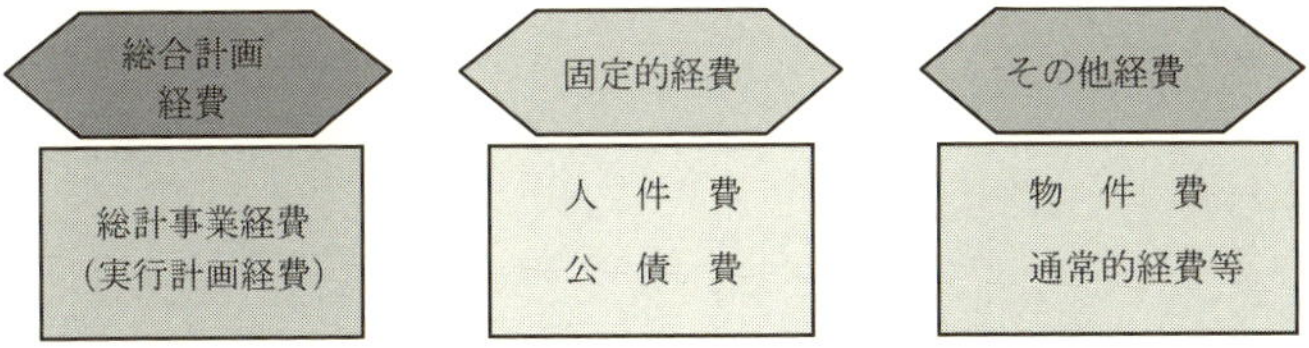

①総合計画経費は、総合計画に掲げられた事業に要する費用として整理
②固定的経費は、義務的に確保する必要があるもの
③その他の経費は、通常の事務事業の経費
④６次総では、全一般財源額を推計し、財政推計の範囲内で策定（当然、絶えず変更が生じる。）

となる。

多治見市では、計画と予算の一体化のために、総合計画進行管理と予算編成プロセスをリンクさせている。具体的には、全体の予算区分を「総合計画経費」「固定的経費」「その他経費」といった経費の性質に分類し、総合計画に掲げた政策の実行のための経費を確保している。（5次総当初は4分類の経費区分としていたが、システムを実行するなかで変更し、現在は3分類としている、図2の分類は6次総のもの）

（4）政策形成に向けたヒアリングと政策課題集

総合計画の進行管理及び予算との調整のため、翌年度の政策形成に向けたヒアリングを夏期に行っている。これは計画事業の実施を確実に行うための進行管理手法であり、マニフェスト事業などの各事業について、必要性の再確認、実施時期は適当であるか、事業の規模は適切であるかなどについてのヒアリングである。このヒアリングは、次年度の政策について予算措置を意識しながら検討することから、予算編成の前段で予算を意識した政策のあ

H24.4.1現在

員配置 適正化計画	5．その他
	＊多治見駅南北通路に電子広告掲示版設置を検討
	＊地域における風水害対策マニュアルの作成及危険表示サインの検討 ＊協定書等で「当面の間」とされている期間の確定とりまとめ
正化計画の進行管	＊任期付職員採用の活用、適正な職員配置数などの人事諸施策の検討 ＊第７次行革を踏まえた定員適正化計画の見直し

り方を議論する場であり、総合計画事業とその予算化に関する認識を、企画・財政部門のみならず全庁的に高めてきた。

　また、総合計画を基本とした行政マネジメントを進めるには、全体の課題を把握する必要があることから、各課の政策形成及び実行について総合計画・行政改革・予算編成・市長提案事項などの切り口からそれぞれの政策課題を箇条書きにした「部課別政策課題集」（表2）という表を毎年度当初に

表2　平成24年度部課別政策課題集（抜粋）（出典：多治見市HP）

企画部 課題一覧表			
課名	1．総合計画の推進 ●6次総実行計画	2．行政改革の推進 ☆第6次行革 ★職場の総点検 ⇨指定管理（所管施設の運営状況のチェック、評価）	3．市長提案事項 □H23年度市長提案 ■H22年度以前からの継続事項
秘書広報課	●広報たじみの発行 ●地区懇談会、パブリック・コメント手続など、市民が市政に参加する多様な機会を設定		■各課が情報収集したい項目について「元気な多 くる市政アドバイザー」から情報提供していただ を構築
企画防災課	●防災行政無線移動系機器更新（20台） ●災害時要援護者避難支援体制の構築・拡大 ●総合防災訓練、水防訓練、自主防災隊等の訓練実施 ●防災倉庫設置と資器材の配備 ●自主防災組織への防災講話の実施 ●災害危険箇所調査 ●災害時・緊急時のホームページ更新、メール発信、FM・CATVによる緊急放送 ●ブロック塀除去への補助：60m ●民間企業及び他自治体との協定締結拡大　2件 ●指定管理者制度導入施設更新時の継続確認 ●維持管理コストを含めた施設の建設の確認 ●分庁舎の整備（用地取得、実施設計、分庁舎の建設に着手） （企画防災課、五大プロジェクト建設事務局） ●本庁舎建て替えに向けた庁内方針検討 ●実行計画の進行管理及び公表の実施 ●必要に応じた基本計画事業の追加･変更 ●6次行革大綱の進行管理と7次行革大綱の策定		■指定管理者総合評価の適正実施 ■転倒防止金具の取付け実施前に全建総連、中学 ティア、敬老会等と市で協定を結び公表 □行革の策定に際し、委員に対しこれまでの職 実績を示すこと。また、職員数削減がどれほど に寄与したか示すこと。 □特に技術系部署において無線を通常業務に取 事の際に活用できるようにすること。 □有事に規律的な行動ができるように基本的な （整列など）の研修を行うこと。また、新入職 加すること。（企画防災課・人事課） □広域避難場所の指定、防災倉庫の設置につい 献の観点から、商工会議所加盟の企業、金融機 地を提供していただくよう協力要請することに すること。まずは、現在の指定、設置箇所を地 ること。 □指定管理の評価委員会の人選（利害関係者の いて、企画防災課で方向性を示すこと。 □後期地区懇談会までの間、駅北公共公益施設 活用した広報記事を掲載し、議論の推移を市民 いくこと。
人事課	●接遇･メンタルヘルス研修の実施 ●政策形成・政策法務研修の実施 ●組織目標の設定と実績に基づく評価の実施 ●目標管理による勤務評定の実施 ●見直し後の定員適正化計画の推進		■緊張感をもって受講する研修メニューになる あり方と見直すこと ■部課長会議においても、好評だった講師を招 実施 ■超過勤務の削減方策の検討 □有事に規律的な行動ができるように基本的な （整列など）の研修を行うこと。また、新入職 加すること。（企画防災課・人事課） □24年度の研修では、5S（整理・整頓・清掃 躾）を徹底すること。

作成しており、これによりそれぞれの政策課題を共有している。

（5）目標管理制度による総合計画の実行

多治見市では目標管理による人事評価制度を２００１年度から導入しているが、この課題集を使って目標を設定するという方法としており、職員一人ひとりが目標管理制度のなかで所属する部課の持つ課題や懸案を理解し、それに対する自分の役割を認識することが可能となっている。各部課の組織目標は、部課別施策体系及び懸案事項一覧表をもとに設定しており、さらにその組織目標をもとに職員の個人目標が設定されている。

部課別政策課題集には、総合計画の当該年度に取り組む事項も掲載されていることから、本来人事管理の一つの手法であるこの制度は、総合計画・行政改革の遂行を確実に担保する制度にもなっている。具体的には、部課別課題集の総合計画の欄には、当該事業のその年度に取り組むべきこと（実行計画の各年度の事業内容）が掲載される。つまり、目標管理制度は人事管理から見れば勤務評定制度であり、計画行政からみれば総合計画実行システムである。また、各部課の組織目標は、庁議メンバーの議論によって全庁的に調整を図っていることから、各部課の課題は全庁的に共有されるシクミとなっている（各部課の組織目標は、多治見市のＨＰを参照されたい）。

4　首長任期と総合計画期間

総合計画による政策実行をすすめるために、様々なシステムを確立してきたが、総合計画策定において重要な論点は、首長任期と計画期間の整合である。総合計画によって中・長期的な計画行政を行うためには、首長任期を考慮し、政策の転換時期となる首長の交代（選挙）を契機に見直すことを前提として計画が作成される必要がある。

総合計画が自治体の政策規範であり、一方で、公約を掲げて当選した首長の政策も自治体政策として実行されることとなれば、首長の公約を取り込んだ総合計画が策定され実行されるというシクミは当然のことといえる。マニフェストを総合計画に位置づけることは、首長のマニフェストを自治体政策として明確に位置づけるもの以外のなにものでもない。

しかしながら、実際には、そうならない場合が多い。それは、総合計画の策定については、こういうものだ、こうしなくてはいけないという呪縛を職員が抱えていることも一因だろうが、一番の理由は、首長の公約と行政の計画は「別もの」と思い込んでいることではないだろうか。自治体職員の多くは、自ら自治体政策の実行担当者であるという認識は当然持っているが、政治が決定した政策の実行者であるという認識を持つ者はそれほど多くないだろう。それは、首長が交代しても職員は変わらないという制度的身分保障やかつての機関委任事務の実行者として位置づけられていたこと等々から、首長が変わっても多くの政策はあまり変わらないという実態からきているのかも知れない。

しかし、選挙で選ばれ自治体運営を信託された首長や議会により決定された政策の実行を担うことが職員の本来の役割であるという、きわめて当然なことを今一度真摯に考えてみる必要があり、これは、マニフェスト型選挙が浸透してきた中で一層鮮明になってきたといえる。

首長の公約（マニフェスト）が総合計画とは別の政策として自治体で実行されていく様は、市民から見れば不思議な光景であろう。

自治体において政策の方向が大きく変わる場合、どういった理由が考えられるのであろうか。一つには国法の改正がある。昨今の福祉・医療等の社会保障制度をめぐる大改正は、自治体における福祉・医療政策も大きく変えるものである。また、災害が起こった場合などは、有無をいわせず政策の転換が必要になってくるが、選挙によって首長が交代するということが、最も頻繁に起こる自治体政策の転換の契機になることを考えれば、首長の交代に伴う政策の転換をシステムとして内部で持っていないとき、総合計画と首長の政策という政策の二重構造を抱え込むこととなり、計画が有名無実となってしまうことは明白である。

多治見市の5次総が、首長の任期に合わせて計画を見直すというシステムを持っていたことで、首長が交代すれば計画（政策）が変わることを職員に意識させてきたことは事実である。

5次総は10年間の計画であるが、前期の5年間（01～05年度）の中間年となる03年が市長選の年であった。改選の翌年には計画の見直しを行い、前期5年目となる最終年を次の後期実施計画（05～09年度）へ組み込んで計画の変更を行っている（5次総前期計画の最後の1年を後期計画に組み込むことで首長任期と整合をとっている）。

首長任期と総合計画期間の整合性を図ること（**図3**）は、市民・首長・職員が総合計画を共有できる仕組みの一つである（後述のとおり、6次総では期間を8年とする見直しを行い首長任期と計画期間を明確に一致させている）。

図3　選挙と総合計画策定スケジュールの関係（出典多治見市HP）

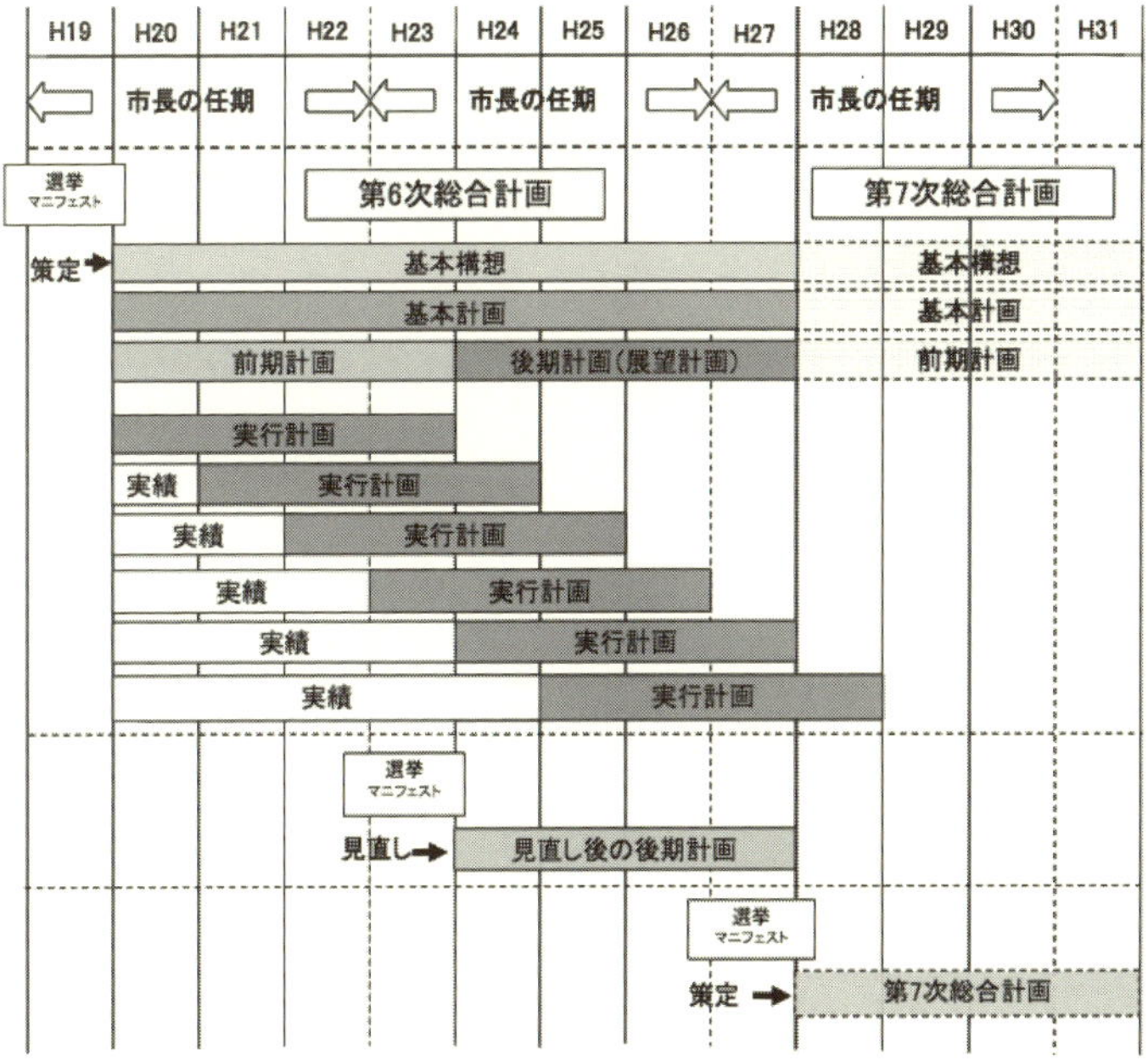

時に、「総合計画は役人の作文だ」という批判を耳にする。役人の作文であるからダメなものとして切り捨てるのか、首長の政策実行ツールとしての自治体計画へと変えていこうと考えるのでは大きな違いがある。総合計画を主権者の信託に応えるものに作り変えていこうという認識は、マニフェストという公約を総合計画に「溶かし込む」作業によって具現化されるものであり、この自治体政策への転化の過程が、民主主義的プロセスとして重要であることを理解すべきである。

それは、以下のようにまとめることができる。①公約の実行は行政全体が共通認識を持ち取り組むべきことを認識する、②公約を自治体の政策集に転化するシクミを持たない限り、政治（代表民主性）が行政を規制できない、その転化のツールは総合計画である（「総合計画は役人の作文」という批判を克服しない限り、首長は計画に見向きもしない）、③計画は「政権交代」による変更をシステムとして取り込んでいないと機能しなくなる、といった理解である。

二　市政基本条例と第6次総合計画

1　多治見市市政基本条例の制定

多治見市では、市の基本条例として「多治見市政基本条例」を制定している。この条例は、主権者の信託を受けた市長と議会が市政運営を行う際の基本理念と制度を定めたものであり、地域民主主義を確立していくことを理念としている。総合計画による政策実行や行政改革・情報公開・市民参加といった制度を「地域民主主義のツール」と位置づけたものが多治見市の基本条例の考え方である。

市政基本条例は2006年に策定されているが、この十数年間多治見市が基本的なルールとして認識してきた理念とそれを実行するルールについて条例に取り込み規定した。当初「多治見市自治体基本条例」として上程したが、この議案は審議未了廃案となっている。この自治体基本条例に関する特別委員会では、執行部と議員間で相当多くの議論がされており、筆者はこの議論の経験が、執行部と議会の「議論による意思決定」の重要性を強く認識させ、執行部と議会の関係を変えてきた要因の一つと考えている。

その後、自治体基本条例案のいくつかの部分を修正し、２００６年に市政基本条例として提案し、可決成立した。

市政基本条例に掲げている基本的なルールは、①主権者である市民に対する総合的な情報公開による市政情報の共有、②市民の市政参加（特に、多様な参加機会の保障）、③総合的で計画的な市政運営のための総合計画の策定の義務付け、④市政運営の諸原則（市政運営制度の改善の義務付け、説明責任、政策評価、行政改革、財務原則、法務原則、法令遵守、是正請求、行政手続、個人情報保護、市民投票など）を規定している。

条例制定当初は、市民参加・市民投票・是正請求等に関しての具体化（条例化）はされていなかったが、2代にわたる市長のもと制度として完備されてきた。

また、条例は現在まで4回の改正（一回は字句修正）がされている。1回目に、総合計画における基本計画の議決要件の一部改正であり、議員提案で改正されている。2回目に、健全な財政に関する条例制定に伴う改正であり、3回目は、議会基本条例制定に伴う改正である。2回目と3回目の改正は、基本条例中に、それぞれ「必要な事項は、別に条例で定める」という内容の追加という改正である。

制定後10年は経ていないが、実質的な改正を3回行ってきた。これは、市政運営の諸制度の充実に伴う改正であり、条例に規定した諸制度やルールが機能していることの証である。

全国的に基本条例の制定が進んできたが、条例制定前に行ってきた自治体の取組を条例に掲げるとともに、自治体としてさらに取り組むべき制度・ルールも条例化し、制定後その実施に取り組むという方法が、制定手法としては良い方法であろうと思われる。それは、自治体で既に取り組まれてきたという実績・成果を普遍化することから、実効性が担保され、次のステップに自信を持って進めるからである。市民参加制度を例に、多治見市政基本条例の特徴的な考え方を1点挙げたい。

多治見市では、パブリックコメントを行政手続ではなく「市民参加」の方策と位置付けている。国の行政手続法は、その名の通り「行政」の「手続」を定めており、その中に「意見公募手続」としてパブリックコメントが規定されている。行政手続である以上、立法機関が決定する法案は対象となっていない。

一方、自治体は市民参加の視点から、議会に上程する条例案についてパブリックコメントを実施する場合が多々ある。多治見市では、パブリックコメントを市民参加の1つと位置付け市民参加を図る機関に議会も位置付けている。これは、情報公開制度における実施機関に議会が入っていることと同様の趣旨である。したがって、多治見市では、議会が会議規則や委員会条例を改正する際にパブリックコメントを実施している。

市民参加に関しては、市政基本条例で理念を規定し、さらに市民参加条例で、多様な市民参加を義務付け、その1つの手法としてパブリックコメント条例で意見公募手続を規定するという3層構造により具体性を持たせている。「議会基本条例、自治基本条例を問わず、具体性は『生ける基本条例』のための最も大切な要件となります」(3)という指摘の実践例であろう。

2　市政基本条例における総合計画の位置づけ

市政基本条例は、第Ⅲ章において総合計画を規定している。条例の構成からみると総合計画単独で1つの章としており、市政運営の理念とルールを具体化するにあたり、総合計画が極めて重要であるとの考えに他ならない。それは、総合計画の策定と実行さらにその評価といった一連のサイクルが、市政運営の諸原則を「総動員」させることとなるからである。

公開と参加、多様な議論等々、総合計画に関しては、すでに述べたように5次総の策定において実行したルールをベースとして多治見市の総合計画策定のルールとして規定したものであり、特に、総合計画を基本とした政策実行の取組を将来にわたっても行っていくこととし、条例という立法により担保したものである。

基本条例では、総合計画について、①計画の策定義務づけ、②将来像を規定する基本構想と事業を定める基本計画、事業の進め方を明らかにする実行計画で構成する、③市政運営の最上位の計画である、④市民参加による策定、⑤基本構想と基本計画は議決で決定する、⑥市長任期ごとに見直す、⑦進行管理と公表の義務付け、⑧他の計画には総合計画との整合を求めているといった内容となっている（**表3**）。

自治法による基本構想の制定と議決の廃止がなされたが、多治見市では基本条例において総合計画の策定を規定していることから、法改正による基本構想の策定と議決要件の廃止は、全く無関係のこととなる。自治法の規定の有無に関係なく総合計画を策定し、計画行政を進めることを明確に表明している。

総合計画を自治体の最高政策規範と位置付けるためには、自治基本条例、あるいは、近年その動きが始まっている「総合計画条例」の制定といった自治立法での規定が必要である。そのとき、我が自治体においては、どういう問題意識を持ちどういう内容を規定するのかといった議論が多くの自治体で巻き起こることを期待したい。

多治見市の総合計画の基本的な考え方を規定した市政基本条例20条において、特徴的な

表３　市政基本条例における総合計画の位置づけ（出典：多治見市ＨＰ）

（総合計画）

第20条　市は、総合的かつ計画的に市政を運営するため、総合計画を策定しなければなりません。

2　総合計画は、目指すべき将来像を定める基本構想、これを実現するための事業を定める基本計画と事業の進め方を明らかにする実行計画により構成されます。

3　総合計画は、市の政策を定める最上位の計画であり、市が行う政策は、緊急を要するもののほかは、これに基づかなければなりません。

4　総合計画は、市民の参加を経て案が作成され、基本構想及び基本計画について議会の議決を経て、策定されます。

5　総合計画は、計画期間を定めて策定され、市長の任期ごとに見直されます。

6　市は、基本計画に基づく事業の進行を管理し、その状況を公表しなければなりません。

7　市は、各政策分野における基本となる計画を策定する場合は、総合計画との関係を明らかにし、策定後は、総合計画との調整のもとで進行を管理しなければなりません。

考え方を紹介する。それは、条例に計画期間を何年とすると明記していないことである。それは毎回の計画策定の際に決められることを意味している。この例のように、我が自治体は、なぜそうするのかを議論し条例化することが必要である。

ここで、自治立法としての必要性という観点から自治法改正による基本構想の策定の義務付けと議決の廃止について触れたい。それは、自主的な条例化が目指すべき姿であるとしても、総合計画を策定するというシクミが担保されなくなったことは、現実的に多くの自治体が計画を策定しなくなるのではないかという懸念があるからである。

廃止の趣旨は、自治体の基本的な計画であり将来的なまちづくりの方向性を示す基本構想の策定を国が法律で全基礎自治体に「押し付ける」ということが分権の趣旨に反するというのが理由だと理解している。基本構想の策定義務の廃止（策定の義務付けと議決という二つの義務付けがあるが、ここで両者の役割の違いをしっかり認識する必要がある）については、かつて構造改革特区でも提案されたものである。

構想の義務付け廃止で注目すべき点は、法定であるがゆえに国の各省庁もそれを自治体のもっとも基本的な政策集であると認めており、各省庁が所管する個別計画を自治体が策定する際、基本構想に即することが求められていたが、それがなくなったということである。

都市計画・福祉・産業振興等に関する個別計画は、基本構想に即することで自治体としての統一的政策規範の下に位置づけられ、自治体の独自性と総合性が確保されてきた。これらを確保することは、自治体内部は当然のこととして、法定であるがゆえに各省庁も認めざるを得ないものであったといえよう。各省庁において基本構想が自治体おける最も基本となる政策規範であることを認識させてきたという意義がなくなったことは事実である。

また、計画を策定しないという自治体も出てくるだろう。その理由は2点考えられる。1点目は、もともと計画が有効に機能していない自治体であれば、この際無意味な総合計画は策定しないと言う考え方である。もう1点は、マニフェストを掲げ当選した首長がマニフェストを実行するにあたって、総合計画自体を「邪魔者」と考えている場合である。

議決廃止の意味も押さえておきたい。基本構想の策定義務がなくなった以上、当然、議決という義務付けもなくなる。議決をするということは、最終的には議会が責任を持って決定するということである。

逆にいえば、議会は自治体の将来像に関する自らの権限と責任の法的位置づけを失ったこととなる。基本構想をベースにした自治体総合計画は、議会が決定する「自治体の計画」であったが、その位置づけがなくなったことは二元代表という政治システムの自治体にとってどういうことを意味するのかを考える必要がある。

そもそも、自治体の長期計画が「総合計画」と呼ばれる所以は、その名のとおり総合的であること、また、自治体の計画（首長の行政計画ではなく議決によって自治体計画となる）であって、主権者の信託にもとづき自治体の運営を任されている議会と首長が一緒に作っている計画であるということから、他の自治体の個別計画とは異なる位置づけがされ、策定に関しても大きな議論が必要とされ、意思形成過程での議論もより重要視されていたと理解できる。義務付けの廃止をきっかけとして総合計画が持つ意味を再度考えるべきである。

その視点から、今後自治体が総合計画を基本とした独自の自治体運営を進めていこうとした場合、何をもって総合計画の最高規範性を確保するのかなどを自治体の意志として決めていかなくてはならない。総合計画という名称の計画を策定するとしても、議決をしない行政計画として策定するという考えもあるかもしれない。また、当然のように策定してきた「基本構想」を不要とする考えもあるかもしれない（筆者は、議会の議決を経ない「総合計画」は総合計画ではないと思っているが）。そういった確認を行うためにも、義務付けの廃止の意味合いを様々な観点から検証し、全国の自治体が総合計画策定に取り組む中で独自の理念と手法を開発し、それを条例化することが総合計画による自治体政策の実行というルールの普遍化にとって必要である。

3　総合計画を中心に据えた多治見市の取組

多治見市は独自の考え方から総合計画を基本条例によって制度化してきた。自治法の義務付け廃止の5年ほど前のことである。この条例化を間に挟んだ10数年をかけて、5次・6次の総合計画の策定と実行によって多治見市の取組として積み上げてきた。5次総について5つの特徴が紹介されているが(4)、その内容も含め、また、条例化してきたことも合わせて、あらためて特徴的な内容を列挙する。

①討議課題集を共通のデータとし、市民・議員・職員の議論を踏まえ策定

②将来像を規定する基本構想と事業を規定する基本計画を策定し、議決により策定

③基本計画は、前期4年の前期計画と後期4年の展望計画（総合計画の後期段階では、展望計画が後期基本計画となる）で構成

④市長ヒヤリング・総合計画ヒヤリングに基づく財源調整と実行計画の見直し（実行計画の毎年度の具体的事業と財源の調整、事業の部分的見直しなど）

⑤首長任期による計画の策定・見直し

⑥勤務評定である目標管理制度における毎年度の各部課の課題として、総合計画の当該年度の取り組むべき項目が掲げられており、目標管理制度が総合計画の実効性を担保する

⑦予算を総合計画経費・確定経費・その他経費に分け、総合計画経費については、財政担当課による予算編成の前に、企画担当課が調整を行う（予算編成の段階では、総合計画事業の予算規模の査定が行われるが、事業そのものの延期や中止は編成以前に企画が調整する）

⑧総合計画の基本構想・基本計画の変更は、庁内議論（所管課の提案→調整会議→政策会議）→パブリックコメント→市民の事業評価委員会→行政案の確定→議会提案→議決というプロセスを経る（議会提案の際は、議会基本条例の規定による説明資料を作成している）。

第５次・第６次という計画の策定と実行のなかで、まさに実務を幾重にも積み上げてきた多治見市の取組であるが、６次総を策定・実行するなかで新たなシクミとして加えたことは、概ね以下のとおりである。

① 基本計画を議決要件とした（議員提案による市政基本条例の一部改正）

② 市民参加条例・パブリックコメント条例・健全な財政に関する条例・市民投票条例の制定（総合計画の策定・実行において必要な手続等を具体化）

③ 素案段階からの議会との意見交換及び議員間の討議の場の確保（早い段階からの特別委員会の設置）

④ 市長選挙後、概ね１年間の策定期間と３年間の実行期間（前総合計画あるいは前期計画の総括と新たな課題の整理は選挙の前に行い、選挙の際の政策課題として提供できるスケジュールの確保）

⑤ 選挙の年度の総合計画策定と翌年度の行革大綱の策定（多治見市では、４年の任期期間中に、総合計画や行革大綱、使用料・手数料の見直しを市長に義務づけている）

６次総の策定における取組は後半で詳述するが、多治見市では総合計画の策定・実行に関する実務的な経験の一つひとつについて理論化を図り、次回の計画策定に活かそうという考え方のもと、総合計画をすこしづつ「バージョンアップ」していこうという考え方が共有されている。

4　第6次総合計画の策定

(1) マニフェストから総合計画への転化手法

2007年4月の統一地方選挙で多治見市においても市長が交代している。前出のとおり、5次総はもともと市長の交代による改定を見込んでいるし、当選した古川市長は選挙において示したマニフェストを実施していく必要があることから、就任後直ちに新たな第6次総合計画の策定作業に入った。市長マニフェストの主要な政策である「30人程度学級」(中学3年生から30人程度の少人数学級を実施するという内容)を例に策定プロセスを見てみたい。

まず、市長就任直後の政策会議においてマニフェストの内容を議論している。また、部課長会議において市長がマニフェストの考えを説明するなど、マニフェストに関する庁内議論を行っている。この議論では、政策の必要性について共通認識を持つとともに、教員の採用、3年生から実施する政策的意義、教室不足への対応等についても議論がされている。

また、総合計画の内容変更は、5次総の時点では「総合計画市民懇談会」での意見を踏まえて変更するシステムを採っていた（6次総以後に関しては、総合計画と行革の両計画を一体化して「事業評価委員会」に改編している）ことから、この懇談会においても議論を行っている。こうした議論を経て、市長就任時にすでに実行されている5次総には「30人程度学級の実施に向けた調査研究を行う」旨の事業を追加し、一方で、策定を進めている6次総の案にはその実施を掲げることとした。これらの作業は、市長マニフェストをどう総合計画という形で自治体政策へと転化するのかといったプロセスの重要性を意識していることから採った手法である。市長のマニフェストを確認しながら自治体としての政策形成プロセスに載せるシクミをつくることが重要であるとの認識があったからである。

（2）策定スケジュールをめぐる議論

当初、6次総の策定は07年の選挙後2年をかけて策定し、09年度実施を予定していた。選挙前には5次総の総括作業に着手した段階であったが、4年間という市長任期の半分を計画策定に費やすことは、政策実行の期間が少なくなることから、計画策定を1年で行うこととなった。この期間短縮は職員の作業の集中化を行うことで対応したが、市民参加手法等を見直すことも行っている。

選挙前の6次総のスケジュール検討段階では、5次総の策定プロセスをそのまま踏襲することを考えていたが、市長就任後の議論において4年間の任期のなかで、市民から信託されている市政運営の「実行」に力点を置く方策を検討すべきであるとの議論からプランニングの期間の短縮を行ったものである。

この問題提起は、ある意味当然のことであり重要な問題提起だろうと考えている。計画の策定プロセスの重要性とともに実行性を高めることを強く認識させるものである。

また、計画の議決時期と翌年度予算の議決の時期はどうあるべきかという課題も出されている。計画策定を1年で行う場合（正確には、選挙で市長が就任した後1年で）は、計画立案作業と予算編成作業が平行し、計画と予算を同時期に議会提案することとなったが、この点について議会から「計画を先に審議し、その議決後予算を議決するのが筋ではないか」という指摘があった。この指摘は重要な論点であろう。（6次総後期計画の策定時には、計画の議決を12月議会で行い、その計画に基づく予算は3月議会で議決されている）しかし、筆者は、計画策定と翌年度予算の議決のタイミングという議論の根底には、単に順序という問題ではなく、計画案の意思形成過程における議会と執行部の十分な「意見交換の場」の確保が重要であるとの考えから出された意見と理解している。こうした「場」をどのように設定するのかは検討を要するだろうが、実際、6次総議案の表決における討論においても、北海道栗山町議会における「一般会議」のような意見交換が重要であること、さらに、こうした場を創設するのは議会の役割であるという意見があったことを紹介しておきたい。

２００７年の6次総策定当時のこうした問題意識は、後述するように、２０１１年の6次総の後期計画策定において、執行部の素案作成段階から議会は特別委員会を設置し、委員会委員と執行部、委員会委員同士の議員間討議という形で実現している。

(3) 財源の調整

6次総の策定時、これに先行して「健全な財政に関する条例」の制定を進めた。この条例では、総合計画の策定時には複数の財政推計の立案を求めていることから、図4のような推計を行い計画事業を含めた予算推計がこの幅の中に納まるように立案している。計画期間中の歳入予測は中期の財政計画そのものであり、前期・後期の4年毎の各基本計画は、予算的には中期財政計画の上に「乗っている」状態となる。さらにその基本計画を4分割した上に単年度の予算編成が「乗っている」形がイメージできる。

計画と財政の連携を図る中で、議論の結果どうしても必要な政策であると認識される政策については、借金をしてでも事業を行うという選択も、政策決定の段階で行われるのである。

図4　6次総後期計画における財政推移（出典：多治見市 HP）

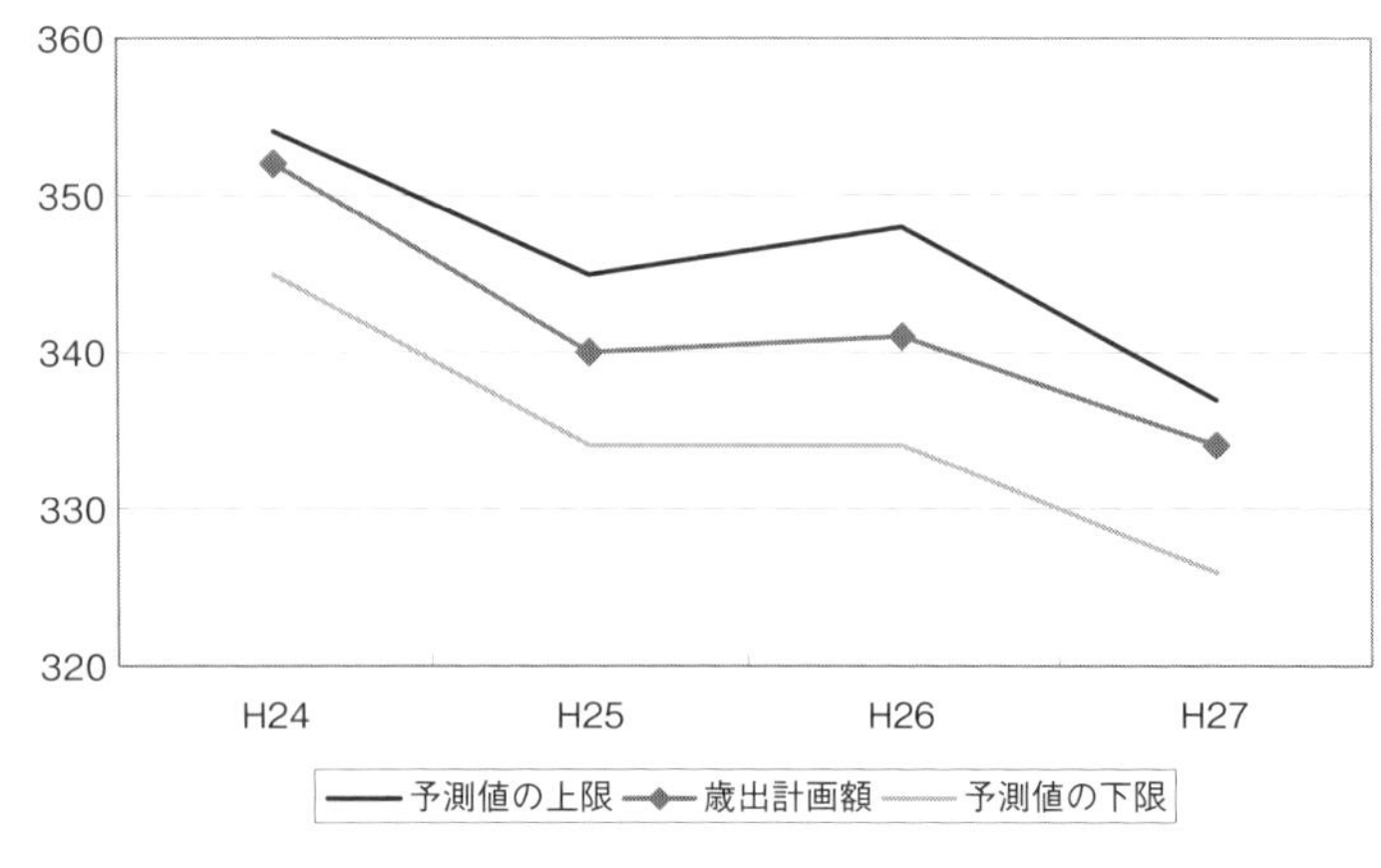

（4）市民参加による計画の評価と変更

すでに見たように、多治見市の総合計画の策定方法は10年以上をかけ一定のシステムとして確立してきた。一方で、策定された計画の進行管理も特徴がある。

その一例に、総合計画と行政改革をセットにした「事業評価委員会」の設置がある。総合計画が財政計画と連携し作成され予算的にも確保されたものであればその実行も担保されている。逆に、計画に掲げられていない政策は予算的にも担保されていないわけであり、その政策は実行しないこととなる。いわば、総合計画の外にはみだした政策をどう扱うのか、それが行政改革の課題となる。

こうした考えから、総合計画と行政改革をセットでチェックしているのが事業評価委員会である。5次総では、総合計画の市民委員会を恒常的な委員会として設置し、行政改革に関してはこれとは別に策定時に市民懇談会を組織していたが、自治体政策をPDCAサイクルで確認しようとするためには両者をセットにチェックすることが必要であるとの認識によるものである。この委員会は、総合計画に基づく施策や基本計画事業の検証と行政改革大綱などの実施状況の検証を行うことを役割としている。

5　総合計画と行政改革の関係

(1)　政策規範と組織規範

くり返しになるが、実行可能な総合計画であるためには必然的に予算との連携が不可欠となる。しかし、その予算は限られており、これからの計画は策定する度に既存事業の見直しを前提としなければならない。

既存の事業を見直し行政の転換をどのように図っていくのかを計画にしたものが行革大綱であるならば、実行可能な総合計画で取り組むべき政策を決定する際に、いわば車の両輪のように行政改革も「一心同体」であることを認識する必要がある。政策規範である総合計画でどういう政策を進めるのかを規定し、一方で組織規範としての行政改革はどうやって組織として政策を進めるのか、あるいは進めないこととした事業をどう廃止するのかという面を分担することとなる。

多治見市では、4年を期間とする行革大綱を7次にわたり策定してきた。その取組を積み上げるなかで行政改革の認識も共有してきており、確立した考え方を市政基本条例において定めている（**表4**）。

１９８５年に最初の行革大綱を策定し、１９９５年に２次行革大綱を策定している。その後順次３次から７次までの行革大綱を策定してきた。85年及び95年の大綱策定は、国から求められて策定したものであるが、第３次以降は、国の要請の有無とは関係なく独自の取組みとして行ってきたものである。

これは、２次行革大綱策定時に、国から要請があったから自治体の行政運営を見直すというスタンスは自治体の主体性の問題としてよいのかという考えがあったからである。２次行革大綱策定の際に、たえず行革大綱を策定し、継続して行革に取り組むこととし、以後、４年サイクルで継続して進めてきた。量的な縮減のみではなく、質も問われる『行政の改革』と位置づけている多治見市の行革に対する考え方は、２００６年の第５次行革大綱において以下のとおり一定の整理がされている。

「継続的な行政改革への取組の中で、第2次・第3次の行革は・・・施策、事業の『量』に焦点をあて、その『量』を減らすことを重点としていたが、第4次行革は、『量』を見直すことに加え行政の『質』に視点を据え、行政の『質』を転換することも大きな柱

表４　市政基本条例における行革の位置づけ（出典　多治見市ＨＰ）

（行政改革） 第24条　市は、市政運営について、在り方を見直し、質を向上させるため、行政改革大綱を策定し、行政改革を進めなければなりません。 2　行政改革大綱は、市民の参加を経て総合計画との調整のもとで策定されます。 3　行政改革大綱は、市長の任期ごとに実施期間を定めて策定されます。 4　市は、行政改革大綱の実施に当たっては、実施計画を策定し、その進行を管理しなければなりません。

としてきた。

行政の『質』を問い直すということは、多治見市の政策全般のあり方を内と外の視点から見直しながら、その決定のあり方を含め、自治体の運営そのものを問い直すことにつながるものであり、このことは『地域における民主主義』をいかに実践していくかということと深く関係するものである。その見直しの前提には、地域の現状や多治見市の実態を示す、行政情報の整理・公開や市民参加のシステムが不可欠になっていることを示している。つまり、多治見市が目指す『行政の改革』とは、これらを不変の基本原則として、行政運営を行うよう行政システムのあり方を変革することと言える」。

多治見市では、このように、行政改革も行政システムの基本にすえて市政運営を行っており、総合計画の策定に連動する形で行革大綱の策定も行っているが、総計と行革の策定を連続させるという考え方の実践は、６次総後期計画策定時からである。それは、以下に述べる行革大綱の策定時期に関する政策会議での議論によるものである。

(2) 行革大綱の策定時期

総合計画を市長任期に合わせ見直すことはすでに述べたとおりである。一方で行革大綱については、市長任期中の策定と実行を規定はしていたが、総合計画ほど就任直後の策定を強く意識してはいなかった。それは、過去から４年を単位として継続して取り組んできたが、機械的な４年間のくり返しであったからである。

しかしながら、首長就任時に、すでにある行革大綱は就任した首長の意向は当然ながら含まれていない。このことは、行革大綱も総合計画と同じように就任後の見直しが必要であることを示している。首長の任期中に大綱を策定した以上、任期中に一定の取組ができるように担保されなければ意味が無いという議論がされた。

つまり、行政改革も総合計画と同様に首長就任時に新たな行革大綱を策定するというスケジュールを持つべきであり、総計の策定スケジュールに連動した行革大綱策定スケジュールが必要となっているのである。

首長選挙の前年から現行の総合計画の課題整理（討議課題集の作成）を行い、首長就任後1年間で新たな総合計画を策定し、その翌年度に行革大綱を策定するというスケジュールが現実も踏まえた理想的な形ではないかと筆者は考えている。首長選挙という時期は政策の転換の時期でもあり、職員自らが様々なシクミを問い直す好機である。

6　総合計画・行政改革と自治体財政の関連性

自治体が自ら政策決定し実行していくにあたって、不可避の課題は財源の問題である。総合計画・行政改革と財政の関係に関して、筆者の問題意識を今一度整理しておきたい。

自治体の歳入は、基本的には「地方財政制度」として国が定めている。収入向上策は自治体独自の取組として可能であるが、地方税財政制度を変更し大きく収入構造を変えることは一つの自治体でできることではなく、全国的な制度改正のなかで変えられるという現実を踏まえなくてはいけない。変えるためには、税財源をめぐる国と地方の関係、広域自治体と基礎自治体の関係、都市部と地方の関係といった根源的な問題の解決が必要であろう。

しかし、だからといって自治体が自ら財政を規律することをしなくてよいという理由にはならない。少なくとも、歳出論としての「自

図５　歳入と歳出をつなぐ総合計画・行政改革

歳入論（地方財政制度）

税	交付税	補助金等	使用料	起債	・・・

（計画領域）

政策決定（マニフェスト・補助事業・・・・）　⬅　行革

↓

総合計画

（予算領域）

↓

予算編成

↓

予算の執行

土木費	民生費	教育費	農林水産業費	公債費	・・・

歳出論（自治体財務）

治体財務」の健全化に取り組まなければ、歳入論の変革は多くの支持を得られないと理解すべきである。これらを簡単に整理すれば**図5**のとおりである。現在の自治体の財政悪化について、その責任を「地方財政制度」のみに押しつけてはいけないと認識すべきであろう。

三　総合計画における重層的な議論の重要性

1　政策形成に向けた議論の展開

(1) 政策に正当性を与えるもの

自治体が地域における総合的政策主体であるためには、自治体の自己決定・自己責任が求められるが、そのためには自治体が自らを「律する（コントロールする）」という考えが必須である。

そして冒頭にも述べたとおり、このコントロールは、総合計画をはじめとして政策の発想から実行・評価までのプロセスにおいて、どういった「政策主体」がどのような「議論」を行ってきたのかによって明らかにされ、適正なプロセスの確保という「手続的正当性」が政策そのものの「正当性」を高めるといえる。しかしながら、政治家としての首長は、政策の結果責任を問われる立場であり、議論の正当性を認識しつつも政策実行による成果を重要と考えることもまた当然のことと認識する必要がある。この両者のバランスを妥当なものとするためにも、組織としての政策の意思決定には十分な議論が必要である。

（2）「政策は個人から発想される」ということ

首長の公約がマニフェストというかたちで具体化されれば、その政策の手法が課題となることはすでに述べたとおりであるが、そもそも、これらの公約としての政策案はどういうかたちで形成されるのか。「政策は、政府政策をふくめて、究極には個人思考の産物である。・・・民主政治ないし市民自治は・・個人間の〈集合意思〉を統合する『手続』が問われるだけである。」(2)という考えは、「時に60％の合意」で物事を進めていく現場に身を置く者としては、真理をいい当てているように思われる。

マニフェストを例にすれば、候補者が政策の案を発想し、それが選挙で信任され、自治体政策へと転化していくことになる。候補者という個人が発想した政策は選挙での洗礼を受けている以上その実行が求められるが、あくまでも個人からの発想であるということを認識すれば、首長の発想が自治体の政策に転化される「プロセス」が必須となる。よく、「思いつきの政策」といういい方で批判される場合があるが、思いつきの政策とそうでない政策の違いというものは、内容の是非もあるが、その意思形成過程の相違によるものも多いといえるだろう。

政策の妥当性を判断する場合、政策実行による課題解決の可能性、様々なコストなどを推定しながら政策立案の段階で妥当性を判断することが必要となるが、それは、政策の立案段階では予測の域をでないという事実に目を向けなくてはいけない。このことも、個人発想の政策がどのように妥当性があるかを議論で明示したうえで、自治体の政策に転化していくというプロセスが課題であることを示している。

２００７年の統一地方選で当選した古川市長は、その後の地区懇談会で「マニフェストは、概ね信託をされたと思っているが、１００％支持されたものとは思っていない」と考え方を示している。マニフェストが公約の具体化であり、従来のあいまいな公約をより具体化するが、候補者が掲げたマニフェストのどの項目が支持され、どの項目はそうではなかったのかまで具体的に示されるものではない。人を選ぶ選挙は、ダイレクトに全ての政策選択を行うものではないという曖昧さを内包せざるを得ないだろう。

（3）政策の実行を意識する

このように政策の妥当性・成果は結果で判断される。しかし、政策の立案・決定段階においては予測でしかありえない。そうであれば、どのようなプロセスでどのような議論を行って決定されたかが、有効な政策の妥当性の「予測方法」といえるだろう。

そして、政策は、実行されることが目的であることから、政策実行のための議論は一定の段階で実行実現に向けた結論を得る必要があり、そのためには「妥協」も必要となってくる。政策の立案・実行過程を見れば、個人の発想→選挙・陳情・要望→行政内部の検討→議会の議論→確定というプロセスを経るが、このとき、今述べたように、各レベルでの議論は課題の解決を目指すことが目的とされたものでないと意味をなさないのであり、単なる批判に終始していては課題は解決できない。このことも政策について議論する場合、当然の前提として認識しなければならない。まさに「60％」に留まることの理解が必要なのである。

こうした前提条件を認識しながら、政策の立案・実行について議論し意思決定することが必要であり、政策はこのプロセスを経ることで正当性を獲得するといえる。もちろん、自身が妥当と思う意見を主張し続けることを否定するものではないが、政策の実行を目的とするという位置から見れば、様々な議論を行った後一定の方向性に集約させていくことが必要であり、政策形成はこのことを前提として議論しなければならないということは、再度確認しておきたい。

では、議論において必要な要素は何だろうか。それは、情報の公開と共有である。市民と行政職員の議論という場面は情報量の差と価値軸の幅が大きいという意味から、議論にとって必要な要素が見えやすい（実務的には、市民委員会あるいは、市民討議会・市民懇談会といった場面が想定される）。

「アマ」と「プロ」という言葉で、この課題を指摘した意見があるが(3)「アマ＝主権者」と「プロ＝その信託を受けて自治体を運営している議会・首長と職員」と表現すると見えてくるものがある。主権者が判断する「材料」としての情報は、プロが圧倒的に持っているのであるから、プロはアマを意識して情報を公開し共有するという方向へ絶えずベクトルを向けていることが必要であろう。

総合計画の策定市民員会・審議会あるいは事業評価委員会など市民による委員会においても、公共政策をめぐってアマとプロが一つのテーブルで議論することとなるが、自由な議論・意見交換であったとしても真の対等性を確保することはかなり困難を伴うことは確かである。その困難さを認識したうえで、可能な限り「対等性」を確保していこうという問題意識に根ざした情報の公開や共有のための制度設計と努力が必要となってくる。

2　行政内部における政策実行のための議論

(1) 議論の四角形

多治見市の執行部における議論は、政策会議・調整会議といった行政内部の議論であり、当然組織としての意思決定に向かって集約していくが、少なくとも自由な議論を踏まえて行政として意思決定を行おうというスタンスを持っており、様々な意見が出される。筆者の認識は以下のとおりである。

ある政策について、担当部課が四角形の右に位置するような当初案を出した。その時の議論で左に位置するような修正案が出された。ここで初めて、この事柄の結論は「議論の四角形」（図6）のなかに納まるものだと気づく。その四角形を知ってそのうえで「ある位置」という結論を得ることは極めて重要である。それは、「ある位置」という結論の正当性・妥当性は、それを含む「議論の四角形」としての全体を認識し、そのなかにおける他の意見との対比ではじめて「ベター」であると理解できるからである。「議論の四角形」が見えない状態での「ある位置という結論」は、一つの判断ではあるが妥当な判断であるかどうかは分らないだろう。

また、行政内部において個別課題について一番詳細に知っているのは担当課だが、真っ只中にいるとかえって見えなくなることがある。その時、担当部課以外の職員の意見が重要であり、専門でないが故に逆に「気づき」を与える意見が多いと感じるのは筆者のみではな

図6　議論の四角形

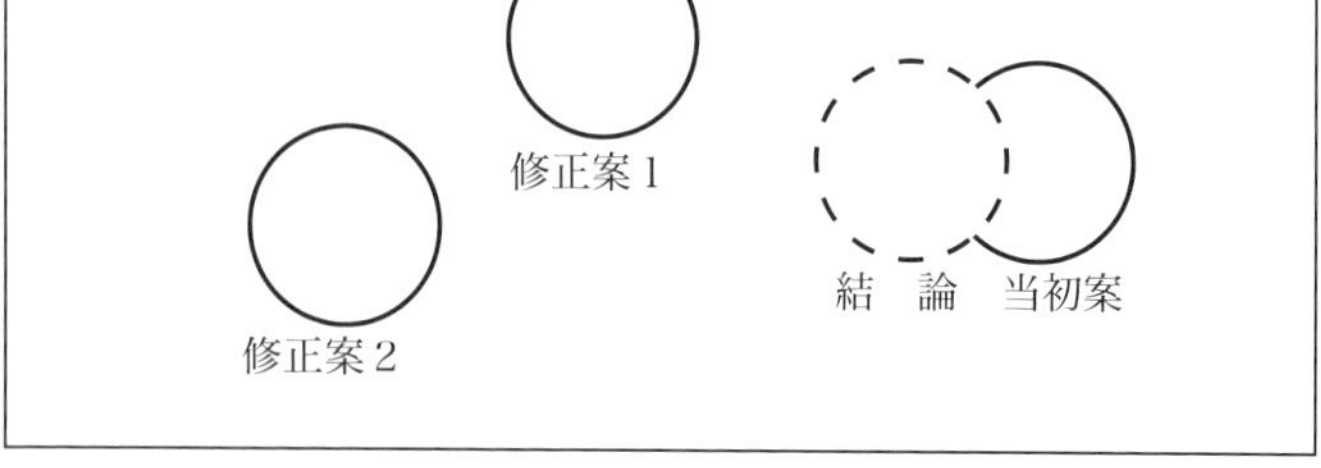

いだろう。このことも議論の必要性を示している。

ただ、いくつかの組織のなかでは、議論する職員が浮いてしまうことやいろいろな軋轢を感じるということもあろうが、それは避けられない過渡的な現象だということを承知して、それでもやはり議論していくしかないと認識すべきだろう。その時、自身の議論をささえるもの、それはまさに「市民の信託に応えていくためにはどうあるべきか」という意識である。

「議論することが役に立って、楽しいことだということを体験することが重要ではないか」[4]という意見があるが、重要な指摘であり機会を捉えて議論する場を設定し、体験していくことが大切といえる（もちろん、その結果には全員が従い、その結果を変更する場合もまた議論によって行うという「愚直さ」が必要となってくるが）。

しかし、漫然と議論の場を設けることに留まっていれば、議論したというアリバイづくりの場になってしまうことも十分な注意しなければならない。たえず現状が目的に沿っているのかという確認が必要である。このような情報の共有や議論の積み重ねによって職員は総合的に理解することが可能となり、そして、その時はじめて総合的に政策を考えることができるだろう。

（2）庁議のシステム

多治見市では、年24回の庁議を開催しており、この庁議は行政の最終的な意思決定を行う会議として位置づけている。構成メンバーである部長級職員は、所管の政策分野の責任者であるとともに市全体の政策決定に加わるという役割を担っている。このことは、ある分野の担当であっても全政策分野に関して総合的に考えることが求められる。そのルールは表5のとおりである。

会議の概要は、市のHPで公開されている。ここでの議論は行政としての意思決定であり、審議案件は調整会議での部代表課長の会議で意見を付け、それを踏まえた政策会議で意思決定を行うというシステムである。

特に注目したいのは、こうした政策形成過程における議論の結果を公開し、開かれたものとしていることである。このことは、誤解を生む恐れもある一方で、どういったプロセスを経てどういった議論を行い政策決定したのかについて、関心があれば誰でも知ることができるような「装置」を持つことが政策の市民合意を行ううえで重要であると認識しているからである（政策会議の結果は、市のHPを参照されたい）。

政策会議での案件は、検討を要する事項・報告すべき事項・周知すべき事項という3種類に分けており、検討事項については市長以下部長級職員の議論で決定する。所管が概要説明を行い、所管外の部長が質疑・意見交換を行い確定させる。文章化すればそれだけのことだが、所管外の事項について意見をいうことは実はなかなか難しい。意見を言えば自分の時に言われるという萎縮や担当部課よりも知識がないのに無責任な意見は言えないというのが一般的であろう。

しかし、意思形成過程で様々な意見を受け修正や対応を想定することは、以後の議会への対応、市民への対応などを考えると、所管としてはかえってありがたいものと感じられる。多治見市では、十数年の経験のなかで職員がこのことを実感として共有してきた。このことから、かなり自由に多様な意見が出され差し戻されるものや当初案が変わったものなどが、いくつか出てくる。

当初案が修正されることを、よりよい方向性に向かっていると認識するか、よく分っていない者が無責任な発言をして困る、と不満に思うかは職員の意識次第であるが、この経験の積み重ねは大きいというのが筆者の実感であり、そういった組織風土の醸成は、実効性のある計画行政には不可欠である。

表５　庁議の区分（出典多治見市ＨＰ）

庁議とは

多治見市政の効率的な執行を図るために、行政運営の基本方針および重要施策について議論し、決定するとともに、組織内の調整を行うことを目的として開催する会議です。　庁議には、「政策会議」、「調整会議」、「課長会議」の３種類があります。政策会議および調整会議は定期的に（年間24回）開催し、課長会議は不定期に開催しています。

１．政策会議　（原則、年間24回、月曜日開催）

市長、副市長および各部の部長が構成する会議です。最終的な意思決定を行います。

２．調整会議　（原則、年間24回、政策会議の前週の木曜日開催）

各部内の調整を担当している課の課長（調整担当課長）が構成する会議です。政策会議に先立って開催し、論点の整理と課題の抽出を行います。

３．課長会議　（必要に応じ、不定期に開催）

２つ以上の部署に関わって調整する必要があることがらについて検討するために、企画防災課長が招集し、開催する会議です。

４．そのほか

政策会議と同じ構成員により構成される会議で、市長が認めたものについては、政策会議と同様に最終的な意思決定をする「庁議」として取り扱います。

そして、こうした議論は首長にとっても、自らの政策を具体化し可視化するよい機会であり、首長のマニフェストを行政政策へと転化するためにも不可欠な場である。いくつかの自治体では、首長が担当部長や課長を部屋に呼んで政策を決定する場合があるだろうが、それでは全庁的な議論が起きないし課題も共有できないだろう。

また、マニフェスト＝自治体政策ではない。制度や可能性も含め検討し場合によってはマニフェストの内容を変更し、政策実行することも必要になってくる。こういった議論を経て決定・実行するというプロセスを内包し、当初の考えを修正・変更していくことが内部での政策形成の段階では、ベターな方向に向かっていると考えるべきであろう。

各案件は、政策会議で執行部案として承認された後、パブリックコメントに付されその意見による必要な検討を行いその後確定し実行される。その案件が6次総の基本計画の変更を必要とする場合は、パブリックコメントと平行し「事業評価委員会」で議論され基本計画変更の議案として議会に上程されることとなる。

後述する6次総特別委員会における医療費助成の案件は、委員会からの提案を受け医療費助成に関する条例の一部改正を政策会議で内部決定し、パブリックコメントを行っている。この条例改正案は13年3月議会に提案されているが、その議案説明資料（**表6**）には政策立案の背景や経緯、どのような市民参加手法で案を作成したのか、また、その際の意見がどうであったかを記載している。こうした記載は議会基本条例の規定によるものであることを付記しておく。

表6　平成24年3月多治見市議会定例会議案説明資料（抜粋）
（出典：多治見市HP）

議第10号 多治見市福祉医療費の助成に関する条例の一部を改正するについて

【政策の背景及び提案までの経緯（議会基本条例第13条第1号関係）】

現在、乳幼児等の医療費助成については、県単独事業で未就学児童（入院費及び通院費）を、市単独事業で小学校1年生から3年生まで（入院費及び通院費）及び小学校4年生から中学 校3年生まで（入院費）を助成対象としているところ。

第6次総合計画後期計画の策定に当たり、県内の状況、市民のニーズ等を踏まえ、通院費 の助成対象につき、小学校6年生までの拡大を検討してきたところ。

第6次総合計画特別委員会から早期に実施すべきとの意見が出されたことを踏まえ、平成24年7月から通院費の助成対象の拡大を実施するため、所要の改正を行うもの。


【市民参加状況報告（市民参加条例第7条第3項、議会基本条例第13条第4号関係）】
(1) パブリック・コメント手続
【案　件】多治見市福祉医療費の助成に関する条例の一部改正について
【実施期間】平成23年12月28日から平成24年1月31日まで。
【寄せられた意見と市の回答】提出された意見：4件
ア　意見：通院費の助成対象は中学3年生までとするよう要望する。
回答：乳幼児等医療費助成に係る対象年齢の拡大については、第6次総合計画特別委員会からの意見や市民の皆様の要望はもとより、県内の動向、また市の財政や他の事業も含め総合的に勘案した結果、通院費について小学校6年生まで拡大する趣旨の提案をするものです。
市の財政を取り巻く状況は極めて厳しくなりつつある状況下において、健全な財政運営を維持しつつ、事務事業全般にわたり事業内容や優先順位を精査した上で、福祉医療政策を実施していくことが、将来にわたって持続可能な自治体を運営するために重要であると考えています。
イ　意見：助成額の一部は本人負担とするべき（他1件 同趣旨の意見あり）。
ウ　意見：医療財源や医療費の抑制のため、現物給付から償還払いにする。
エ　意見：小学6年生までの無料化反対ですが、1回500円均一等の自己負担も必要ではないか。
回答：ご意見の趣旨については、このたびの対象拡大案には適用しておりませんが、今後の福祉医療制度を考える上で、慎重に検討すべきことであると思料します。貴重なご意見として承ります。

3　二元代表制における総合計画の位置づけ

(1)　市民・議会・首長の関係

　多治見市の取組をいくつか紹介したが、長い時間をかけて改革を進めてきた。今まで述べたように、選挙のマニフェスト・議会の意見・職員や市民の提案など誰かが「思いついた政策」が、選挙といった直接的政策選択や議論といった意思形成プロセスを経て確定すること自体が民主主義の具体化にほかならないという認識の下、総合計画及び政策とリンクした行財政運営のシクミをつくりその具体化に取り組んできた。

　何人かの方から「なぜ、多治見市でそういうことが可能であったのか?」と問われることがある。トップの問題意識やリーダーシップは重要ではあるが、それが全てではない。また、一つの自治体での成果がそのまま他の自治体に通用するはずもない。しかし、多くの職員がどういった意識形成を行いそれを共有してきたかは、重要なポイントである。

　財政緊急事態宣言を行い、歳出の削減策等を検討・実施する中で市民とのやりとりやそのスタンスなどを職員が共有してきたことは大きい。油断をすれば戻ってしまうということを考えれば、個別課題の経験を組織が共有することの意義を継続して意識していく必要があるだろう。そして、多治見市においてその経験を行政の理論として共有できたのは、「政策会議」といった意思決定システムなど実質的で開かれた議論ができる場ができているからである。

また、総合計画が単なる行政計画ではなく、自治体計画として認識され実行され評価されるためには、議会でどういった議論が行われたのかが重要であることも理解できるところである。

総合計画を議会が可決する場合、計画にマニフェストが「溶け込んでいる」ことから、議会としてマニフェストを承認することとなる。これは、首長選挙で承認されたマニフェストが、別選挙で選ばれた議員が議会で可決することで、マニフェストを首長・議会がともに責任を持つ「自治体政策」に転化させることを意味しており、二元代表制による政策決定システムの実践にほかならない。

図７　市民・議会・首長の関係

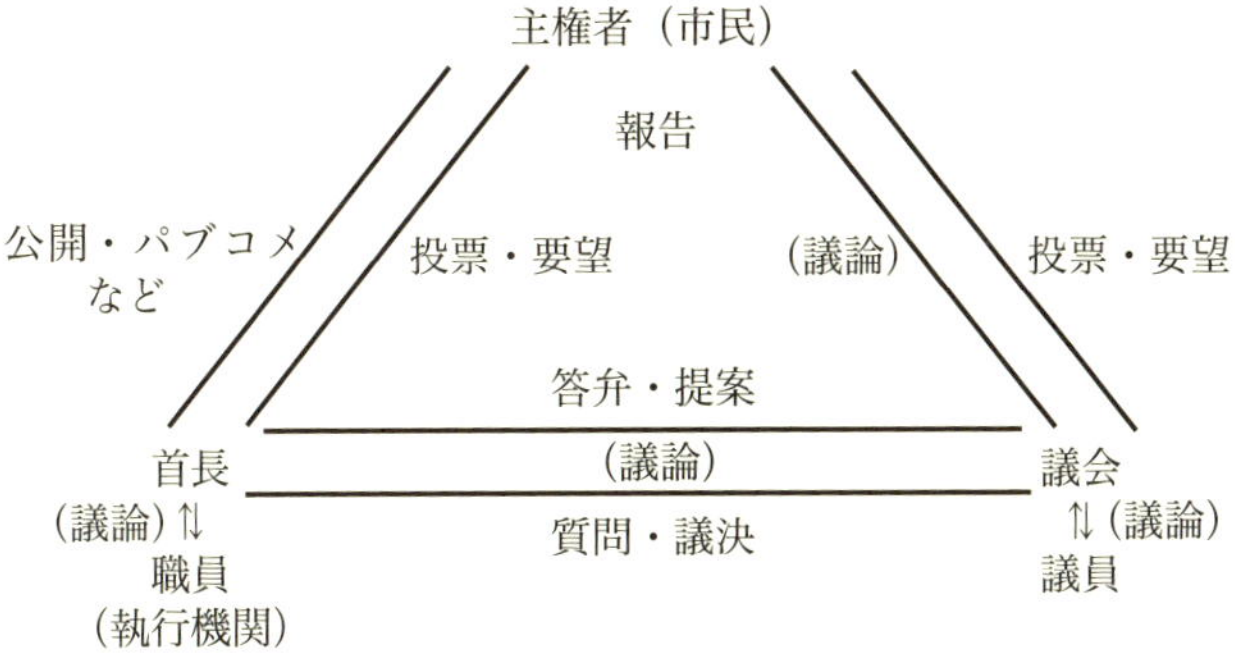

マニフェストに関する首長と議会の認識の差が大きいことはある意味当然であるが、その認識の違いを克服して自治体政策と確定させなくてはならない。マニフェストを政策として実行するためには、議会での議論を経て自治体政策へと転化させるプロセスを明確にすることが不可欠である。

すでに述べたように、重要な場面では、首長提案の政策を議決する前段として、市民意思を確認しつつ執行部と議会および議員間の「議論」が必要となっている。このことは、市民と議会及び議会と執行部の関係を今一度見直す必要性を示している。

特に、筆者の問題意識は、首長（執行機関）と議会の意思形成プロセスにおける議論、市民と議会の議論、議会内部の議論の三つのシステムを確立するところにある。重要な場面では、多様な意見交換を行うことが必要となっていると強く感じている。その認識は、図7のとおりである。

ここ数年間、議会においても議会基本条例の制定をはじめとした「議会改革」の動きが加速してきている。その改革の方向は、議会内部の自由な議論と議会が「機関」として主権者である市民と日常的にどう向き合うかということであろう。

(2)　計画策定をめぐる議会の議論

多治見市議会では、２０１０年に議会基本条例を制定し、その中で「市民対話集会」の開催を規定しているが、議会報告も含めた「対話集会」という制度設計に多治見市議会の問題意識が集約されているといえる。

また、既に述べてきたように、２０１１年の第６次総合計画後期計画の策定の際、後期計画策定をめぐって執行部の素案作成段階から議会が特別委員会を設置し、13回（11回の議員間討議と2回の議案審議）にわたり素案の段階から執行部と議会（委員会委員）、さらに、委員会委員同士が活発に議論を行い審議してきた。

議案として提案する前段階での議論は、事前審議という批判を受ける場合があるが、執行部と議会まで議員間のこの議論は、事前審議が狙っているものと全く逆のものであることを指摘しておきたい。

事前審議は、議案について議会上程前に議員に事前に議案を示し、無難に議決を得ようとする行為である。総合計画の素案段階からの議論は、それがまだ議案ではなく、執行部案も固まっていない段階からの自由な議論であること、また、議員間の議論が執行部の素案を認めるような保障はなく、多様な市民意思を代表する議員によって、修正案の提案までなされる（現に、委員会では、修正案の提出や反対意見も出されている）ことを見ても明らかである。

６次総後期計画の策定の際には、素案に関して11回にわたり、執行部との意見交換および議員間討議を行っている。議会にはゼロベースから計画策定に関わって欲しいという市長の想い（財源も示しながら、具体的な政策提案をして欲しいとの考え）と総合計画という自治体の基本政策集の作成に共に責任を持とうとする議会の認識が一致したものと理解しているが、今後も必要なプロセスであり、総合計画策定に関しての新たな展開であろう。

この委員会及び本会議での象徴的な出来事を2点紹介したい。一つは、児童に対する医療費の助成に関する政策についての議論である。執行部案が固まりつつある中、対象者を拡大すべきという意見、逆に、他に優先すべき政策があり無料化は慎重にすべきという意見が委員会の中でも議論された。委員会では、議員間討議の終盤において、対象者は執行部案を尊重しながらも、実施年度を1年早めるべきであり、その財源は基金を使ってでも行うべきとの意見が出されている。もちろん、これに異論もあったが、委員会の概ねの総意としての提案であったことから、市長は、最終的な案では当初案を変更して実施年度を前倒しして上程している。

また、施設の耐震化をめぐって委員会で議論がなされたが、この件に関しては、議案上程後の委員会の議案審議において基本計画事業について修正案が出されている。委員会では修正案が可決しているが、本会議の表決では承認されなかった。この修正案をめぐっても賛成・反対の討論が何人かの議員によって行われている。

これらの例で重要なことは、執行部案が修正されたことの是非でもなく、委員会での修正案が可決されなかったことの是非でもない。多様な議論が重層的に展開され、その結果として、妥協も含め一つの政策に関する結論を議会・首長の双方が責任を持って決定し実行するということである。「一つの政策をめぐる結論」は、多様で幅広い議論によって決定され、そういったプロセスによって得られた結論は、たとえ、ある人にとっては不本意であっても受け入れられるということである。議論による決定は、当然のことながら議会の最も重要な役割である。

議会は、多様な市民意思を代表している「複数の議員」が議論を行い、最終的に予算の承認や条例の制定、あるいは計画の決定といった自治体の最も重要な意思決定を行っている。そして、その決定を受け政策として実行実践していくのが首長であることを考えれば、主権者である市民からの信託は、議会と首長双方が「連携して応えている」ということを認識する必要があろう。

議会や議員の「議」は、議論の「議」であり、首長に質問し見解を問う、あるいは政策提案するという議論はもちろん重要だが、同様に、議員間の議論も重要である。元々、多様な市民意思を代表するため議員は複数となっており、正に多様な考えがあり、さまざまな意見が出されるが、予算や条例といった首長からの提案に対して、多様な市民の意思を代表する議員が、主権者に対して「真摯な議論」というプロセスを見せながら最終的に一つの結論を出すという機能をきちんと発揮できるようにすることは、議会改革の基本的なテーマであり、議会の本質であろう。

4　第7次総合計画策定に向けて

今までみてきたように、多治見市では総合計画を中心に据えて市政運営を進めており、その考え方とシステムは、第5次・第6次の総計によって積み上げられてきた。現在の第6次総は、2015年度で期間が満了することから、次期の第7次総策定に向けた取組を開始している。

そのプロセスは、基本的に第6次総策定の手法を継承し策定することとしている。2014年末の時点では、6次総の総括と7次総に向けた課題を整理している段階であり、これらを7次総策定のための「討議課題集」としてまとめていく作業に取り組んでいる。この討議課題集は、5次・6次の総計同様、パブリックコメントに付し、議員への提供などを行いながら、以後の市民委員会・庁内の各種会議・議会における議論の共通基礎資料としていく。

5次・6次と同様のプロセスを経つつも、7次総策定に向け強く意識していることは、市長・市議の選挙前にこの討議課題集を提供し、選挙という最も基本的な主権者の意思表示の場面に、わが市の政策課題が明示され、選挙での政策的な議論ができるよう、事務的な作業を進めることである。

もちろん、個々の候補者がどのような公約を掲げるかについて、行政が何か働き掛けるべきものでないことは明白である。しかし、個々の候補者の公約づくりの基礎資料となり得ることもまた明白である。

選挙という主権者の判断・行動と総合計画に基づく政策実行を、可能な限り合致させるべきという想いの具体化であり、筆者は「重層的で多様な〈議論〉を選挙を通じて行う」という総合計画のさらなる発展的プロセスの1つと考えている。

おわりに

本稿は、筆者の職員としての実務の経験及びその経験から考えたことをまとめたものである。そういった意味で、本稿は論文というより「報告書」といったほうが良いかもしれない。具体的なことがらは、実務に携わる方々には、「実感」として感じていただきたいと思っている。

特に、議会事務局と執行部の両方を経験してからは、総合計画に限らず、二元代表制を機能させることが大きな課題と認識するようになった。職員には、人事異動がつきものである。異動による物理的な距離の移動や業務の内容が変わることは当然のことであるが、現在の地方自治制度における最も遠方の異動は、執行部と議会事務局相互の異動であると感じている。執行機関と議事機関という機関を超えた異動である。両方を経験して感じることは、双方の機関がそれぞれの本来的な役割をしっかり果たすことに尽きるということである。

２０００年の地方分権一括法施行前後には、「改革派首長」と呼ばれる自治体改革をリードした首長が台頭した。また現在、議会基本条例の制定に代表される「議会改革」に多くの議会が取り組んでいる。首長や議会のどちらかが、それぞれ個別に「100点」であろうとするのではなく、双方が連携して80点、90点を目指して、ともに市民の信託に応えようとする「自治体政府」としての取り組みが求められていることを認識すべきだろう。そして、総合計画の策定と実行は、議会と首長がそれぞれの役割を果たしながら自治体政策を進めるという自治システムの最も基本となる実践手法であり、計画策定をめぐって「ともに信託に応える」ことにつながるものである。

最後にもう一点付記したいことは、本稿で引用している図表はすべて市のHPから抜粋したものである。意思形成過程での議論も含め、積極的な情報の公開と提供を行おうとしていることが分かる。参加の前提としての公開を積極的に行うという意識が根底にあること、そして、計画行政もこうした意識があって成り立っていることを再確認の意味も含め特に記しておきたい。

本稿が、実効性のある総合計画の策定と実行、さらにそうした自治体運営のルール化を目指すべきであると考えている方々に、多少なりとも参考となれば幸いである。

注

（1）松下圭一『自治体再構築』第4論考「分権段階の自治体計画づくり」2005年、公人の友社。当初「分権段階における総合計画づくり」として、1999年3月に多治見市が講演録にしている。
（2）松下圭一『政策型思考と政治』1991年　東京大学出版会　12頁
（3）神原勝『増補　自治・議会基本条例論』2009年　公人の友社　135頁
（4）大矢野修『財政縮小時代の人財戦略　多治見モデル』2007年　公人の友社　100頁、なおこれら多治見市が積み上げてきたシクミは「多治見モデル」あるいは「多治見方式」と呼ばれているが、本稿の「総合計画を中心とした多治見市の取組」と同義である。また、第5次総合計画については、西寺雅也『自律自治体の形成』2008年　公人の友社を参照されたい。
（5）2009年10月に多治見市で開催された「公共政策フォーラム」における今井照福島大学教授の発言
（6）同フォーラムにおける土山希美枝龍谷大学准教授の発言

第Ⅳ章　多治見市の総合計画と財務規範条例

福田　康仁（多治見市都市政策課課長代理）

はじめに

多治見市では、第６次総合計画（平成20年度～）の策定に合わせ、２００７年12月に多治見市健全な財政に関する条例を制定し、２００８年４月に施行している。

この条例は、１９９６年の財政緊急事態を契機とする「行政『の』改革」を踏まえ、この取組みのなかで確立してきた「総合計画に基づく市政運営」、これらの市政運営の水準を保証し、継続的な改善に繋げていくために制定された「市政基本条例（いわゆる自治基本条例）」と併せて、多治見市における市政運営のアウトラインを構成している。この３つは、市民自治（地域における民主主義）を目指し、市政基本条例は市政の枠組みを、総合計画は政策を、健全な財政に関する条例は財政運営を、それぞれ統べるものである。

本章では、総合計画との関係も踏まえながら、健全な財政に関する条例の概要について説明したい。

なお、多治見市における取組みを踏まえてはいるが、本稿は、市行政や筆者の所属する部署の見解で

はなく、筆者の私見であることをお断りしておく

一　健全な財政に関する条例の着想

健全な財政に関する条例の制定に向けた取組みは、２００６年の第5次行政改革大綱策定における職員提案募集に対して、筆者が所属（当時）していた政策開発室から提案したことに始まっている。健全な財政に関する条例は、その第3編が地方公共団体の財政の健全化に関する法律（以下「健全化法」という。）に類似しており、また、制定、施行された時期が健全化法と近く、夕張ショックの直後でもあったことから、健全化法、夕張市の破綻との関連を想像されるかも知れない。健全な財政に関する条例の制定に向けた取組みについて理解や支持を得るにあたり、夕張ショックが間接的に影響を与えていたことは確かであり、また、発想から具体的な立案を開始するまでにブランクがあり、立案を本格化した時点では健全化法がすでに公布されていたことから、その制度設計にインスパイアされている。

しかし、健全な財政に関する条例は、独自の背景を持っており、健全化法、夕張市の破綻とは、何ら

関係のないものである。実際、職員提案におけるプレゼンテーションは、夕張市の破綻表明の半月程前であり、自治体の再建法制については議論が始められた段階にすぎない。

※　ところで、発想から立案の開始までにブランクがあった理由は、二つある。一つは、平成18年度においては、市政基本条例の制定（自治体基本条例〔原案〕審議未了廃案からの再提案）や公益通報条例の制定（自治体基本条例〔原案〕と同時に審議未了廃案となった前案の再提案）などに取り組んでおり、案件が立て込んでいたこと、もう一つは、第6次総合計画は平成21年度から始まる予定であったため、時間的に余裕があるとの認識があったことである。実際には、第6次総合計画は、策定期間を短縮し、平成20年度から始まっているため、健全な財政に関する条例は、概ね6箇月程度の短期間で立案されている。

当時の多治見市の財政状況であるが、それまでの行財政改革の結果として、比較的には健全な状態といえた。しかしながら、地方都市であり、名古屋のベッドタウンとして人口を増加させてきた多治見市は、同時期に箱物などの整備が集中し、結果として概ね同時期に更新時期を迎えることとなる。これらの更新経費や公共施設のライフサイクルコストなどは、議論のテーマとしては意識されているが財政運営上では見込まれていない。また、陶磁器という伝統産業があるが、長引く不況や輸入に押されて芳しくはなく、歳入構造の観点からは財政基盤の強いまちではない。このため、若干の無理が財政状況の悪化に直結する可能性があり、慎重な財政運営が必要な状況であるとの認識に立っていたところである。

このような状況を踏まえ、健全な財政に関する条例の着想に当たっては、次の二つの課題認識が背景となっている。

（1）公会計においては、ストックの把握や長期的な経費の見込みが弱い

（2）第6次総合計画の策定を見据え、事業規模の発散を防ぎ、実行性を確保する必要がある

このうち、公会計改革の取組みについては、まだ取組みの端緒に付いたばかりであり、ストックや長期的な経費の見込みなどの視点は、条例に織り込まれているものの、具体的な制度として盛り込まれているものでない。このため、健全な財政に関する条例における制度設計〔条例第3編〕については、総合計画との関連が中心となっている。

総合計画は市民の信託を受けた市政の役割を示す（市に信託された「まちづくりの一部」（市政基本条例前文）、「より良い地域社会の形成の一部」（同条例第2条第2項））ものであり、総合計画に掲げた事業は着実に進めていく必要がある。このためには、総合計画は、財政計画に裏打ちされた実行可能なものとして策定されることが必要となる。

ところで、多治見市では第5次総合計画（平成13年度～平成19年度）から、計画期間と首長任期とを整合させ、選挙による政策選択を総合計画に反映させる仕組みを構築している。この仕組みは、市政基本条例においても総合計画を首長の任期ごとに見直すことが規定され、確立している。

選挙を踏まえた総合計画の見直しは、市民の政策選択を反映させる優れた仕組みである。一方で、事

業規模が発散するおそれがあることは、想像に難くない。分かりやすいケースは、首長候補者が、いわゆる「ばら撒き」政策を掲げて当選した場合である。この場合、行政機構（職員機構）としては、これを実行せざるを得ない。そもそも正当な選挙を経て選ばれた首長の政策であり、市民の選択した政策である以上、職員機構が異を唱えてよいものではない。しかし、その結果、財政状況が悪化することが安易に容認されていいものではない。

また、選挙戦における「ばら撒き」政策の提示は、分かりやすい例ではあるものの、最も憂慮すべき問題ではない。首長が政治的な圧力にさらされるのは、選挙のときだけではない。一般に、どのような行政サービスでもないよりはあった方が望ましい。誰にとっても全く価値のない行政サービスというものは、まず考えることはできない。

選挙を経て、当選、就任した首長は、日々、事業要望の圧力を受ける。どの事業も少なからず価値があり、首長が、これらの事業要望に応えていけば、自らがマニフェスト（公約）で掲げた事業に充てる財源を失ってしまう。選挙を経て選択された首長の政策（これを踏まえて策定された総合計画）を実現していくためには、財源の散逸を防ぎ、これに充てる財源を確保していく必要がある。このため、首長が「あれかこれか」の選択を進めていけるだけの基礎資料や制度を整備し、提供していく必要があるのである。

さらに、総合計画の事業規模が発散すれば、財政を悪化させ、将来に負担を残す。このことは、将来時点における受益と負担のバランスを壊すだけではなく、将来時点における政策選択の余地を狭めることでもある。地方財政制度の枠組みのなかでは、（臨時財政対策債などの例外的制度は別として、）起債は建設公債に限定されている(1)。また、起債は、当該起債が充当された施設の耐用年数を下回る年数で償還することとされている(2)。「公共施設の建設経費は、利用する後世代も負担することが適当である」という意味で建設公債には正当性があり、受益と負担の関係においては、起債が後世代への負担の先送りとなることはない。しかし、建設公債であっても、適切な範囲を超えた起債（借り過ぎ）は、公債費負担により財政運営を圧迫するものとして問題視される。このことを、財政運営の側面ではなく行政運営の側面からみると、後世代は自らの負担に対応する受益を自ら選択できる訳ではなく、受益と負担が一致するとしても、財政民主主義が維持されているとは限らないことを意味している。

また、市政基本条例では、政策を定める権利は、主権者たる市民が有するとしている。このことが、現実に維持されていくためには、総合計画が十分な市民参加と議会議論を経て策定されるとともに、総合計画の規範性が維持されている必要がある。総合計画に掲げた事業の実施が困難となれば、総合計画が画餅と化し、政策規範としての位置付けが失われることとなる。その結果、充分な合意形成過程を経て決定された政策選択でなく、恣意による行政運営を許すこととなる。総合計画の実現可能性を護ることは、政策選択における民主主義を護ることでもある。

健全な財政に関する条例は、財政状況の健全性を確保することにとどまらず、総合計画を財政面から規律することで、総合計画の実行可能性を担保するとともに、政策規範としての位置付けを擁護するために制定されたものである。

二　健全な財政に関する条例の概要

この条例は、全4編38条附則2項からなる（制定時本則35条）。以下、若干、詳細にわたるが、その内容を、これまでの多治見市における取組みや問題意識を踏まえつつ述べたい。

なお、この条例は、２００７年12月に制定されたが、すでに2回改正されている。１回目は、２００９年のリスク・マネジメントの追加（リスク引当の義務化）であり、２回目は、運用評価を踏まえた２０１０年の改正である。これらの改正の内容は、該当の箇所で併せて述べる。

1　総則　—財政民主主義

第1編では、総則として、目的、責務などを定めている。

まず、第1条（目的）であるが、「市民自治に基づく健全な財政」としている。単に「健全な財政」とはしていない。これは、後で説明する第3編の制度設計にも繋がっているが、健全な財政に関する条例は、財政民主主義を機能させることで、財政の健全性を維持することを目的としている。

本条例は、財政の健全性を確保することが最終的な目的ではなく、総合計画の着実な実行を目的としており、財政の健全性は、そのために必要な前提条件として直接の目的となっているにすぎない。また、財政の健全性を確保する手法として、数値規制や官治に陥る制度設計は排除している。「財政が健全であれば、行政サービスの状況や、また、そこに至るプロセスは無視してもよい」とは考えていない。財政民主主義を基調とすることは、市政基本条例が地域における民主主義の確立を目的としていることと同一線上にある。

第3条（責務規定）においては、市民、議会、首長（及び職員）の責務を規定している。まず、市民については、受益と負担の関係を認識すること、すなわち財政錯覚(3)の排除を求めており、そもそも政策選択は本質的には市民が行っているものであることも踏まえ、世代間負担の均衡に配慮すべきこと、すなわち後世代に負担を転嫁すべきではないことを規定している。なお、市民に財政錯覚の排除を求めることに対応し、後の第3編第1章では、行政に対し受益と負担の関係を明らかにするよう規定している。議会の責務については、予算の議決等の法律上の権限しか規定していない。しかし、この規定では、市政基本条例において議会を「市民の代表機関」と位置付けていることを受け、「市民の代表機関」として、その権限を行使すべきことを明示している。

また、首長の責務については、総合計画に基づいて予算を編成し、執行することなどを規定している。これは、市政基本条例において、市に対し総合計画に基づく市政運営を義務付けていることの具体化の一つでもある。なお、職員については、別途、条を建てず、首長と併せて規定している。

2　財政運営の原則

次に、第2編では、財政運営の原則を定めており、財政情報の共有を定めた第1章、資産と負債について定めた第2章、執行について定めた第3章、平成21年度の改正で追加されたリスク・マネジメントについて定めた第4章で構成されている。

(1)　財政情報の共有

まず、財政運営の原則の第1章として財政情報の共有を位置付けている。

従来、高度成長も背景とし、行政の領域は拡大の一途をたどってきた。また、社会の成熟は、市民のニーズを多様化させている。少子高齢化や長引く不況などの昨今の課題は、新たな財政需要を生み出しこそすれ、不要になる行政サービスはない。これからの財政運営を考えるとき、「資源は有限である」という環境認識の共有は、最も重要な前提となる。

多治見市では、１９９６年の財政緊急事態宣言を契機とした取組みのなかで、財政状況に関する情報の共有を進めてきた。財政緊急事態宣言は、単なる宣言にすぎず、何らかの仕掛けとして機能するものではない。しかし、この宣言には、重要な意義がある。一つは市民と（行政と）の情報の共有であり、もう一つは、行政内部における環境認識の共有である。

市民と行政との間における財政に関する情報共有は、きわめて困難な課題である。一般に財政に関しては、受益と負担の関係が見えにくく、いわゆる財政錯覚が生じる。ことに自治体においては、国税からの移転財源があり、この問題はさらに深刻になる。また、地方財政制度は極めて難解であり、自治体職員でも財政所管部署で数年の経験を積まないと理解は困難である。

日本人は、Tax payerとしての意識が希薄であるといわれている。そもそも、よほど深刻な状況にでもならない限り、直接的な表現をすれば、現に受益の減少や負担の増加が自らの生活に大きく影響しない限り、市民は市財政に関して興味を示さない。さらにいえば、サービスのカットや使用料の値上げなどがあっても、これらは個々の問題として意識され、財政状況そのものの良し悪しに思いを巡らすまでには至らない。まさに破綻レベルまで悪化し、メディアに取り上げられて、初めて自らの「まち」の財政状況を考えるのが一般的な反応ではないだろうか。

財政緊急事態宣言は、市民と市行政との間で財政状況に関する情報を共有する契機となった。当然、一朝一夕に環境認識を共有できるものではない。しかしながら、行財政改革の取組みにおいては、痛みを受ける利害関係者との間で環境認識を共有する必要があり、財政緊急事態宣言は、その一助となる。財政状況に関する情報共有に継続的に努めてきた結果、多治見市においては、財政状況は決してよいものではない、ということが市民にも理解されつつある。

一方、行政内部における環境認識の共有は、市民との間とは異なった様相において重要となる。各部署は、いわゆるスクラップの取組みにあたり、窓口や現場において直接に利害関係者と向き合い、理解を得なければならない。そのためには、各職員が行財政改革の必要性について理解しておく必要がある。「企画部門・財政部門に削減を求められました」では、利害関係者と向き合っていくことはできない。

行財政改革の検討において、忘れられがちなことであるが、至極当然のこととして、どの部署においても職員は担当業務の必要性を認め、住民福祉の向上のために業務を遂行している。また、全く無駄な行政サービスなどはない。どのような給付でも、どのような施設でも、少なからず住民福祉の向上に寄与するものであり、受益者が存在する。行財政改革（これを事業選択と言い換えても同様であるが）とは、ありもしない「無駄の廃止」ではなく「あれかこれか」の選択であり、この選択にあたっては「資源は有限である」という環境認識の共有は、絶対に必要な前提である。財政緊急事態宣言は、行政内部における環境認識の共有とスクラップという困難な課題に向き合っていくための足場となる意義があったものである。

この章における情報共有に係る具体的な取組みとしては、いわゆる市民向けの予算書・決算書（分かりやすい予算書、分かりやすい決算書）、財務諸表を規定している。

多治見市では、平成11年度から市民向け決算説明書、平成12年度から市民向け予算説明書を作成している。市民向け予算説明書は、当該年度に実施する総合計画の事業内容の説明という目的を持っているため、総合計画の施策体系に基づいて編集されており、財政課ではなく、総合計画を所管している企画課で取りまとめている（市民向け決算説明書については財政課）。これらの取組みが、行政の恣意により廃止されてしまうことのないよう、条例に位置付け担保するとともに、内容についても事業内容の説明に加え財政状況に関する情報共有の側面も持たせることとしたものである。

次に、財務諸表については、普通会計と連結ベースでの財務4表の作成と、議会への提出、公表などを規定している。財務4表の作成については、現在のところ、総務省方式（改訂モデル）に拠っており、実際には、普通会計と市全体、連結ベースの3区分につき、4表を作成している。議会への提出、公表については、決算認定と併せて行うこととしており、決算認定の議論において財務諸表を参照できるようにしているものである。

なお、健全な財政に関する条例では、第3編で規定している財政判断指標の考え方など、現行の公会計における財務分析を行っており、複式簿記によらなければ財務分析ができないという立場には立っていない。このため、財務諸表については財務分析という観点ではなく、一覧性を持って財政状況を示すことを目的とし、財政情報の共有に位置付けているところである。

（2）資産と負債の原則

第2章では、ストックベースでの原則を規定している。

まず、資産の管理については、長期的な人口動向を考慮すべきとしている。これは、いわゆる箱物などをはじめとするインフラの整備、老朽化したインフラの再構築などに当たっては、少子化、高齢化や人口減少などを考慮すべきとしているものである。これまでの行政運営においては、インフラは、新規の整備が中心であり増加の一途をたどってきた。老朽化を踏まえた長寿命化・再構築などは、昨今、取り組まれ始めた課題にすぎない。また、施設の廃止・集約は、未知の領域ともいえる。

多治見市では、平成16年度における第5次総合計画後期計画の策定（見直し）作業において、平成15年の地財ショックの影響も受け、大規模な事務事業の縮減を行っており、この際、施設の統廃合について、初めて具体的な議論がなされている。この結果、いくつかの施設については、供用の廃止や民間譲渡、市民による自主管理への移行などを実施している。また、現在は、公共施設の更新については、統合や複合施設化を検討することとし、このための基本的な方針について検討が進められているところである。

負債としての把握範囲

次に、負債については、この条例で取り扱う負債の範囲を定めており、市債のみでなく退職手当引当金相当額なども含めて管理すべきこと、負債を償還能力の観点から適切な水準とすべきことを規定している。

この負債の範囲については、リスク・マネジメントの追加と併せ、平成21年度に一部改正を行っている。債務保証や損失補償については、自治体の深刻な財政悪化の原因となっている事例もあり、慎重に取り扱う必要がある。このため、制定時においては、債務保証について、その全額を負債として計上することとしていたところである。

ところで、自治体の債務保証は、「法人に対する政府の財政援助の制限に関する法律」第3条で禁止されており、その例外として「公有地の拡大の推進に関する法律」第25条の規定による土地開発公社への債務保証などがあるのみである。このため、多治見市が債務保証を行う対象は土地開発公社しか想定されない。ここで、土地開発公社に対する土地の先行取得依頼に当たっては、当該事業に係る資金調達について債務保証を行うことが通例であり、この債務保証の全額を負債として計上することとなる。このため、土地の先行取得依頼に係る買戻しの債務負担行為については、重複計上となるため、負債の範囲に含めていなかった（厳密にいえば、借入れに係る債務保証と先行取得土地の買戻しに係る債務負担行為は異なる。しかし、事実上、同一事案であるため、重複計上の様相を呈することとなる。）。

このことにつき、リスク引当の取組みを議論する際、債務保証は、あくまで他者の負債に関するものであり、その全額を負債として計上することは適当ではないとの議論があり、債務保証の負債への算入については、顕在化の可能性を踏まえたリスク評価額による算入（20％：詳細は後述。）に改めることとした。また、これにより、買戻しに係る債務負担行為との（完全な）重複計上ではなくなることから、土地の取得に係る債務負担行為を把握対象として追加し、事案ごとに（20％分を）純計することとしたものである。なお、損失補償についても、リスク評価額による算入としているが、損失補償に係るリスク評価は100％としていることから、結果として全額を算入することとなっている。

この結果、負債の範囲としては、市債、公債費に準ずる債務負担行為、資産の取得に係る債務負担行為、債務保証・損失補償のリスク評価額、退職手当引当金相当額となっている。

災害復旧経費の留保等

その他、ストックベースの原則としては、基金、起債に当たっての配慮事項などを規定している。

先ず、基金については、災害復旧経費の留保、財政運営の安定性のための基金の設置を定め、財政調整基金の可処分額の表示を定めている。

財政緊急事態宣言の当時、財政調整基金の残高が10億円を割り込んだ経験から、概ね15億以上を確保するとの方針に基づき財政運営を行ってきた。この方針については、災害復旧に要する経費として15億円を想定していたものであり、この方針を引き継ぎ、条例上に災害復旧経費の留保を位置付けたものである。具体的には、別基金とするか財政調整基金の一部とするかで議論があったが、最終的には、財政調整基金の一部を災害復旧経費留保分と位置付け、別途の管理を行うこととしている。規模については、財政条例上では定めず、後で述べる財政向上指針で定めることとしているが、従前と同じく15億円としているところである。

また、財政運営の安定性のための基金としては、修繕引当基金と退職手当基金があり、また、市債償還対策基金もこの類に属するものである。

修繕引当基金については、このような名称となっているものの引当金の性質はない。公共施設の大規模修繕事業を計画的に実施することとしており、この財源に充てるため、決算収支により生じた余剰金の一部を積み立てる等の運用をしているものである。

退職手当基金も引当金の性質はなく、〝財政運営の安定性のための基金〟の性格を最もよく現しているものである。多治見市は退職手当組合に加入しておらず、単独で退職手当を措置する必要がある。また、現在の公会計制度においては、退職手当の引当という概念がない。このため、原則として、単年度の歳入で、当該年度の退職手当を賄うこととなる。ここで、毎年度の退職手当の額は、当該年度における退職者数（定年退職者数、勧奨退職に応じた退職者数等）に左右され、大きく変動する。しかし、この変動は、行財政運営上の本質的な変動ではない。このため、毎年度における退職手当の負担を平準化するため、退職手当基金を設けているものである。具体的には、一年度における退職手当の額が一定規模を超えると当該超える部分については、退職手当基金を取り崩して対応することとしており、退職手当が財政運営に与える影響を一定規模以下に抑えることとしている。その上で、職員の年齢構成も踏まえ、安定的に運用が可能であるよう所要額を積み立てることとしているものである。また、退職手当基金による措置は、反射的効果として、退職手当債の発行をあらかじめ防ぐ効果もあるものである。

市債償還対策基金についても、満期一括償還の起債に対する各年度負担分を積み立てるもの（いわゆる減債基金）ではなく、経済事情の変動による財源不足の際の償還財源、繰上償還の財源とするもので、現在では、2006年の土岐郡笠原町との合併に係る合併特例債の償還における市負担分（交付税措置されない範囲）をあらかじめ積み立てるものともしている。

これらの基金に係る取組みは、財政緊急事態宣言以降、構築してきた取組みを条例上に位置付けたものである。

また、財政調整基金の可処分額の表示については、災害復旧経費留保分を財政調整基金において管理すること、また、後に述べるリスク引当も財政調整基金において管理することから、財政調整基金の残高と、これらの留保分等を控除した可処分額に大きな乖離を生じ、錯覚を生じることとなる。このため、財政調整基金の残高を表示する際には、可処分額を併せて表示するよう定めたものである。

起債に当たっての配慮

次に、起債については、起債に当たっての配慮事項として、将来世代の負担の妥当性、即ち適債性を検討すべきことや、償還計画の立案を定めている。

また、従来、自治体の起債は、政府系金融機関からの融資の存在や、個別の交渉に委ねていなかったこともあり、護送船団方式ともいわれてきた。かつて、市中に資金が潤沢でなかった時代、自治体が資金調達に苦慮しないよう政府系金融機関からの融資が制度化されたことや、小規模自治体がその信用力から起債の引受先に苦慮したり、高金利に苦しんだりすることのないよう対策されてきたものである。これらの制度に対する批判もあり、地方分権の流れにおける起債の自由化と並行して、各自治体が市場の評価を受けるよう変わりつつあるところである。多治見市としては、まだこれらの市場化の流れに直接向き合っているものではないが、基調としての流れには十分に留意しておく必要がある。このような状況も踏まえ、金利負担と財政状況との関係（金利負担の増嵩が財政状況を悪化させた場合、市場における信用が低下し、金利の上昇により財政状況を更に悪化させるという悪循環に陥る。）に配慮すべきとの規定も設けているところである。

（3）執行の原則

第3章では、執行における原則を規定している。この章における規定も、財政緊急事態宣言以降の多治見市における行財政改革の取組みを条例上に規定したものでもある。

先に、市民向けの予算書・決算書に関して述べたことでもあるが、行政内部におけるルールに依拠した取組みは、継続性が保証されない。取組みの背景にある問題意識を引き継いでいくことが最も重要なことであるが、これは困難な課題でもある。事務事業の多様化、複雑化も背景として、事務事業の見直し（行財政改革）の検討のなかで、これまでの（行財政改革の）取組みが廃止されてしまう、という矛盾した状況も起きる。このため、各種の取組みを条例に規定し、行政に義務付けることで継続性を保証しようとするものである。

先ず、使用料・手数料の見直しについてである。従前、多治見市行政においては、4年に一度、使用料及び手数料の見直しを行うこととしていたところである。これを条例上に規定したもので、定期的な見直しと、受益と負担の関係を考慮すべきこと、基準を定めて検討すべきことを定めている。なお、具体的な見直し間隔は、本条例施行規則において、4年ごとと定めている。

また、補助金についても定期的な見直しを規定している。補助金については、これまで、定期的な見直しを実施するとのルールがあったものではないが、この際、使用料・手数料と同様に取り組むこととし、ルール化したものである。なお、使用料・手数料については、基準に基づき一覧的に見直しを行うものであるが、補助金については、単にメニューや金額を見直すだけでなく、交付決定や審査の方法（具体的には公開審査や公開報告会の実施）も含めて見直すこととし、このため、「包括的」な見直しとしている。

また、団体の運営費補助については、原則として期限を設けるとしている。これまで多治見市においては、原則として運営費補助は行わないこととしてきた。しかし、例えばＮＰＯによる取組みなど、政策的見地から団体の育成支援が必要な場合にあっては、団体の立ち上げ時から運営が軌道に乗るまでの間、暫定的に運営費補助を行う場合もありうる。このため、このような規定としているものである。

その他、執行における原則としては、公租公課の適切な徴収やペイオフ対策などを掲げている。市税等諸納付金の徴収率の向上については、これまでも第３次行政改革大綱から数値目標を掲げて取り組んできたところである。組織面では、徴収担当課（各種の歳入金につき、横断的に徴収を担当する課）を設置すべきとの意見が庁内から出されることがあるが、賦課と徴収を分けることは適当ではない（賦課した課が徴収まで責任を持って行うべき）という理由から、徴収担当課は設置しないこととしている。このため、各担当課に対して徴収業務に関する指導、支援、担当課間の調整などを行うため、諸納付金徴収担当課長を設置しているところである。

債権管理条例の制定

ところで健全な財政に関する条例とは、直接、関係はないものであるが、多治見市では、２００９年12月に多治見市債権管理条例を定め、２０１０年４月から施行している。

この条例は、実質的に徴収が不可能な状況となっているにもかかわらず、時効の援用が得られないため、欠損できない債権があることなどにつき、債権の適切な管理の観点から望ましくないとの意見があったことから、制定が検討されたものである。既に先行例が多数あるが、他自治体の事例では、その実質的な内容が債権の放棄を目的とした〝債権放棄条例〟である場合もある。多治見市では、債権管理条例の検討にあたり、先ず、債権の回収（徴収）を前提（目的）とし、そのうえで、債権の適切な管理を行うため、その一環として（実態と帳簿の整合を図るために）放棄を行うこととしている。次に、放棄の規定を設けることは適当ではないとし、また、議決要件であるための煩雑さを避け、迅速な対応を目指すのであれば、委任専決（自治法第１８０条）が適当であるとした。自治法第96条第1項第10号に基づく放棄の規定については、奨学金（貸与）に係る返還免除や、減免等、債権の性質と放棄の目的等に鑑みて設定されるべきであり、金額等により一律に放棄を可能とする規定を設けることは、法の趣旨に反すると判断したことによるものである。

このため、まず、少額の債権放棄、訴訟物の価格が少額である訴えの提起（和解、調停を含む。）、市営住宅の家賃、使用料等に係る訴えの提起（和解、調停を含む。）などについて、委任専決の範囲としていただいた。

これを踏まえ、条例については、まず台帳の整備を定め、次に債権管理の向上に資するための債権管理計画及び毎年度の徴収計画を定め、これを議会に報告し、一般に公表することとしている。

先の委任専決については、その運用基準を定め、これを明らかにしたうえ、適切に行うこととし、その趣旨は、債権管理における費用対効果の向上、財務諸表の真実性の向上に資することとし、みだりに債券の放棄を行ってはならないとの解釈規定を設けているところである。

また、この条例の運用実績は、債権管理計画、徴収計画の実績も含め、毎年度、取りまとめ、評価のうえ、決算認定と併せて議会に提出し、公表することとしているものである。

(4) リスク・マネジメント

第4章では、リスク・マネジメントを規定している。これは、平成21年度の改正で追加したものである。この改正の主旨は、リスク引当の義務化であるが、今後の展開の可能性も考慮し、新たに章として起こすこととしたものである。

まず、リスク・マネジメントにおける基本的考え方として、リスクを把握し、明らかにするとともに、リスク対策を取ることとしている。具体的には、財政運営上のリスクを把握し、適切な形で債務負担行為を設定し、リスク引当などの対応を取るべきとの趣旨である。

次に、債務保証及び損失補償について規定している。

まず、債務保証については、リスク引当を行うこととしている。

引当率については、新ＢＩＳ規制(4)を参考とし、これに準拠している。債務保証については、「法人に対する政府の財政援助の制限に関する法律」第３条により、禁止されており、「公有地の拡大に関する法律」により土地開発公社に対して可能であることなどに限られる。一方で、新ＢＩＳ規制においては信用リスクの算定に当たり、地方三公社(5)については20％のリスク・ウェイトを乗ずることとなっている。債務保証は、金融機関からの借入に対する保証であるため、金融機関と同じ目線で評価することとし、リスクを20％と見込み、引当率も20％としたものである。一方で、損失補償についてはこのような法人の限定がないことから、一般の事業法人と整理したうえ引当率を１００％に設定している。

定率の設定としたことには、次の二つの理由がある。

①健全な財政に関する条例では、決算時点での数値のみではなく、計画上（総合計画及び中期財政計画）で指数を算定している（第３編）。このため、将来時点における算定について、例えば直近での財務状態（決

算値）などを前提として債務保証の相手方を評価することは適切とはいえない。

②また、個々の評価を行うことはリスクを正確に反映できるが、運用負担が高いとともに恣意的な評価を許すことにも繋がる。

なお、損失補償について、１００％で見込むことは過剰防衛であるとの考え方もあるが、多治見市において現に存する損失補償が小額、かつ、逓減する見込みであること、また、損失補償は財政悪化の主要な原因となることがあり制限すべきとの見解があることなども踏まえ、１００％としても規制が厳しく過ぎることはないとしたところである。

次に、リスク引当金の基金における管理を規定している。リスク引当については、指標における取扱いだけでなく、現に資金を確保しておく必要がある。このため、引当金を基金において管理することとしている。管理する基金については、個別の基金を設けるか財政調整基金で管理するかで議論があったが、財政調整基金で管理することとしているものである。

また、債務保証及び損失補償並びにリスク引当金の各総額を明らかにすることとしている。これは、リスク・マネジメントの一環として、市の保有する財務上のリスク（債務保証及び損失補償）及びこれに対する引当金の各々の総額につき、情報公表を行うことを義務付けたものである。

3　計画的な財政運営

第3編では、計画的な財政運営を定めている。

先に述べたように健全な財政に関する条例の第3編は、健全化法と一見して類似している。しかし、制定目的を異としており、指標、その算定時期、措置の仕組みなどが異なっている。第3編の第1章では、情報共有のための財政判断指標、総合計画などの計画と中期財政計画との整合、予算・決算における財政状況の明示などを規定している。第2章では、財政状況の維持及び向上を定めており、第1節で財政向上目標の設定を、第2節で財政向上目標の達成のための財政向上指針の策定を規定している。第3章では、財政の健全性の確保を定めており、第1節で財政健全基準の設定を、第2節で財政健全基準への抵触が見込まれたときの財政正常化計画の策定を、第3節で現に財政健全基準に抵触したときの財政再建計画の策定を規定している。

健全化法においては、決算において健全化判断比率(6)の数値を算定し、時々の財政状況を公表することとなっている。しかし、健全な財政に関する条例は、総合計画における事業規模の発散を防ぎ、総合計画の実行可能性を担保することに課題認識がある。このため、財政判断指標の算定タイミングは、決算では時期を失し、かつ、不十分である。よって、健全な財政に関する条例における財政判断指標は、主に計画ベースで算定することに重点を置いている。

なお、財政判断指標は、独自の指標も含めて設定しており、詳細については後述する。

＊以下、「ものさし」としては指標と、その値については、指数と表現する。

(1) 総合計画と財政計画との整合

まず、総合計画の策定又は見直しにおいて、基本構想に、実行計画の期間内（4年間）における①歳出の計画額、②歳入の見込み、③各年度の財政判断指数の見込み〔5指標×4年度〕を記載することとしている。また、基本構想への予測値の記載については、毎年度、事業の加除訂正や事業費の精査などで補正する必要が発生する。このため、毎年度、中期財政計画（4年間）を策定し、その補正状況を明らかにすることとしている。

さらに、これらの計画上での財政判断指数の算定、公表のほか、予算（補正予算を含む。）、決算においても財政判断指数を算定することとしている。なお、総合計画の基本構想、中期財政計画、予算における財政判断指数の算定については、執行率等も見込んだ決算見込み値での算定である。

ここで、総合計画の基本構想に財政状況の見込みを記載することが、この条例の要諦である。

従来、総合計画の議決にあたっては、まちづくりの方向性や、そのための事業について、議論し、議決を得るものの、これに伴う財政状況については、十分に（又は明確な形で）情報が提供されず、議論がされてこなかった。このため、実現不可能な計画、「夢を語る」計画が成立してきた。総合計画が実現不可能となる（実現不可能なものとして策定されてきた）根源的な要因とも言える。

また、財政状況の見通しを明確にせずに政策が決定されれば、必然と事業規模は過大となり、財政の悪化を招く。さらに、財政状況の見込みを隠した（見せない）まま、事業の実施についてのみ議会の議決、延いては市民の合意を得てしまうことで、結果として財政状況が悪化した際、議決や合意の存在により責任の所在が曖昧にされる。

総合計画の基本構想に財政状況の見込みを記載することは、まちづくりの方向性、政策（事業）のパッケージと財政状況の見込みとを併せて提示し、財政状況の見込みも踏まえたうえで、政策を決定することとしているものである。

このような財政状況の見込みを踏まえた政策決定の必要性は、総合計画の基本構想に限られない。中期財政計画は、当初予算（又は当初予算が骨格予算(7)の場合においては本格予算に該当する補正予算）と併せて議会に提出され、公表される。予算（補正予算を含む。）についても、当該予算における財政判断指数が併せて議会に提出され、公表される。また、決算についても同様である。

なお、中期財政計画は、従来、中期財政推計として作成していたものである。ただし、中期財政推計は、今後の見通しを示し、事業選択や予算編成の参考にするものであるが、あくまで推計としての資料にとどまっており、歳入と歳出が一致していなかった（財源不足は、そのまま表示される。）。一方、健全な財政に関する条例では、総合計画の実行可能性が保たれていることが前提となるため、中期財政計画は、歳入と歳出が一致したものとして策定される。これは、事業選択が不十分な状態、即ち総合計画の事業規模が実行可能な規模を超えたまま、将来の行財政改革を当て込んで、事業が着手されてしまうことを避けるものでもある。

（2）財政状況の維持・向上に向けた取組み

健全な財政に関する条例は、財政状況の健全性を確保することだけではなく、不断に改善していくという目的も持っている。このため、財政判断指標について、さらなる改善に向けた目標値を設定し、これに向けた取組みを進めることとしている。

具体的には、目標値として財政向上目標を設定し、この達成に向けた方針として財政向上指針を策定することとしている。財政向上目標と財政向上指針については、市長の任期ごとに定めることとしている。これは、首長の政策的な方針により、重視する指標が変わる可能性が有ることによる。例えば、フローベースの政策（福祉等）を重視するなら、単に、投資（臨時的経費）を削減するだけでは不充分であり、ストックベースの指標を改善し、公債費負担を軽くすることで、経常収支比率の上昇を押さえ込む（公債費を除く経常的経費の余地を作る）ことが必要となるし、逆に、ストックベースの政策（投資）を重視するのであれば、フローベースの指標、例えば、経常収支比率を改善することで、投資余力を生み出すこととなる。

財政向上目標、財政向上指針の策定にあたっては、市民参加を図ることとしており、また、策定・見直しをした際には、議会に報告し、一般に公表することとしている。さらに、財政向上指針の実施状況については、財政判断指数の実績も含め、毎年度、議会に報告し、公表することとしている。

なお、この財政向上指針は、２００１年に財政緊急事態宣言（１９９６年）を解除した際、引き続き、計画的な財政運営を行っていくために策定された財政改革指針を条例上に位置付けたものである。

行政改革との連携

財政向上指針の取扱いについては、運用評価を踏まえた平成22年度の一部改正において、行政改革との連携を追加している。

この改正は、施行後における運用評価を踏まえたものである。健全な財政に関する条例は、総合計画の実行可能性を担保することに着眼して制定されたため、行政改革大綱の位置付けが曖昧となっていた。総合計画は、（一般的には）財政健全基準をクリアした形で、財政計画との整合を持って策定され、運用される。その結果、行政改革大綱の役割が曖昧となり、行政改革大綱と財政向上目標・財政向上指針との関係も曖昧となっていた。このような評価を踏まえ、行政改革大綱について、再度、多治見市行政におけるシステムとしての位置付けを整理し、健全な財政に関する条例の中に織り込んだものである。

具体的には、行政改革大綱は、財政向上目標の達成、財政向上指針の着実な実施に資するよう策定されるとの規定を追加している。

健全な財政に関する条例は、総合計画の実行可能性を確保するために、総合計画と財政計画との連携を図ったものである。このため、現時点での事業選択が将来のスクラップを引き起こしたり、将来のスクラップを当て込んで事業選択を行ったりすることを防ぐことを企図している。この点で、健全な財政に関する条例は、いわゆる行革条例ではない。

行財政改革では「総論賛成各論反対」が常であり、その結果、常に総論が負ける。例えば、行政改革推進法のような具体的な取組みを定めた法であれば、各論について概ねの合意形成の上に成り立っており、ある程度、実を取ることができる。一方で、財政構造改革法のような総論での合意形成は、各論での合意形成に失敗すれば、立法措置をもってしても総論が負けることとなる（財政構造改革法停止法によって、そのほとんど全てが停止されている）。

スクラップを総論で合意し規制しても、各論での合意形成を導くことはきわめて困難である。このため、健全な財政に関する条例では、スクラップの総論形成を図るのではなく、スクラップ（何を廃止するか）ではなく、事業選択（何を実施するか）の段階において総論の確保を図ることとしている。これが次に述べる財政健全基準（財政判断指標の最低基準）の役割である。

一方で、財政向上目標については、いわばスクラップに通ずるものであるため、総論としての維持が困難である。このため、平成22年度の一部改正において財政向上目標と財政向上指針を支える具体的な計画として、行政改革大綱を位置付けたものである

（3）健全化に向けた措置

次に、財政状況が悪化した場合における健全化に向けた措置である。健全な財政に関する条例は、健全化法と同じく2段階の措置を規定しているが、そのあり方が全く異なっている。

健全化法では、健全化判断比率について、財政状況の悪化程度に応じて早期健全化段階と財政再生段階の2段階の基準値を設定している。そのうえで、早期健全化段階では警鐘を鳴らして健全化への取組みを促し(8)、財政再生段階では規制により財政の破綻を回避していく(9)仕組みとなっている。

これに対し、健全な財政に関する条例では、財政の健全性の確保については、1段階の基準値しか設けていない。計画ベースで指標値を算定するという仕組みを取っていることから、時間軸に沿って、計画ベースでの悪化見込みに対する回避措置と、現実の悪化に対する是正措置との2段階に分けているものである。

まず、財政判断指標につき、多治見市として守るべき基準（財政健全基準）を設定する。

財政健全基準の設定にあたっては、財政向上目標と同じく、市民の参加を経て設定し、これを議会に報告し、広く一般に公表することとなっている。ただし、財政健全基準は、守るべき基準との性格から、市長の任期ごとに見直すこととはしていない（勿論、必要に応じた見直しを妨げるものではない）。

この財政健全基準に対して、中期財政計画などにおける将来見込みで抵触した場合は、財政警戒事態を宣言したうえ財政正常化計画を策定することとしており、当該年度の予算又は決算で抵触した場合は、財政非常事態を宣言したうえ財政再建計画を策定することとしている。

中期財政計画は、当該年度から4年間を期間として策定される。財政判断指標4種類×4年間で16の財政判断指数が記載されるが、このうち当年度分の4つを除き、次年度以降分の12のうち一つでも財政健全基準に抵触した場合が財政警戒事態であり、当年度の予算又は決算において4つのうちいずれか一つでも抵触した場合が財政非常事態である。なお、財政正常化計画を策定した場合は、財政向上指針は策定せず、財政再建計画を策定した場合は、財政向上指針・財政正常化計画は策定しないこととなる。

※財政判断指標の詳細は後述するが、制定時は4種類（償還可能年数、経費硬直率、財政調整基金充足率、経常収支比率）であり、平成22年度の一部改正で1種類（実態収支）を追加して、現在では、5種類となっている。このため、総合計画、中期財政計画、予算・決算での財政判断指数の見込み（実績）は、5種類が記載される。しかし、このうち、財政向上目標・財政健全基準が設定されるのは、4種類のみ（実態収支を除く）であり、財政警戒事態、財政非常事態の宣言の契機となるのも4種類のみである。

これらの宣言は、1996年の財政緊急事態宣言の経験を活かしたものである。宣言自体には、財政的な意義はない。しかし、宣言することには、市民をはじめとした利害関係者との間に共通認識を醸成するとともに、行政に自覚を促す意義がある。このことについては、財政緊急事態宣言に関して既に述べたところである。

財政警戒事態を宣言した場合に策定する財政正常化計画は、具体的なアクションプランを含むものとして策定される。その内容は、①計画期間、②基本方針、③具体的な取組み、④具体的な取組みの目標値、⑤計画期間内の各年度の財政判断指数の見込み、⑥その他、となっている。

財政正常化計画についても、財政向上指針と同様に、その策定にあたっては、市民の参加を得ることとしており、これを策定したときは、議会に報告し、一般に公表することとしている。また、各年度における運用状況の議会への報告、公表も同様である。

また、財政警戒事態宣言は、財政正常化計画を達成し、かつ、中期財政計画における財政判断指数の全てが財政健全基準を満たした場合に解除することとしている。財政警戒事態の解除の宣言にあたっては、財政正常化計画の実施状況を記載した報告書を作成し、財政正常化計画に代わる財政向上指針と併せて、議会に報告し、公表することとしている。

当年度予算（補正予算を含む）、または決算において4種類の財政判断指標のうち一つでも抵触した場合における財政非常事態宣言、また、これを受けて策定される財政再建計画については、財政警戒事態宣言、財政正常化計画と概ね同様である。ただし、財政再建計画については、その策定にあたって議会の議決を要することとしている。これは、健全化法において健全化判断比率（将来負担比率を除く）が財政再生基準に抵触し、財政再生計画を策定する際に総務大臣の同意を得ることに類した規定である。

財政非常事態においては、財政の再建に向けた措置について、議会の関与を定めており、財政再建計画の策定に当たっての議決のほか、財政再建計画の実施状況の調査、首長に対する勧告などを定めている。

これらの全体を一覧にまとめたものが次頁の図である。

健全な財政に関する条例の２段階（警戒事態・非常事態）の仕組みは、１９９６年の財政緊急事態宣言の経験のうえに、健全化法における２段階（早期健全化・再生）の仕組みにインスパイアされて設計したものである。

他律（国による規律）であれば、決算数値に基づいて判断するよりほかはないため、「早期健全化」を意図するものであっても決算数値を契機とし、そのため、悪化の程度（指標値）で早期健全化段階と再生段階を区分することとなる。対して、自律の仕組みであれば、計画ベースでの対応が可能である。このため、健全化法の制度を時系列に転用し、若干の文言の変更により、全く異なった制度を構築したものである。また、計画ベースでの基準値への抵触が行動を起こす契機となるため、財政の健全性を確保するための取組みについては、市民生活に直接の影響を及ぼす苛烈なスクラップではなく、事業計画の見直しによることが可能である。

むろん、総合計画や中期財政計画での次年度以降の財政判断指数の算定は、あくまで見込みである要素が大きい、また、予算における算定でも決算見込み値に過ぎない。このため、時系列に沿った制度となっていても、財政警戒事態を経由せずに、財政非常事態に陥る可能性はある。このため、計画上での

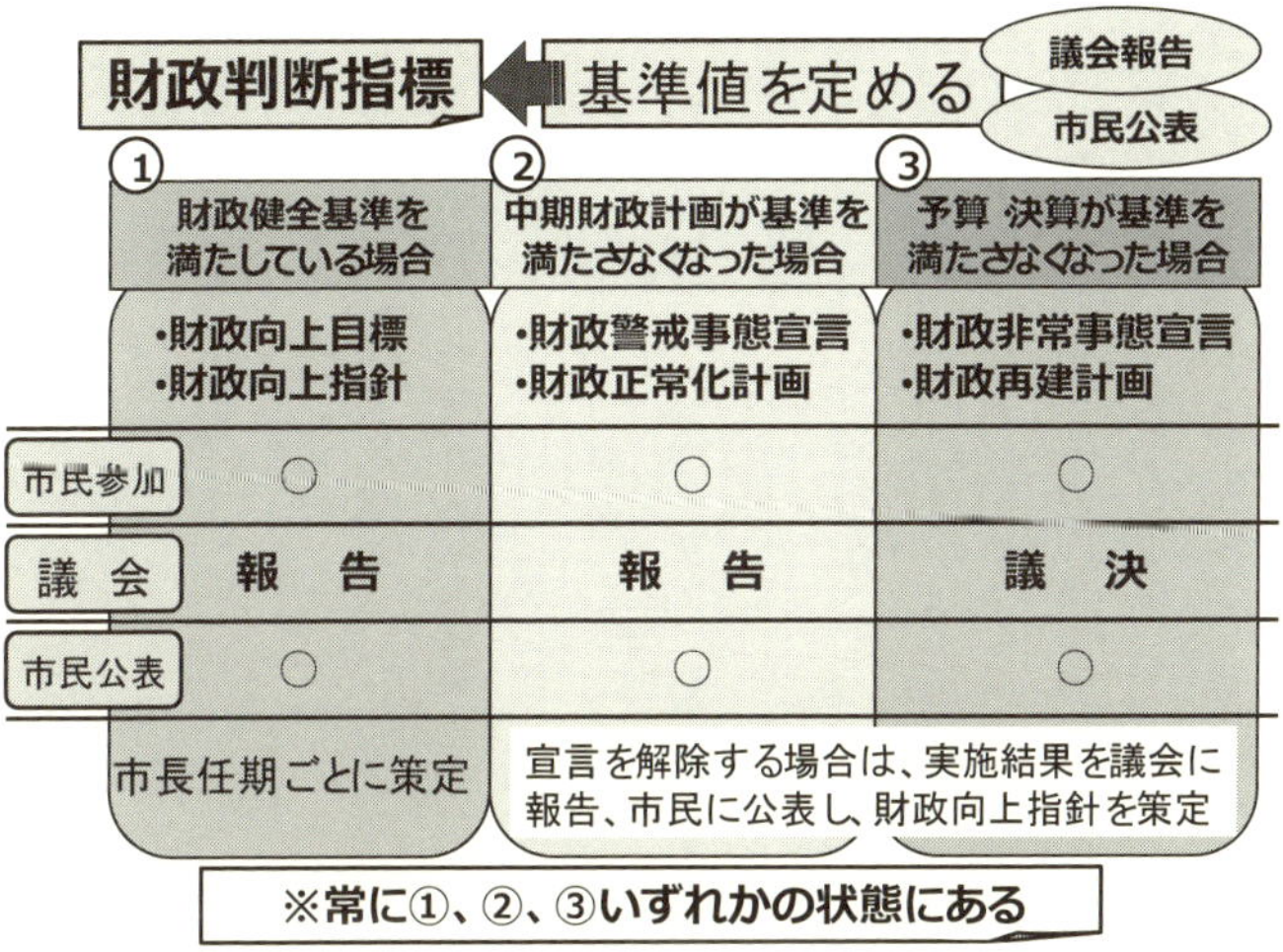

参考までに、健全化法〔図中：自治体財政健全化法〕との比較における図示を次に掲げる〔図中：本条例につき財務条例と略称〕

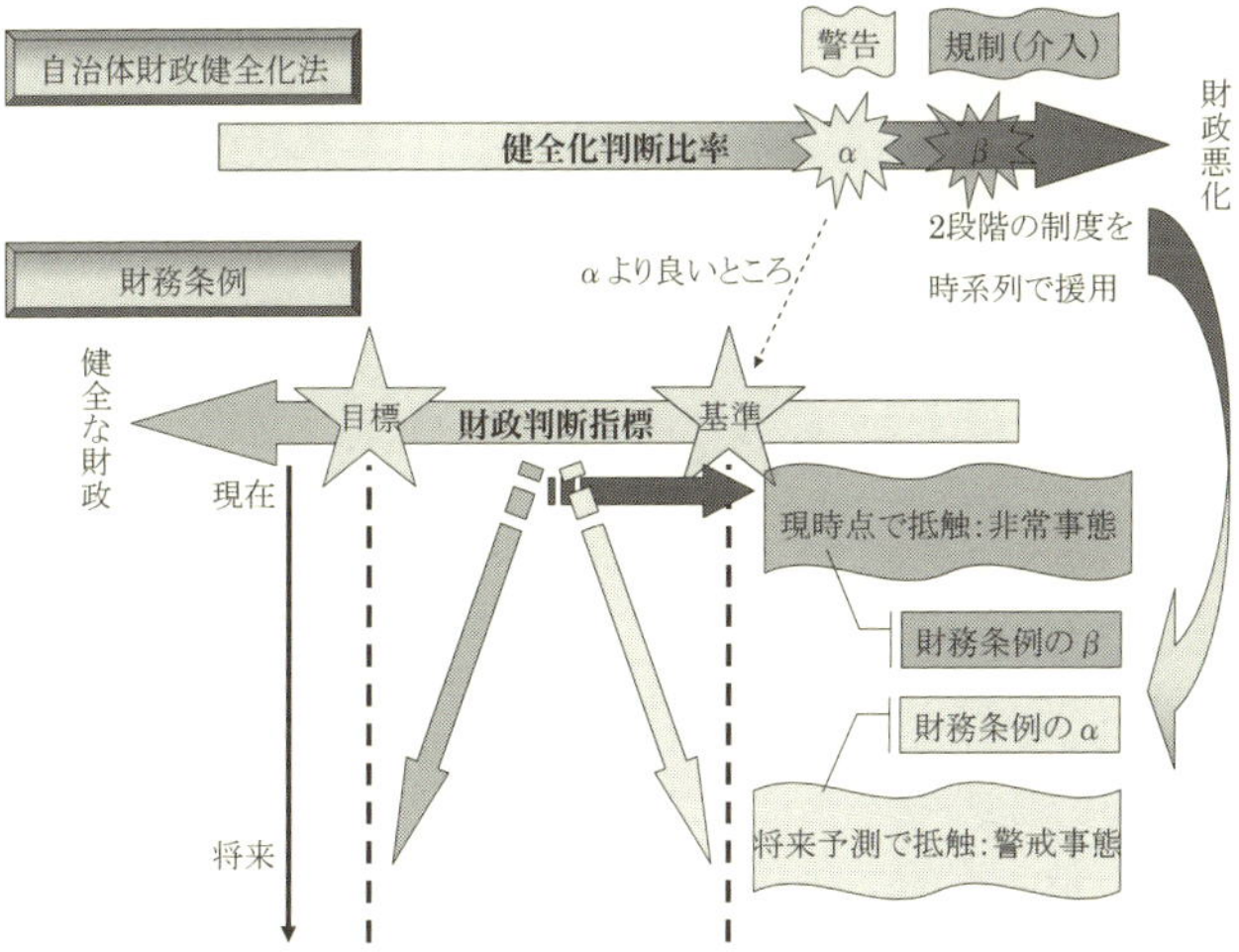

見込み値と当年度の状況の両方に配意した財政運営が当然に必要である。

(4) 財政判断指標

健全な財政に関する条例では、財政判断指標として独自のものも含めて5種類の指標を設けている。以下、これらの指標について説明したい。先にも述べたが、制定時には4種類の指標を設け、平成22年の一部改正で、5種類目の指標を追加している。

これらの指標は、ストックベースでの健全性にも着眼し、将来世代への責任にも目を向けたうえ健全性の程度を把握するものとしている。また、その趣旨から、健全化法の健全化判断比率が悪化の程度を測るものであることに対して、その性格を異としている。5種類の指標のうち、4種類（償還可能年数、経費硬直率、財政調整基金充足率、実態収支）は新たに設定したものであり、残りは経常収支比率である。

まず、償還可能年数は、純負債を償還可能財源で除したものである。負債の規模を測るという意味では、健全化法の将来負担比率に相当する。ただし、将来負担比率は負債を財政規模で除していることに対し、償還可能年数は多治見市のストックベースでの健全性をより端的に示すものとするため、負債を償還可能財源で除したものとしている。負債の規模を償還可能財源で除すことは、行財政運営に対する考え方に基づくものでもある。償還可能財源は、歳出のうち経常的歳出を除いたもの（即ち公債費と臨時的経費）である。このため、償還可能年数は、「通常の行政サービスを実施したうえで」何年で償還可能か、を示している。勿論、現実には、臨時的支出を全て止めるという行財政運営もあり得ないものではあるが、通常の行政サービスに影響が出る前提で償還可能性を考えることは適当ではない。対して、将来負担比率が負債の規模を標準財政規模で除していることについては、全国的な比較を行うことに適しているると言える。

なお、第2編第2章のストックベースの原則において、負債を償還能力の観点から適切な水準とし、逓減に努めると規定しており、この指標の意義を明らかにしている。

次に、経費硬直率は、経常収支比率の分子から公債費を除いた比率である。

ところで、償還可能年数と経費硬直率は、概ね対応関係にある。歳出を、公債費を除く経常的経費と公債費及び臨時的経費とに区分し、前者を経費硬直率の分子とし、後者を償還可能財源としているものである。償還可能年数はストックベースの硬直性（過去に形成された公共施設から受ける受益に対応する負担としての公債費）を示し、経費硬直率は、フローベースでの行政サービスにかかる経費の硬直性を示すものとなっている。

次に、財政調整基金充足率については、経常経費充当一般財源に対する基金の可処分残高の割合であるが、可処分残高は、名目の残高から災害復旧経費留保分とリスク引当分を控除した額である。

債務保証を行うと、リスク引当により財政調整基金充足率の数値が変動する。本来、負債に対する指標は償還可能年数であるが、償還可能年数は純負債に対する反応が鈍く、また、債務保証は全額ではなく評価額（20％）で算入されるに過ぎない。一方、財政調整基金充足率は可処分残高に対して確実に反応じ、債務保証の評価額が残高に対して少額に過ぎることもない。このため、債務保証の是非について、財政調整基金充足率の数値を通して議論を促すことができることともなる。

次に経常収支比率であるが、経費の硬直性ではなく、収支の安定性を示すものと位置付けている。経費の硬直性については、ストックベースとフローベースで区分したうえ、償還可能年数と経費硬直率で把握しているため、公債費を分子に含む経常収支比率については、支払わなければならない経費の比率を見るものとしているものである。

なお、経常収支比率については、制定時には、臨時財政対策債を分母に含まないものとしていたが、現在は、実借入額を含むこととしている。これは、既発分につき、経常的歳出に充当されていること、負債及び公債費に含まれることから全体としての整合を図ったものである。臨時財政対策債の取扱いについては、実借入額を算入する方法のほか、発行可能額を算入する、また、経常的歳入に含めないままとし歳出からも除くなど、他の手法も検討できる。臨時財政対策債は、制度化されており、交付税措置されるとは言え赤字債であり、多治見市では、可能な限り発行しないとの姿勢をとっているところである。

5種類めの指標は、平成22年度の一部改正で追加した実態収支である。実態収支の導入には、二つの理由がある。

多治見市では、当初予算において財政調整基金から8億円程度の取崩しを見込み、決算剰余での繰入で同額を戻すことが多い。実質単年度収支は決算剰余における財政調整基金への繰入が含まれないため、（実質単年度収支で）赤字といいつつ、財政調整基金の残高が増加するという状況が起きる。この不自然さを解消するため、実質単年度収支に決算での積み戻しを加えることで、一年度における実態の収支（赤字・黒字）を把握しようとするものである。

もう一つの目的は、計画上での収支の表記である。総合計画や中期財政計画における収支の一致（財源不足の解消）については、特にその方法に制限を設けていない。このため、単に年度間の過不足の調整という幅を超えて、事業選択の不足（事業の過大）による財源不足を財政調整基金の取崩しにより解消し、収支を一致させてしまうことも可能である。これは、総合計画や中期財政計画における財政判断指数の見込みの記載において、財政調整基金充足率の低下として現れる。しかし、このことは財政調整基金の可処分残高の低下としてしか意識されず、赤字の計画となっているという意識には繋がらない。

このため、実態収支を表記することで、計画における収支（赤字・黒字）を分かりやすく表記することとしたものである。

なお、実態収支は、零の近傍にあることが望ましいため、単に、計画、予算・決算における表示にとどめ、財政向上目標・財政健全基準は設定しない（財政警戒事態、財政非常事態の宣言の契機としない）こととしている。

＊収支は黒字であることが望ましいように見えるが、必ずしもそうではない。収支が常に黒字であることは、負担していただいている税に対して、相応の行政サービスを提供していない、ということを意味しているからである。

三　健全な財政に関する条例のねらい

財政状況の健全性を維持するためには、数値規制を行うことが最も確実な方法であろう。しかし、健全な財政に関する条例では、数値規制等の規制を意図的に行っていない。これは、首長の予算編成権という法制度上の壁を問題としたものではない。

健全な財政に関する条例では、徹底した情報共有を進め、説明責任を課すことで、財政民主主義を機能させ、これのみをもって、財政の健全性を維持することとしている。

どのような政策分野に注力するかという政策選択を阻害しないことは当然だが、政策選択の結果として必要であれば財政の悪化さえ許容している。財政健全基準は、確保すべき財政の健全性として定めるが、これに抵触する計画や予算を否定していない。

そもそも、財政緊急事態宣言や財政非常事態宣言は、確保すべき財政の健全性として定める財政健全基準に抵触する計画や予算があることを前提としている。総合計画や中期財政計画の策定、予算編成に当たり、財政状況の見込みを示し、その見込みが政策の必要性・政策選択の合理性との対比において妥当であるか否かを、議会が、ひいては市民が判断する仕組みとしている。併せて、財政健全基準への抵触を禁止するのではなく、抵触する場合における財政の健全性を回復するための取組みを示すものとしている。健全な財政に関する条例は、情報共有を徹底することで、財政民主主義を機能させ、これのみをもって財政の健全性を確保することを意図して立案されている。

このような制度設計には、次の三つの意図がある。

一つめは、数値規制を行うことは、数値をどのように決定するのか（首長限りか議決するのか）という手続論の問題でもあるが、実態として、職員が机上で計算した数値で行政を拘束することとなる。問題意識と誠実さをもった職員が充分な知識と注意力をもって算出した数値で規制するなら、数値規制は手段としては確実である。しかし、その前提は保証の限りではないし、そもそも、行財政運営は、主権者たる市民の判断に従うべきである。議会の議決を経ることで、民主主義的正当性を担保する制度設計は検討の可能性がある。しかし、市民の判断が間違い得ることと、職員が常に善良であることを暗黙の前提として制度設計を行うのであれば、体裁のよい官僚統治に過ぎない。このことと自治体の財政運営が間違い得ることを前提として、国が憲法に規定された地方自治を保証するため、健全化法によって自治体の予算編成権を一時的に制限しても自治体の存続そのものを確保しようとすることとは別問題である。

二つめは、脱法させないことである。どのような規制を設けても行政は規制を回避する方法を考え出す。回避された規制は、本来の目的を果たさないのみならず、「規制の範囲内であるから正当である」といういい抜けの道具に堕する。健全化法で早期健全化に該当しないことは、財政が健全であることを意味しないが、早期健全化に該当しないので健全であると主張する自治体があるのと同じである。このため、規制しないことで脱法を防ぎ、いい抜けの道具とならないようにしたものである。

三つめは、「財政状況の議論」と「政策選択の議論」を切り離すことである。過剰な規制は、政策選択のあり方に関与せざるを得ない。しかし、政策選択の議論は、総合計画の策定において、充分な市民参加等を踏まえながら行うべきことである。また、いわゆる行政改革に取り組むとき、当然のように「総論賛成・各論反対」という壁に当たる。総合計画の策定や予算編成における議論も同じであり、個々の事業の必要性が合意されても、その結果が全体として合意できるものになるとは限らない。総論と各論が一致しないときは、総論が負けるのが常であり、財政状況の悪化を防ごうとする努力は困難なものとなる。このことは、財政に関する情報提供や議会における議論のあり方にも関連している。議会は、予算を議決し、決算を認定しているが、予決算の議論は、事業の是非や事業費の妥当性の議論に集中しがちとなる。勿論、財政状況を議論しようとする議員の方々もいるが、財政状況を議論するのに適した議案がないことに留意する必要がある。

財政判断指標は、議会と市長とが財政状況について議論する契機となる。財政状況の議論と政策選択の議論とを切り離し、総論の合意を形成する道具として、市民・議会・市長が情報を共有し、市民の合意に基づいて健全性を確保することを目的としたものである。

おわりに

多治見市における「行政『の』改革」は、最初に到達点が描かれ、戦略的に構築されてきたものではない。日々の行政運営において課題を認識し、解決していくことで、結果として構築されてきたものである。健全な財政に関する条例は、多治見市の行政運営に新しい取組みや仕組みを導入したものではなく、財政緊急事態宣言以降の取組みを集約したものにすぎない。

先進的といわれた自治体で改革が持続しなかった例は枚挙に暇がない。ありふれた地方都市において、改革が発展し続けるのか、形骸化し後退するのか、市行政の組織としての能力が問われる時期を迎えているところである。

注

(1)（地方債の制限）

第五条　地方公共団体の歳出は、地方債以外の歳入をもつて、その財源としなければならない。ただし、次に掲げる場合においては、地方債をもつてその財源とすることができる。

一　交通事業、ガス事業、水道事業その他地方公共団体の行う企業（以下「公営企業」という。）に要する経費の財源とする場合

二　出資金及び貸付金の財源とする場合（出資又は貸付けを目的として土地又は物件を買収するために要する経費の財源とする場合を含む。）

三　地方債の借換えのために要する経費の財源とする場合

四　災害応急事業費、災害復旧事業費及び災害救助事業費の財源とする場合

五　学校その他の文教施設、保育所その他の厚生施設、消防施設、道路、河川、港湾その他の土木施設等の公共施設又は公用施設の建設事業費（公共的団体又は国若しくは地方公共団体が出資している法人で政令で定めるものが設置する公共施設の建設事業に係る負担又は助成に要する経費を含む。）及び公共用若しくは公用に供する土地又はその代替地としてあらかじめ取得する土地の購入費（当該土地に関する所有権以外の権利を取得するために要する経費を含む。）の財源とする場合

(2)（地方債の償還年限）

第五条の二　前条第五号の規定により起こす同号の建設事業費に係る地方債の償還年限は、当該地方債を財源として建設した公共施設又は公用施設の耐用年数を超えないようにしなければならない。当該地方債を借り換える場合においても、同様とする。

(3) 税負担と行政サービスが結びつかず、行政サービスは無料に見え、税は見返りのない負担に見えること。

(4) 新ＢＩＳ規制　銀行が保有すべき自己資本の量に関する規制。

(5) 地方三公社　地方住宅供給公社、地方道路公社、土地開発公社。

(6) 健全化判断比率　地方公共団体の財政の健全化に関する法律で自治体に公表が義務付けられた指数。実質赤字比率、連結実質赤字比率、実質公債費比率、将来負担比率の4つである。

(7) 骨格予算＝任期満了による首長選挙が予定されている場合、首長によっては、その年度の当初予算では、義務的、経常的予算のみを計上し、政策的予算付けを留保することがある。これを骨格予算という。政策的予算については、首長選挙の後に補正予算で計上する。これを本格予算という。

(8) 財政健全化計画を定める必要があり、この計画を定めるにあたっては当該自治体の議会の議決を経る必要がある。

(9) 財政再生計画を定める必要があり、財政健全化計画と同様に議会の議決を経る必要がある。この計画について総務大臣の同意を得れば赤字地方債の発行が認められるが、同意を得ない場合は災害対策を除いて起債ができなくなる。このため、実質的には国の監督下に入ることとなる。

〈資料〉

多治見市健全な財政に関する条例

平成19年12月17日
多治見市条例第48号

改正　平成21年6月29日　多治見市条例第24号
　　　平成22年9月29日　多治見市条例第28号

目次

第1編　総則

（目的）

第1条　この条例は、財政運営の指針並びに基本的な原則及び制度を定めることにより、市民自治に基づく健全な財政に資することを目的とします。

（財政運営の指針）

第2条　市の財政は、市民の厳粛な信託及び負担に基づくものであり、市は、財政を健全に運営しなければなりません。

2　市の負債は、現在及び将来の市民の負担であり、市は、人口の動向等の市民の負担能力の変化を考慮して世代間の負担の均衡を図るとともに、長期的な計画、起債その他の将来の負担に影響する事項については、その負担が意思決定に参加できない者によっても担われることに留意して、決定しなければなりません。

3　市は、この条例の理念に沿った計画的な財政運営を行うとともに、環境変化に応じた対応を取らなければなりません。

（責務規定）

第3条　市民は、政策による市民の利益が市民の相応の負担の上に成り立っていることを認識するとともに、世代間の負担の均衡に配慮しなければなりません。

2　議会は、市民の信託に基づく市民の代表機関として、議会の議決を要する計画及び予算（補正予算及び暫定予算を含みます。以下同じです。）を議決し、予算の執行を監視し、並びに決算の認定をしなければなりません。

3　市長は、市民の信託に基づく市の代表機関として、総合計画に基づき予算を編成し、執行するとともに、財政を健全に運営し、職員は、十分な注意力及び勤勉さをもって財務に当たらなければなりません。

第2編　財政運営の原則

第1章　財政情報の共有

（情報共有）

第4条　市は、市民と情報を共有し、市民自治に基づく財政運営を行うため、財政に関する情報を分かりやすく公開するとともに、説明責任を果たさなければなりません。

2　市は、財政に関する市民の意見の把握に努めなければなりません。

3　市は、主な事業の経費を明らかにすることにより、政策による市民の利益と負担との関係を明らかにするよう努めなければなりません。

（情報公表の制度）

第5条　市長は、毎年度、当初予算又は当初予算に準ずる補正後の予算について、総合計画に基づく主な事業の概要並びに財政の現状及び年度末における財政状況の見込みを分かりやすく説明した資料を作成し、公表しなければなりません。

2　市長は、毎年度、決算について、総合計画に基づく主な事業の進行状況及び財政の現状を分かりやすく説明した資料を作成し、公表しなければなりません。

3　市長は、別に条例に定めるところにより、毎年2回以上予算の執行状況並びに財産、市債及び一時借入金の現在高その他財政に関する事項を公表しなければなりません。

4　市長は、財政に関する情報の公表について、内容の充実を図るとともに、市民に分かりやすい公表とするよう継続的に改善しなければなりません。

（財務諸表）

第6条　市長は、毎年度、次に掲げる財務諸表を作成しなければなりません。

(1) 貸借対照表

(2) 行政コスト計算書（企業会計における損益計算書に準ずるものをいいます。）

(3) 純資産変動計算書（企業会計における株主資本等変動計算書に準ずるものをいいます。）

(4) 資金収支計算書（企業会計におけるキャッシュ・フロー計算書に準ずるものをいいます。）

2　前項各号に規定する財務諸表は、次に掲げる区分につき、作成されなければなりません。

(1) 普通会計に係る財務諸表

(2) 普通会計及び公営事業会計並びに出資法人（市が資本金等の2分の1以上を出資している法人をいいます。）等を連結した財務諸表

3　市長は、決算を議会の認定に付すに当たっては、前2項の規定による財務諸表を併せて提出しなければなりません。

4　市長は、決算の概要を公表するに当たっては、第1項及び第2項の規定による財務諸表を併せて公表しなければなりません。

第2章　資産及び負債の原則

（基本原則）

第7条　市は、次に掲げる原則により財政運営に当たらなければなりません。
(1) 将来において発生する経費を適切に見込むこと。
(2) 将来の負担を抑制すること。
(3) 金利変動等の経済情勢の変化を考慮すること。

(資産及び負債)
第8条　市は、長期的な人口動向を考慮して、資産を管理しなければなりません。
2　市は、市債等、公債費に準ずる債務負担行為及び資産（不動産に限ります。）の取得又はこれに類する目的のための債務負担行為並びに債務保証及び損失補償の顕在化の可能性を考慮した評価額並びに退職手当のための引当金相当額について、負債として管理しなければなりません。
3　市は、負債の額について、償還能力の観点から適切な水準とし、逓減に努めなければなりません。

(基金)
第9条　市は、公共施設の修繕のための経費その他の財政の安定性のために資金の留保を必要とする経費については、基金を設けて計画的に積み立て、執行するよう努めなければなりません。
2　市は、災害復旧に要する経費について、財政調整基金において資金を適切に留保しなければなりません。ただし、現に災害復旧を実施しているときは、この限りではありません。
3　市長は、財政調整基金について、その総額及び可処分額（総額から前項に規定する災害復旧に要する経費の留保分及び第14条の3第1項に規定するリスク引当金を控除した額をいいます。以下同じです。）を明らかにしなければなりません。

(起債)
第10条　市は、起債に当たっては、次に掲げる事項を検討しなければなりません。
(1) 将来において市民が負担することの妥当性
(2) 起債と他の方法による場合との市の負担についての比較
2　市は、起債に当たっては、償還計画を立案しなければなりません。
3　市は、借入に係る金利及びその負担と財政状況とが相互に与える影響について考慮しなければなりません。

第3章　執行における原則

（歳入及び歳出）

第11条　市は、歳入について、安定的な増加を図る方策を検討するとともに、公租公課等の諸納付金については、適切な徴収に努めなければなりません。

2　市は、歳出について、効果的で合理的な予算執行に努めなければなりません。

（使用料等）

第12条　市は、使用料、手数料、負担金等について、受益と負担との関係を考慮して、定期的に総合的な見直しを行わなければなりません。

2　前項に規定する見直しに当たっては、使用料、手数料、負担金等の設定に当たっての基準を定め、これに基づいて決定しなければなりません。

（補助金）

第13条　市長は、補助金について、政策的必要性及び効果の観点から、補助の必要性のほか交付決定の手法等も含め定期的に包括的な見直しを行わなければなりません。

2　市長は、補助金の交付決定に当たっては、補助の必要性を審査するとともに、事業の完了に当たっては、補助の効果を評価しなければなりません。

3　市長は、団体の運営に係る経費に対する補助については、原則として、あらかじめ期限を定めるよう努めなければなりません。

（資金運用）

第14条　市は、資金を効率的に運用するとともに、損失の回避等の管理を行わなければなりません。

第4章　リスク・マネジメント

（リスクの把握及び明確化並びに対策）

第14条の2　市は、事業選択に当たっては、財政状況に与える影響についてリスクを把握するとともに、把握したリスクを明らかにしなければなりません。

2　市は、前項に規定するリスクについて、適切な対策を取らなければなりません。

（債務保証及び損失補償）

第14条の3　市は、債務保証及び損失補償について、その顕在化の可能性を考慮した資金（以下「リスク引当金」といいます。）を確保しなければなりません。

2　市は、リスク引当金を基金において管理しなければなりません。

3　市長は、債務保証及び損失補償の各総額並びに債務保証及び損失補償に対するリスク引当金の各総額を明らかにしなければなりません。

第3編　計画的な財政運営

第1章　通則

（財政判断指標）

第15条　市長は、財政状況に関する情報を市民及び議会と共有し、次の表に掲げる目的に資するため、財政判断指標の欄に掲げる指標について、財政判断指数の欄に定めるところにより算定した数値を、この条例の規定により、議会に報告し、公表しなければなりません。

目的	財政判断指標	財政判断指数
負債の逓減及び償還能力に対する信用の確保	償還可能年数	負債の総額から償還等に充てることが適当な基金残高を控除した額を経常一般財源から元金の償還に係る公債費分を除く経常経費充当一般財源を控除した額で除した数値
経費の硬直性の解消	経費硬直率	公債費分を除く経常経費充当一般財源の額を経常一般財源の額で除した数値
財源の留保	財政調整基金充足率	財政調整基金の可処分額を経常経費充当一般財源の額で除した数値
収支の安定性の向上	経常収支比率	経常経費充当一般財源の額を経常一般財源の額で除した数値
資金繰りの向上	実態収支	実質単年度収支の額と決算剰余金による財政調整基金繰入額との合算額

2　財政判断指標の算定に当たっての基準は、財政判断指標の目的に資するよう規則で定めます。

3　市長は、総合計画その他の予算を伴う計画の策定及び予算の編成に当たっては、財政判断指数に留意しなければなりません。

（総合計画策定における原則）

第16条　市は、総合計画を財源の根拠をもって策定し、真に必要な施策に充てる財源を確保するとともに、総合計画の確実な実行を図らなければなりません。

2　市は、総合計画の策定及び見直しに当たっては、当該策定又は見直しに当たって策定又は見直しされた実行計画の計画期間内における各年度について、次に掲げる事項を基本構想に記載しなければなりません。

(1) 一般会計における歳入の見込み

(2) 一般会計における歳出の計画額

(3) 財政判断指数の見込み

3　前項第1号に規定する歳入の見込みは、想定される複数の状況について推計され、基調となる傾向が示されなければなりません。

4　総合計画は、前項の規定による基調となる傾向に沿って、策定されなければなりません。

（予算を伴う計画）

第17条　市長は、予算を伴う計画については、中期財政計画（次条第1項に規定する財政計画をいいます。以下同じです。）の計画期間内において必要となる予算を明らかにし、中期財政計画に反映させなければなりません。

（中期財政計画）

第18条　市長は、毎年度、総合計画との調整のもとで、中期的な期間における各年度について、次に掲げる事項を記載した財政計画を策定しなければなりません。

(1) 一般会計における歳入の見込み及び歳出の計画額

(2) 財政判断指数の見込み及びその算定に当たっての主要な数値

(3) 財政調整基金等の財政運営に関する基金の残高

2　第16条第3項の規定は、前項第1号に規定する歳入の見込みについて準用します。

3　市長は、当初予算又は当初予算に準ずる補正後の予算を議会に提出するに当たっては、中期財政計画を併せて提出しなければなりません。

4　市長は、当初予算又は当初予算に準ずる補正後の予算について、その概要を公表するに当たっては、中期財政計画を併せて公表しなければなりません。

（予算における財政判断指数）

第19条　市長は、予算を議会に提出するに当たっては、当該予算を踏まえた財政判断指数の見込み及びその算定に当たっての主要な数値を明らかにして議会の議決に付さなければなりません。

2　市長は、予算の概要を公表するに当たっては、前項の規定による財政判断指数の見込みを併せて公表しなければなりません。

（決算における財政判断指数）

第20条　市長は、決算を議会に提出するに当たっては、当該決算における財政判断指数の実績及びその算定に当たっての主要な数値を明らかにして議会の認定に付さなければなりません。

2　市長は、決算の概要を公表するに当たっては、前項の規定による財政判断指数の実績を併せて公表しなければなりません。

（行政改革大綱策定における原則）

第20条の2　市長は、行政改革大綱について、次条第1項に定める財政向上目標の達成及び第22条第1項に定める財政向上指針の着実な実施に資するよう策定しなければなりません。

第2章　財政状況の維持及び向上

第1節　財政向上目標

（財政向上目標の設定）

第21条　市長は、財政判断指標（実態収支を除きます。）について、財政状況の継続的な維持及び向上のための目標値（以下「財政向上目標」といいます。）を定めなければなりません。

2　財政向上目標は、市長の任期ごとに定められなければなりません。

3　市長は、財政向上目標を定めるに当たっては、市民の参加を図らなければなりません。

4　市長は、財政向上目標を定めたときは、これを議会に報告し、公表しなければなりません。

第2節　財政向上指針

（財政向上指針）

第22条　市長は、財政状況の継続的な維持及び向上のための指針（以下「財政向上指針」といいます。）を策定しなければなりません。

2　財政向上指針は、市長の任期ごとに策定されなければなりません。

3　財政向上指針は、財政向上目標を達成することを目的として、次に掲げる事項について策定されなければなりません。

(1) 目標年度
(2) 財政向上目標の達成のための基本方針
(3) 目標年度までの各年度の財政判断指数の見込み
(4) 前3号に掲げるもののほか、財政向上目標の達成に必要な事項

（財政向上指針の策定手続）

第23条　市長は、財政向上指針を策定するに当たっては、市民の参加を図らなければなりません。

2　市長は、財政向上指針を策定したときは、これを議会に報告し、公表しなければなりません。

3　前2項の規定は、財政向上指針を変更する場合について準用します。ただし、軽微な変更（各年度の財政判断指数の見込みの変更を伴うものを除きます。）については、この限りではありません。

（実施状況の報告）

第24条　市長は、毎年度、財政判断指数の実績を明らかにした財政向上指針の実施状況を議会に報告し、公表しなければなりません。

第3章　財政状況の健全性の確保

第1節　財政健全基準

（財政健全基準の設定）

第25条　市長は、財政判断指標（実態収支を除きます。）について、財政状況の健全性として確保すべき基準値（以下「財政健全基準」といいます。）を定めなければ

なりません。

2　第21条第3項及び第4項の規定は、財政健全基準について準用します。この場合において、これらの規定中「財政向上目標」とあるのは「財政健全基準」と読み替えるものとします。

第2節　財政正常化計画

(財政警戒事態宣言)

第26条　市長は、中期財政計画における計画期間内の財政判断指数の見込みのうち1つ以上が財政健全基準を満たさなくなったときは、当該中期財政計画の策定に当たり、財政警戒事態を宣言しなければなりません。ただし、財政非常事態（第29条に規定する財政非常事態をいいます。）を宣言している場合にあっては、この限りではありません。

(財政正常化計画)

第27条　市長は、財政警戒事態を宣言したときは、財政向上指針に代えて財政の正常化のための計画（以下「財政正常化計画」といいます。）を策定しなければなりません。

2　財政正常化計画は、財政判断指数の見込みのすべてが安定的に財政健全基準を満たすことを目的として、すべての経費について見直しが行われたうえ、次に掲げる事項について策定されなければなりません。

(1) 計画期間

(2) 財政の正常化のための基本方針

(3) 前号に規定する基本方針に基づく具体的な取組み

(4) 前号に規定する具体的な取組みの目標値

(5) 計画期間内における各年度の財政判断指数の見込み

(6) 前各号に掲げるもののほか、財政の正常化に必要な事項

3　第23条及び第24条の規定は、財政正常化計画について準用します。この場合において、第23条中「財政向上指針」とあるのは「財政正常化計画」と、第24条中「財政判断指数の実績」とあるのは「具体的な取組みの実績及び財政判断指数の実績」と、「財政向上指針」とあるのは「財政正常化計画」と読み替えるものとします。

（宣言の解除）

第28条　市長は、財政正常化計画を達成し、かつ、中期財政計画における計画期間内の財政判断指数の見込みのすべてが財政健全基準を満たすこととなったときは、財政警戒事態の解除を宣言するものとします。

2　前項の規定による財政警戒事態の解除の宣言に当たっては、市長は、財政正常化計画の実施状況を記載した報告書及び財政正常化計画に代わる財政向上指針を議会に報告し、公表しなければなりません。

第3節　財政再建計画

（財政非常事態宣言）

第29条　市長は、予算を踏まえた財政判断指数の見込み及び決算における財政判断指数の実績のうち1つ以上が財政健全基準を満たさなくなったときは、当該予算又は決算の議会への提出に当たり、財政非常事態を宣言しなければなりません。

（財政再建計画）

第30条　市は、財政非常事態にあっては、財政の再建のための計画（以下「財政再建計画」といいます。）を策定しなければなりません。

2　前項の規定に基づき財政再建計画が策定されている間については、第22条及び第27条の規定にかかわらず、市長は、財政向上指針又は財政正常化計画を策定しないものとします。

3　第27条第2項の規定は、財政再建計画について準用します。この場合において、「財政正常化計画」とあるのは「財政再建計画」と、「財政の正常化」とあるのは「財政の再建」と読み替えるものとします。

（財政再建計画の策定手続）

第31条　市長は、財政再建計画の案を作成するに当たっては、市民の参加を図らなければなりません。

2　財政再建計画は、議会の議決を経て策定され、市長は、これを公表しなければなりません。

3　前2項の規定は、財政再建計画を変更する場合について準用します。ただし、軽微な変更（各年度の財政判断指数の見込みの変更を伴うものを除きます。）については、この限りではありません。

（実施状況の調査等）

第32条　議会は、必要に応じ、財政再建計画の実施状況について調査し、又は報告を求めることができます。

2　市長は、前項の規定による調査又は報告の聴取に協力しなければなりません。

（議会の勧告等）

第33条　議会は、財政運営が財政再建計画に適合しないと認められる場合その他財政の再建が困難であると認められる場合においては、市長に対し、必要な措置を講ずることを勧告することができます。

2　市長は、前項の規定による勧告を受けたときは、速やかに、当該勧告の内容を公表しなければなりません。

3　第1項の規定による勧告を受けた市長は、当該勧告に基づいて講じた措置について、議会に報告し、公表しなければなりません。

（準用）

第34条　第24条及び第28条の規定は、財政再建計画について準用します。この場合において、第24条中「財政判断指数の実績」とあるのは「具体的な取組みの実績及び財政判断指数の実績」と、「財政向上指針」とあるのは「財政再建計画」と、第28条第1項中「財政正常化計画」とあるのは「財政再建計画」と、「中期財政計画における計画期間内の財政判断指数の見込みのすべて」とあるのは「中期財政計画における計画期間内の財政判断指数の見込み並びに当年度の予算を踏まえた財政判断指数の見込み及び前年度の決算における財政判断指数の実績のすべて」と、「財政警戒事態」とあるのは「財政非常事態」と、同条第2項中「財政警戒事態」とあるのは「財政非常事態」と、「財政正常化計画の実施状況」とあるのは「財政再建計画の実施状況」と、「財政正常化計画に代わる財政向上指針」とあるのは「財政向上指針」と読み替えるものとします。

第4編　雑則

（委任）

第35条　この条例の施行に関し必要な事項は、規則で定めます。

附　則

（施行期日）

1　この条例は、平成20年4月1日から施行します。ただし、第15条から第19条まで、第21条、第25条及び第35条の規定は、平成20年1月1日から施行します。

（適用区分）

2　第16条の規定は基本構想が平成20年1月1日以後に議会の議決を経た総合計画から、第18条の規定は平成20年度を初年度とする中期財政計画から、第19条の規定は平成20年度の予算から、第20条の規定は平成19年度の決算から適用します。

附　則（平成21年6月29日条例第24号）

（施行期日）

1　この条例は、平成21年7月1日（以下「施行日」といいます。）から施行します。

（適用区分）

2　この条例による改正後の第18条の規定は、施行日以後に策定された中期財政計画から適用します。

附　則（平成22年9月29日条例第28号）

（施行期日）

1　この条例は、平成23年1月1日（以下「施行日」といいます。）から施行します。

（適用区分）

2　改正後の第15条の規定は、総合計画については基本構想が施行日以後に議会の議決を経た総合計画から、中期財政計画については平成23年度を初年度とする中期財政計画から、予算については平成23年度の予算から、決算については平成22年度の決算から、財政向上指針並びに財政正常化計画及び財政再建計画については施行日以後に策定される財政向上指針並びに財政正常化計画及び財政再建計画から適用し、改正後の第20条の2の規定は、施行日以後に策定される行政改革大綱から適用します。

第Ⅴ章　総合計画条例と政策議会への展望

——北海道栗山町の自治・議会・計画条例の意義

神原　勝（北海道大学名誉教授）

はじめに

北海道栗山町は、２０１３年４月、自治体運営の最高規範とする自治基本条例と「総合計画の策定と運用に関する条例」（以下「総合計画条例」と称する）を同時に施行した。

ひろく知られているように、同町議会が最初の議会基本条例を制定して、全国的な議会改革の流れを創ったのは２００６年５月である。それから７年を経て、自治基本条例とその基幹的な関連条例である議会基本条例および総合計画条例の３つがそろうことになった。

本稿では、議会基本条例はもちろんのこと、総合計画条例も議会の主導によって制定された点に着目して、その意図と実現のプロセスを明らかにすることによって、３条例が相乗して二元代表制の展開と自治体の政策活動に質的変化をもたらす可能性を追究する。

叙述にあたって、まず次の５点を確認し、栗山町という人口１２０００の小さな自治体の試みのなかに、行財政縮小時代における自律自治体の形成にむけた普遍的意義をさぐることにしたい。

(1)　近年の議会改革は、①市民と議会の相互交流（市民が参加する議会）、②長と議会の機関緊張（長と政策競争する議会）、③議員間討議の推進（政策を討議する議会）を主軸としている。栗山町議会はこれらを効果的に進めるために、議会基本条例制定の当初から議会が総合計画に向き合うことの重要性を認識していた。その意味で、総合計画条例の制定は、政策議会の構築をめざす議会改革の重要な一環として構想された。

(2)　総合計画条例は、長と議会のいずれの提案によるものであっても、「自治体の」条例であることに変わりはない。栗山町の場合は、議会が先導して制定にいたったという特色をもつが、議会が作成した条例案は、同時の制定を予定した自治基本条例との整合を図るために、長がいったん引き取り、最終的には長の提案として議会に提出された。その意味で総合計画条例は、議会と長の「共同作品」ということができる。

(3)　栗山町議会が総合計画の手法の革新において学んだのは、本書の第Ⅲ・Ⅳ章で見た多治見市の総合計画手法である。同市は、これも第Ⅰ・Ⅱ章でとりあげた「武蔵野市方式」を継承して「多治見市方式」を確立している。栗山町議会はこの多治見市方式とこれに大きな影響を与えたとされる松下圭一の自治体計画論に学んで総合計画条例を制定した。

(4)　3条例をめぐる栗山町、多治見市、武蔵野市の現在の状況には違いがある。武蔵野市は２０１１年に「武蔵野市長期計画条例」を制定している。これは全国で最初の本格的な総合計画条例だが、同市は自治・議会基本条例は有していない。多治見市は総合計画条例をもたないが自治基本条例と議会基本条例は存在しており、総合計画は自治基本条例に根拠をおいて策定している。これに対して栗山町は、自治・議会・計画の3条例をそろえたところに特色がある。
(5) 栗山町はこのような3条例のもとで、初めての第6次総合計画（2015年～2022年）を策定することになるが、本稿では執筆の時期的な関係からそれを取り扱っていない。これについては機会をあらためて分析することにしたい。なお、筆者は栗山町議会基本条例の制定から総合計画条例議会案の作成にいたるまで、同町議会に協力する機会を与えられたが、本稿の論述内容はあくまでも筆者の個人的見解にもとづくものである。

一　議会基本条例における政策・計画

1　自治基本条例と基幹的関連条例

筆者はこれまで、自律自治体の形成をめざして、自治体運営の最高規範となる自治基本条例の制定を推奨するとともに、これが「生ける自治基本条例」として実効性をもつためには、関連条例・制度の整備が不可欠であることを繰り返し指摘してきた。そして「総合型自治基本条例＝自治基本条例＋関連条例」をあるべきかたちとして、自治基本条例の制定にとどまらず、関連制度・条例の整備にふみ込むべきことを強調してきた(1)。

自治基本条例は、今日の自治体運営にとって不可欠の、情報公開、市民参加、職員参加、市民投票、議会運営、総合計画、財務規律、政策法務、政策評価、公益通報、オンブズパーソンなど、さまざまな理念・原則が規定される。けれども、それだけでは実効性が乏しく「生ける自治基本条例」にはならない。そこでこの理念を具体化する関連条例・制度の整備がどうしても必要になるのである。理念の具体化こそが自治基本条例に生命を与える。

自治基本条例の実効性に関してもうひとつ重要なことは、諸制度の相互関係への着目である。「情報なくして参加なし」、「参加なくして計画なし」、「計画なくして財務なし」、「情報なくして評価なし」といったように、制度は相互に関係づけることによって実効性を高めることができる。自治基本条例はその名の示す通り、自治体運営の「基本」条例だから、全体的な視野から諸制度の相乗効果の発揮を促す規範とならなければならない。

以上は、自治基本条例を中心に自治体運営のしくみを体系的に整備して、自律自治体を構築するうえでの基本課題である。この流れをより確かなものにするために、筆者はこれまで関連条例のなかでも議会基本条例と総合計画条例の2つを「基幹的関連条例」と位置づけて、その制定を戦略化することを提唱してきた。なぜなら、この2つの条例が市民が信託する政府（長・議会）とその政策活動を律する規範となるからにほかならない。

まず総合計画であるが、自治体は地域社会に生起する公共課題を政策によって解決するために市民がつくる地域政府であり、その政府の政策活動の基本枠組みとなるのが総合計画である。したがって自治体運営の最高規範である自治基本条例に、総合計画にもとづいて政策を行う原則を明記し、それを誠実に実行するのは当然であろう。こうした総合計画に関する原則明記は、今日300をこえてひろがった各地の自治基本条例に見ることができる。

けれども、総合計画にもとづく政策が、市民意思を体現し、かつ厳格な財務規律のもとで、質高く行われるためには、総合計画の手法の改革が不可欠である。これからの総合計画には、公開、参加、評価、財務、法務などと緊密に結びつけた策定と運用の手法を確立し、それを安定的・継続的に履行するために、条例によって規範化することが求められる。こうした総合計画条例が2010年代にはいってようやく登場しはじめた。

もうひとつの基幹的関連条例である議会基本条例は、最初の登場から8年を経過し、制定議会は550をこえるまでになった。2001年を初発に13年の歴史をもつ自治基本条例の制定数は約300であるから、議会基本条例の普及はこれを凌駕している。議会基本条例を中心にした議会改革が、議会に対する市民の評価を大きく好転させたとまではいえないまでも、改革課題の明確化をふくめて、市民に見えなかった議会の見える化が進み、また、議会本来の機能である行政監視や政策提案の力をつけつつある事例が各地から報告されている。

これにともなって「二元代表制」という言葉もひろく用いられるようになった。自治体の政府制度は国会を最高機関とする国の国会内閣制とは異なる。市民の直接選挙によって選出される長と議会の政治的正統性の根拠は対等であるという正しい制度理解が議会の自立改革をおし進め、それとともに長い間、国の官治集権のしくみと結びついてきた長主導の自治体運営は、長と議会の機関対抗、すなわち、長と議会が市民意思の反映をめぐって競い合う、二元代表制本来の制度原理にたった運営に転換しはじめている。

議会は、自治基本条例の制定によって、復権の有効な手段を手にすることになった。この条例には、行政活動のふまえるべき原則が多々規定されているから、議会はそれを「監視基準」にすれば、行政監視は実効性を増す。議会基本条例もまた長と行政の活動に関してさまざまな基本を課している。それゆえ、議会のきびしい監視のもとに、行政がこれらの条例を遵守するように努力すれば、行政（職員）の政策活動のレベルが向上することになる。

これにくわえて、計画の策定と運用の手法を革新した総合計画条例を制定すれば、自治体の政策力量はいっそう高まる。栗山町では、総合計画条例の制定は議会が議会基本条例を制定したとき以来自らの課題として追求してきた。それが7年を経て実現したのだが、これによって自治基本条例＋基幹的関連条例（議会基本条例と総合計画条例）が実現し、その相乗効果の発揮によって自律自治体を形成する基盤が築かれることになった。

自治・議会・計画の3条例の制定およびその相互関係を以上のように理解して次に進みたい。

2　議会基本条例にみる二元代表制の原理

２００６年5月に栗山町議会が全国で初めての議会基本条例を制定したとき、筆者は「２００６年は議会改革元年になるだろう」と先行きを予想した。それから2年が経過したとき、同議会への視察者数は２７００人に達し、自治体数も30に及んだ。また、議会基本条例を制定した議会は、４県27市町村となり、さらには１００以上の議会が制定を準備していた。一方、当の栗山町議会においても、住民投票に関する規定を追加するなど逐次の改正で、条例内容の充実をはかるとともに、議会基本条例に規定した諸事項を実行した(2)。

それから数年を経て手法の革新をともなった総合計画条例の制定にいたる。総合計画の革新は、長、議会、市民、職員どの側から提起されてもよいが、栗山町の試みは、そのプロセスからみても議会の側から改革を提起した数少ない事例である。本稿はまず、栗山町議会が議会基本条例において議会の議決事項とした「総合計画」に焦点を当て、議会がこれにどのように取り組んだか、その過程を振り返ることにしたい。

けれども、このような議会の側からの問題提起は、二元代表制における議会のあり方に関する認識と深く結びついているので、まず、それがどのような認識であるのかを条例の前文を引いて詳しく検討し、次いで議会基本条例が規定する政策・計画に関する議会の位置・役割について解説したい。

栗山町議会基本条例の前文は、自治体の政府機構である二元代表制の理念と原則を次の3つの観点から明確に述べている(3)。

第1は、二元代表制の作動原理である機関対抗についてである。原文を引用しよう。長と議会の「二つの代表機関は、ともに町民の信託を受けて活動し、議会は多人数による合議制の機関として、また町長は独任制の機関として、それぞれ異なる特性をいかして、町民の意思を町政に的確に反映させるために競い合い、協力し合いながら、栗山町としての最良の意思決定を導く共通の使命が課せられている」。

長と議員（議会）の直接公選制、すなわち二元代表制は憲法に書かれた原則である。この直接公選であるがゆえに対等な両代表機関が「異なる特性をいかして」、どちらが市民意思を的確に反映しているかをめぐって競い合うのが機関対抗の自治体政治である。

では「異なる特性」とは何か。長は独任制の機関であり、一人なるがゆえに一貫した政策理念やリーダーシップの発揮によって自治体を一つの方向にまとめていく「統合機能」が、そして多数の議員から構成される合議制機関の議会には、多人数ゆえに市民の利害を多様に反映して、論点・争点を表出させる「代表機能」の発揮が求められる。長と議会は広義ではともに市民の代表機関だが、狭義にはこうした機能の違いがある。

第2は、このような理解に立つとき、その論理的帰結として、機関対抗のありようが問われることになる。機関対抗というとき、それは文字通り「機関」、すなわち機関としての議会が対抗関係の一方を担うのであって、「野党」と称される議会内の一部の勢力のみが担うのではない。議会は単に議員あるいは議員のグループが集まった集合機関ではなく、討論を通して機関としての意思を形成する合議機関なのである。

国の場合のように、国会が首相を指名する国会内閣制の政府制度とは違って、自治体の政府制度は議会における与野党の形成を制度必然とはしない。長は議会とは無関係に市民が直接選挙で選ぶからである。したがって、国会内閣制であれば国会における与党の少数化は政権交代を意味するが、自治体の場合は、全与党・全野党・少数与党・多数野党などと多様なかたちをとる。これは二元代表制がはじめから予定している制度の必然である。

自治体議会について、あえて「与野党」という表現を用いるなら、議会は機関全体が長に対して「野党」でなければならない。逆にいえば、二元代表制は、過半数以上の議員が「与党」化して長に対する批判機能あるいは争点提起機能を減退させたとき機能不全に陥ることになる。マスコミは安易に「与党」「野党」という言葉で議会勢力を区分するが、国政に模したこのような表現のたれ流しは、二元代表制をミスリードすることになる。

第3は、議会の影響のおよぶ範囲の問題である。議会基本条例の前文は、議会は「自治体事務の立案、決定、執行、評価における論点、争点を明らかにする責務を有している」と、議会が自治体の政策過程全般にひろくかかわっていくことを宣言している。これは次の諸点をふまえて深く理解する必要がある。

① 議会の権限は「制限列挙」ではない

地方自治法に規定された長と議会の権限で、従来の通説では、長の権限は「概括例示」（法第149条）で、議会の権限は「制限列挙」（法第96条）とされてきた。けれども法律は素直に読むべきである。法律第96条第2項は「条例で議会の議決すべきものを定めることができる」と規定している。したがって、議会の権限は第1項だけに「制限」されるものではないから「制限列挙」の解釈は間違っており、また、実態にもそぐわない。議会改革の進展を背景として、総務省もようやく近年この正当な解釈を認めるようになった。

② 議会の論点・争点提起に制約はない

自治体の政策活動において、課題の発見→政策選択→政策立案→政策決定→政策執行→政策評価→課題の発見という「政策循環」への着目が重視されるようになって久しい。当初は行政の政策活動にともなう用語として使われるフシがあった。けれども言葉本来の意味からすれば、循環には「決定」もふくむのであるから、行政のみならず、議会もこの循環のどの局面に関しても論点・争点を提起し、あるいは独自の政策提案を自由に行うことができる。

政策循環をこのように理解し、これを「過程分立」といい換えて、「機構分立」（長と議会）と「機能分立」（決定と執行）に関連づければ、通常理解されている「議会＝決定、長＝執行」という形式的・機械的な区分は、もう少し実質的な意味をもちうる。すなわち、議会がよい決定をしなければ、長はよい執行ができないのだが、この議会によるよい決定は「過程分立」の各局面をふまえた論点・争点の多様な提起を前提にしなければ実現しない(4)。

③ 議会の本質は「討論・情報」の広場

その意味をふまえて、前文は、「自由かっ達な討論をとおして、これら論点、争点を発見、公開することは討論の広場である議会の第一の使命である」として、「討論の広場」ないしは論点・争点の創出という「情報の広場」になることが議会の本質であると述べている。ここでは「決定機能」が「議会の第一の使命」とはあえて書いていない。自治体意思の決定は議会の重要な機能ではあるが、討論なくしてよい決定はできないことを重視している。

議会にはさまざまな細かい機能がある。けれども、大きくは「公開機能」「提案機能」「決定機能」の3つに括ることができる。公開機能は単なる文書の公開ではない。討論を通した論点・争点の創出、すなわち、ひろく政策情報を創出・公開することを意味する。監視機能もここに入れることができる。この公開機能があってはじめて提案機能が可能になる。論点・争点を明らかにしなければ問題解決の処方箋、すなわち政策はつくれないからである。調査機能もこのような公開機能と提案機能に付随する。

この3つの機能の序列が大事なのである。まず、はじめに公開機能の発揮ありきというべきであろう。議会基本条例前文は、この公開機能を重んじて、議会を「討論の広場」と表現し、これこそが議会の本質的な機能だと表明したのである。

④ 4者の参画を実体化する議会への改革

以上のような認識にもとづいて、議会を討論と情報の広場にするための具体的なしくみに進むことになる。議会基本条例が規定する、町民と議会の関係（第3章）、町長（および職員）と議会の関係（第4章）、議員間の自由討議（第5章）がそれである。自治体の運営にかかわる主体は、政治主体である主権者町民と、町民であるとともに町政の役割を制度上担う、すなわち制度主体としての長、議員、職員の4者である。したがって、この4者の参画を実体化しなければ議会は討論の広場、情報の広場になれない。

⑤ 議会が総合計画に向き合うことの意義

さらには、このような市民と議会の関係（市民が参加する議会）、長と議会の関係（長と政策競争する議会）、議員間の自由討議（政策を討議する議会）の3つは単に並列されているわけではない。自治体の政策が議会の議決を要する総合計画にもとづいて行われること、その総合計画の策定と運用に議会が参画するルールが存在してはじめてこの3つは相乗して効果を発揮することができる。

なぜなら、自治体政策に反映させる有効な方法をもたない無力な議会に対して、市民は参加はおろか関心も示さないだろう。また、議員間討議についても、そもそも反映される可能性のない政策を討論する必要、したがって意欲が議員間に生じるだろうか。まして政策意思の形成力をもたない議会は、長と政策を競い合う対抗機関などにはなれないのである。

あるのは議員個々に分断され、議員個性にもとづいて行われる長への「質問」だけとなる。これが「議員あって議会なし」というこれまでの議会の実態であった。議会は、政策したがってその基本枠組みである総合計画と正面から向き合うルールを確立しなければ、代表「機関」として本来の役割を果たすことはできない。

3　議会基本条例の政策・計画条項

以上のように栗山町議会基本条例の前文は、二元代表制の原理とともにその具体的な展開となる条例本体との関連をきわめて論理的に整理している。これをふまえて、本稿が扱う総合計画に直接関係する規定の基本は「第4章　町長と議会の関係」にふくまれている。ふくまれているというよりは、この章の大部分の条項が政策・計画に関するものである。

議会と長の機関対抗は、主として政策をめぐる提案・批判・責任の競い合いであるから、それが表出するように政策・計画をめぐる両機関の関係を築く必要がある。議会基本条例第4章の大部分が政策・計画をめぐる長と議会の関係を律するルールとなるのはこのためである。また、このルールに実効性が乏しければ、後述するように町民の意思を反映するための議会報告、議会参加といった議会と町民の関係改善も効果をあげることはできない。

以下、論述の都合から議会基本条例第4章の全文を見ておきたい。

第4章　町長と議会の関係

（長町等と議会及び議員の関係）

第5条　議会の本会議における議員と長町及び執行機関の職員（以下「町長等」という）の質疑応答は、広く町政上の論点、争点を明確にするため、一問一答の方式で行う。

1　議長から本会議及び常任委員会、特別委員会への出席を要請された町長等は、議員の質問に対して議長又は委員長の許可を得て反問することができる。

（町長による政策等の形成過程の説明）

第6条　町長は、議会に計画、政策、施策、事業等（以下「政策等」という。）を提案するときは、政策等の水準を高めるために、次に掲げる政策等の決定過程を説明するよう努めなければならない。

①　政策の発生源
②　検討した他の政策案等の内容
③　他の自治体の類似する政策等との比較検討
④　総合計画における根拠又は位置づけ
⑤　関係ある法令及び条例等
⑥　政策等の実施にかかわる財源措置

⑦将来にわたる政策等のコスト計算

2　議会は、前項の政策等の提案を審議するに当たっては、それらの政策等の水準を高める観点から、立案、執行における論点、争点を明らかにするとともに、執行後における政策評価に資する審議に努めるものとする。

（予算・決算における政策説明資料の作成）

第7条　町長は予算案及び決算を議会に提出し、議会の審議に付すに当たっては、前条の規定に準じて、分かりやすい施策別又は事業別の政策説明資料を作成するよう努めるものとする。

（法律第96条第2項の議決事項）

第8条　法律第96条第2項の議会の議決事項については、代表機関である議会が、町政における重要な計画等の決定に参画する観点と同じく代表機関である町長の政策執行上の必要性を比較考量、次のとおり定めるものとする。

①法律第2条第4項の規定に基づく基本構想及び総合計画

（注）2011年の地方自治法改正による基本構想事項の削除を受けて「栗山町における総合的かつ計画的な行政の運営を図るための基本構想及び総合計画」に改正）

②栗山町都市計画マスタープラン

③栗山町住宅マスタープラン

④高齢者保健福祉計画・介護保険事業計画

⑤次世代育成支援行動計画

(1)　議会議決の対象になった諸計画

前後するが、議会基本条例第8条は、基本構想と総合計画をはじめ、議会が議決すべき諸計画を規定している。栗山町には総合計画以外にも約20の個別計画があるが、ここでは計画期間が比較的長期にわたるものが対象とされている。このうち基本構想は地方自治法によって、2011年までは議会の議決要件とされていた。けれども、総合計画は法律事項ではない。したがって、自治基本条例ないし議会基本条例に規定して、自治体が独自に法的根拠を与えることになる。

これまで各地の総合計画には「地方自治法第2条第4項の規定により策定する」と記すものが多数見られたが、これが誤解にもとづくものであることはプロローグで述べた。栗山町でも、第5次総合計画（2008年～1014年）の策定時における基本構想の執行部原案には「地方自治法に基づいて総合計画を策定する」と記していた（この当時はまだ自治基本条例は制定していなかったので、議会の指摘によって「議会基本条例第8条第1号の規定に基づく議決を経て策定する」と記述を修正した）。

また、基本構想の原案策定権は長にあるという主張をしばしば耳にするが、これも正しい理解とはいえない。たしかに1969年の自治省通達は「市町村長の責任において原案を策定し議会に提案すべき」と記しているが、すでに2000年の分権改革によって通達は効力を失っており、また、その古い通達自体もこの通達を「参考」にして策定してほしいと書いているのであるから、「長の策定権」などととりたてていうほどのものではない。基本構想原案は長と議会のどちらが策定しても問題はないし、市民が作成してもよいのである。

ちなみに、後に述べる栗山町の総合計画条例の制定は、基本構想の議決を義務化していた地方自治法の当該条項の削除にともなう措置として行われたのではない。議会は、地方自治法から基本構想条項が削除されるよりはるか以前、すなわち２００６年に議会基本条例を制定した直後から総合計画条例の制定に向けた動きをはじめ、２０１０年にはすでに議会条例案を作成・公表している（この議会条例案は議会のＨＰで公表されていたが、２０１３年に総合計画条例が制定されて以降は削除されたので、重要な資料として本論の末尾に掲載した）。

(2) 町長の政策説明責任を問う

第6条は、町長が議会に計画、政策、施策、事業を提案するに際して説明すべき事項を明示して、努力義務を課したものである。努力規定ではあるが大きな意義をもっている。これらの要件をいくつも欠いた提案や内容が不十分な提案が相次ぐなら、議会はこれらの長提案を承認しないであろう。7項目の具体的な監視基準がありながら、これを満たさない不十分なものを承認すれば、長のみならず議会も市民の批判を免れえなくなる。

長もまた議会基本条例を議会プロパーの条例と見立てて対岸視するのではなく、「二元代表制運営条例」と認識して、行政自身の政策活動としても不可欠な7項目の要件のクリアを職員に督励することによって、職員の政策能力を高めることができる。行政と議会がこのような政策基準をふまえた政策活動に習熟するようになれば、自治体の政策水準は当然上昇する。

長い間、自治体関係者のあいだでは、長提案を否決することは長に対する不信任を意味すると理解されがちだった。けれども、このような硬直したイメージでは機関対抗は正常に作動しない。科学的、客観的、絶対的に「正しい」政策は存在しないのだから、長も議会もしばしば政策判断を誤る。したがって、政策は市民・職員参加をふまえて長・議会が決定・執行・評価し、誤れば同様な手続をふまえて修正する以外に方法はない。

とすれば、政策をめぐる長と議会の関係は、両者の緊張のなかに可決・否決・修正のどれもがありえることを想定した柔軟な対応が求められる。実際、議会基本条例制定後の栗山町議会では、町長提案の取り下げや修正、否決などが幾度も行われている。けれども、それが直ちに町長の不信任や進退問題に発展するようなことはない。

議会基本条例の制定がひろがった各地の状況をみれば、長の提案を取り下げ、あるいは修正・否決をするケースが数多く見られるようになった。それがかつてのように、長と議会の「あってはならない紛争」とみなされるのではなく、市民に対する責任をふまえた長と議会の正常な機関対抗の姿と理解されつつある。これが二元代表制の本来の姿なのである。

(3) 施策別・事業別の政策説明資料

第7条は「施策別または事業別の政策説明資料」の作成を規定している。だれにもわかりやすい予算書・決算書の作成は、健全な自治体運営にとってもっとも基礎的な要請であることはいうまでもない。したがって款項別の説明方式に加え、目節において人件費をふくむ施策・事業の原価、財源、事業採算などを明記する必要があるが、これとともに施策別・事業別に議会基本条例第6条の7項目を加えた政策説明資料を作成・公開する必要がある。

議会は、このような長と議会の関係のもとで政策活動を行うことになるが、これをふまえて、「議会報告会」（町民への議会・町政の報告）や「一般会議」（議会・町民間、議員間の自由な意見交換）などの議会基本条例上の仕組みを活用して政策討議を活発化していくことになる。

以上、議会基本条例の理念と枠組みとともに、政策・計画における長と議会の基本関係を見てきた。記述がやや細部に及んだのは、議会が総合計画の議決化にとどまらず、政策活動の基軸として総合計画と正面から向き合うことになる意味を理解するためである。

二　自治体計画理論と先進自治体を学ぶ

1　なぜ議会は総合計画に取り組んだか

上述した議会基本条例の枠組みによって、栗山町議会は総合計画のルールづくりに深くかかわっていくことになるが、ここにはいくつもの動機が存在していた。次にこれを整理しておきたい。

第1は、議会基本条例にもとづく議会活動の実践である。総合計画を議決することになった以上、その策定過程でも議会としての役割を果たすべきだと考えたのは自然である。議会基本条例の内容の約8割は制定に先立つ4年半の議会改革においてすでに改革ずみ・実施ずみの事項であった。それゆえに栗山町議会基本条例は「生ける議会基本条例」としてスタートすることができた。このように「実行」を重んじてきた議会としては、議会基本条例の政策・計画関連の諸規定の「実行」にも向き合うことになった。

第2は、財務健全化を命題にした内部改革の必要について議員が強く認識を共有していたことである。町はバブル経済の崩壊後、国の景気対策に呼応して進めた公共事業関連の公債費が増大する一方、町税収入の減少、地方交付税の大幅削減などで、年々財政状況はきびしさを増した。議会は、このまま推移すると2010年度には「財政再建団体」（旧法）に転落するおそれがあることを、中長期財政問題等調査特別委員会における調査・審議などを通して熟知していた。こうした危機意識にもとづいて財政縮小時代における内部改革と財務健全化の具体策を総合計画で示さなければならないと考えたのである。

第3は、執行部の認識に対する不満である。執行部が当初議会に示した総合計画づくりは、「第4次発展計画」に続く「第5次発展計画」の策定であり、また策定手法も町長が委嘱した25人の委員による総合計画審議会への諮問という従来型のものであった。これに対して議会は、きびしい財務状況の認識、また人口減少社会や低成長経済などの将来予測から、もはや成長と発展の時代ではなく、したがって時代の変化を認識しない従来型の名称は適当ではないとして、成長と発展の「発展計画」を「洗練と成熟」の地域づくりをめざす「総合計画」にあらためようと考えた。名は体を表すというわけである。

第4は、総合計画に関する先端的な理論とそれを実践する自治体から得た教訓である。すでに述べたように、議会は議会基本条例第6条で、町長が議会に政策・計画を提案するに際して「他自治体との比較検討」の努力義務を課している。けれども、これは議会自らの政策活動にもあてはまる。そこで議会は、積極的に町職員にも門戸を開放して専門家を招聘した学習会を開催するほか、多くの議員が政務調査費

（現「政務活動費」、この当時は議員１人当たり年約９万円）を活用して計画先進自治体に赴いて知見をひろめる努力を重ねた。

２　松下・自治体計画理論が与えた衝撃

議会が総合計画の策定に深く参画することになっていくのは、おそらく上記の４つの要素が複合的に作用したからであろう。けれども、もっとも重要なことは、総合計画を町政運営の根幹にすえなければ今日の財政窮迫から逃れることは困難であると認識するにいたったことである。このことは、議会の強い意思で、基本構想に「総合計画に基づく政策の展開を基本とし、計画に記載のない施策・事業は、緊急なものを除き予算化しない原則」を記述したことに端的に示されている。この政策と予算の原則は議会が挿入したものである。

議会が総合計画の意義をこのように強く認識するにいたったのは、もちろん自治体をとりまくきびしい状況認識を基底としている。けれども、それだけではなく、松下圭一（法政大学名誉教授）の自治体計画理論と多治見市の先進的な計画実践に触発されたところがきわめて大きかった。

栗山町議会は、総合計画の策定に向き合うに当たって、最初に松下を議会に招き、職員一般にも開放して講演会を開催した。また筆者も協力して武蔵野市方式・多治見市方式を紹介し、松下講演を補完する議員検討会を重ねた。自治体計画の松下理論は、本書の各論考でふれているように、市民自治をふまえた自治体計画の今日的意義はもちろん、策定と運用の実務的な手法も具備した、今日におけるもっともすぐれた市民自治の計画理論である。

松下は、はやくは1960年代、シビル・ミニマムを政策公準とする自治体計画の策定を提起して、自治体計画の考え方や手法の変化に大きな影響を与えた。このことはプロローグでも述べたが、1960年代のシビル・ミニマムの提起、そして1970年代初頭の武蔵野市長期計画の策定に専門家市民として策定委員会に参加して以来、今日にいたるまで実に40年以上にわたって、市民自治を基底とする自治体計画理論を構築し発展させてきた。

以下に主な論考を掲げておこう。

・『シビル・ミニマムの思想』（東京大学出版会、1971年）
・「自治体計画のつくり方」（『現代都市政策Ⅲ（都市政策の革新）』岩波書店、1973年所収）
・「自治体計画の策定」（『市民文化は可能か』岩波書店、1985年）
・「問いなおされる企画室」「回想の武蔵野市計画」（『自治体は変わるか』岩波新書、1999年）
・「二〇〇〇年代の自治体計画」（職員研修、2001年1月号）
・「分権段階の自治体計画づくり」（『自治体再構築』公人の友社、2005年所収）

このうち「分権段階の自治体計画づくり」は、第5次多治見市総合計画の策定にあたっての問題提起をまとめた論考に実務レベルでも役立つように手を加えたもので、以下のような内容構成となっている。総合計画にかかわるものにとって必読の書であろう。

①自治体計画はなぜ必要か
②自治体計画の課題変化
③自治体の政策責任を問い直す
④自治体計画の前提と考え方
⑤計画づくりの手順と構成
⑥実施計画をどうつくるか
⑦ビジョンと情報公開
⑧自治体計画に実効性を

ここで松下は、今日の行財政縮小という構造的要因をふまえて、スクラップ・アンド・ビルド方式による政策・組織・職員の再編という「自治体再構築」が緊急課題となっている今日こそ、情報公開をふまえながら、市民、長・議会・職員の「合意」をめざす自治体計画の策定は不可欠となる、と強調し、次いで自治体計画の策定における留意事項として、

①分権改革にともなう自治体の政府としての自立
②行政膨脹よりも困難な行政縮小を課題とする自治体財務への緊急対応
③都市型社会さらには少子高齢化ないし人口減をふまえた市民自治型の政策再編

④市民参加、職員参加、また長・議会による決定という計画策定手続、つまり「合意」手続の意義と課題

をあらためて再確認しなければならない、と述べている。

栗山町議会においても同趣旨の講演が行われた。すでに特別委員会での調査を通して町の財務状況のきびしさを熟知していた議会は、今後とも縮小する政策資源と新たな政策需要のギャップをどう調整するか、正確な行財政診断をふまえた予測と調整の政策システムとしての総合計画の意義ならびに議会参画の必要をあらためて学習したのである。

3　計画先駆自治体・多治見市に学ぶ

議会は松下講演に続いて、多くの議員が政務活動費を活用して、岐阜県多治見市にすぐれた総合計画の実際を学んだ。

多治見市の総合計画の手法はおよそ次のような特色をもっていた。

(1)　まず、総合計画は自治基本条例（多治見市政基本条例）に根拠をおいて策定される。市は総合計画にもとづいて政策を行う。計画期間を10年とし、「基本構想」と「基本計画」により構成する。基

本計画は、前期5年の「実施計画」と後期5年の「展望計画」とする（ただし同市は、その後の第6次総合計画の策定時に計画期間を8年に短縮し、実施計画を前期計画に展望計画を後期計画に名称をあらため、計画期間も各4年に変更した）。市政基本条例にもとづき、基本構想とともに基本計画は議会の議決を経て策定する。

(2)　実施計画には財源の保障が確実な施策を記載する。緊急避難の必要がある場合を除いて、実施計画に掲載されていない施策は予算化しない。実施計画の計画項目は担当課を明示するとともに、事業スケジュールは事業ごとの個別の「実行計画シート」によって管理し公表する。また、計画事業は「総合計画経費」として他の確定的な経費と予算区分し、前者は企画課が後者は財政課が事務を調整する。

(3)　この実施計画の最終年度に市長選挙が重なるように計画策定・改定年度を設計する。総合計画の策定、実施計画の改定は、当選した市長の選挙公約（マニフェスト）、実施計画の残りの期間の施策、当初想定した展望計画などを総合的に吟味して、市民参加、職員参加をふまえて計画案を策定し、最後に議会が議決して確定する。

(4)　総合計画がうまく機能するためには、これに深く関連づけて情報公開、市民・職員参加、財務、法務、政策評価、議会議決などの諸制度を整備しなければならないが、多治見市はこの点でも際立っている。総合計画を含めてこれらの関連制度は自治基本条例の重要な構成要素である。したがって諸制度と関連づけて策定・運用される総合計画は「生ける総合計画」になり、また、そのような諸制度の整備は「生ける自治基本条例」に接続していく。

こうして制定された多治見市の自治基本条例は、全国的にも数少ない基本条例＋関連条例という型の総合型自治基本条例となっている。総合計画を軸に財政危機を克服するなど、一連の市政改革をリードした西寺雅也・前多治見市長（名古屋学院大学教授）の著書『自律自治体の形成―すべては財政危機との闘いからはじまった』（公人の友社、２００８年）は、総合計画にかかわる者にとっては、松下の「分権段階の自治体計画づくり」とならんで必見の書といってよいだろう。

大矢野修（龍谷大学教授）も、「多治見市総合計画の卓越性」として、次の5点を指摘している（大矢野修編著『多治見モデル』公人の友社、２００７年）。

①徹底した市民参加・職員参加による策定手続

②総合計画に基づく組織編制

③一本の計画書による「基本構想」「基本計画」「実行計画」の統合と、首長任期と計画期間の連動

④「実行計画シート」による計画の進行管理とその公表

⑤総合計画と財務管理の連結（予算改革）

この論考もあわせて推奨したい。

栗山町議会は、以上のような多治見市総合計画の視察を通して、財政危機の認識と克服、総合計画の策定、関連システムの整備、自治基本条例の制定、関連条例の制定という、自律自治体形成のさまざまな営為から多くのことを学んだ。とくに「計画に記載されない施策や事業は行わない」という政策と予

算の関係は、以後、栗山町議会が総合計画の策定に際して終始重んじる原則になったのである。

議会の多治見市視察は一度であったが、上記のような計画手法を吸収できたのは、繰り返しになるが、今後半永久的に続くきびしい財務状況のなかで、新規施策は行政の減量化と減債をふまえた余力の範囲内でしか行えないことを、普段の調査・審議を通して認識していたからである。視察を受けた多治見市の職員によれば、それまでのどの視察よりも総合計画の本質をついたするどい質問が相次いだという。

三　議会が着目した総合計画の論点

1　策定の経過と議会による修正

議会が蓄積した総合計画に関する知見はその後の執行部と議会の協議において、おおいにいかされることになる。それは執行部が作成した計画原案に対して議会がまとめた修正案に端的に表現されている。

以下にそれをふまえた総合計画の特色を列挙するが、そのまえに総合計画の議決にいたるまでの経過を述べておこう。

執行部は２００６年７月、新たな第５次総合計画の策定に向けて検討をはじめ、町民参加を行って計画の論点を整理するとともに、８月には一般公募を含めた25人の町民を委嘱して総合計画審議会を設置する。同月、一般会議を開催して執行部から計画策定の趣旨や経過の説明を受けた議会は、その内容が不十分だと考え、９月に５議員からなる素案策定委員会を設置して、専門的知見を活用しながら議会の意見を修正案としてまとめる。

10月、議会は本会議場で一般会議を開き、総合計画審議会委員に修正案を説明して意見交換を行う。12月、一般会議で議会は総合計画審議会が町長に提出する答申書の内容について同審議会委員と意見交換、その後同審議会は議会の修正案を大幅に取り入れた答申書を町長に提出。２００８年１月、一般会議で議会と行政は最終調整を行い、同月開催の臨時議会に総合計画案が提出される。その後計画案は中長期財政問題等調査特別委員会に付託して審議され、２月の臨時議会で基本構想・基本計画（実施計画・展望計画）が議決された。

このような過程で議会が最初に力を注いだのは基本構想であった。基本構想は町の将来ビジョンを美辞麗句で述べるのでは意味がない。また基本計画は成長と発展の時代のような新規施策の羅列であってはならず、それができる状況でもない。そこで議会は、総合計画の体系を変えて計画の実効性を高めるとともに、財務健全化のための内部改革の徹底（人件費、公債費等の改革）を数値で説明し、総合計画に記載のない施策は予算化しない原則を確立するなど、計画全体を統御する仕組みと運用の原則を基本構想に明記したのである。

すでに述べたことを含めて議会が強く主張した点、修正した点をあらためて整理すれば大要次のようになる。

(1)　総合計画の名称は、執行部原案では「発展計画」であった。これに対して議会は、新しい政策を次々と行う従来の膨脹型ないしは成長・発展型の政策展開は不可能と考え、計画の名称を「発展計画」から「総合計画」に修正した。そうした総合計画のイメージをより明確にするため、副題として「成熟と洗練のまちづくり」を提案した。（結果として、計画の名称は議会の主張通り変更することになったが、副題に関しては実現しなかった）

(2)　総合計画は、「基本構想」、「基本計画（前期3年の『実施計画』と後期4年の『展望計画』）、「進行管理計画」を総合したもので、基本構想を総合計画の第一章とし、前二者を議決の対象とする。実施計画を3年としたのは、町長選挙（マニフェスト）と計画改定（次の実施計画）を整合させるために行われた最初の総合計画だけの特別な措置で、本来の実施計画の期間は4年とする。

(3)　進行管理計画は、議会基本条例第6条（町長による政策等の形成過程の説明）および第7条（予算・決算における政策説明資料の作成）をふまえ、定型のシートによって施策・事業ごとに作成・公開する政策情報にもとづいて行う。なお、実施計画したがって進行管理計画には施策・事業ごとに担当部署を明記する。

(4)　総合計画にもとづく政策展開を基本とし、計画に記載のない施策・事業は、緊急避難的なものを除き予算化しない原則を明文化した。また、実施計画を議決事項にしたことにより、実施計画に記載した施策・事業内容を大幅に変更する場合、また計画期間中に実施計画に組み込むべき施策等が生じた場合、これらを議決案件とする判断基準の設定などは今後検討する。

(5)　8頁の基本構想のうち財務の健全化に関して3頁を割いて、一般会計歳出・歳入の推移と町債残高の年度別推移などを示すとともに、財政健全化法にもとづく財政状況の評価基準をクリアするため、人件費削減・債務償還等の改革目標を数値化し、新規施策はこれらの目標の達成を前提とし、その範囲内で行う。

(6)　総合計画の策定、改定をふくむ政策の立案・決定・執行・評価は、情報公開、町民参加、職員参加、財務会計・政策法務、政策評価などと関連づけて行うこととし、条例化をふくむこれらのしくみの整備は、自治基本条例（執行部原案は「まちづくり基本条例」であったが議会は「自治基本条例」に名称変更）の制定を想定し、その関連制度として整備する。

(7)　総合計画は大部のものは作成せず、基本構想には計画の原則、構成、期間、行財政改革、重点政策、策定・運用手続を簡潔かつ明確に表現し、実施計画には財源の確保が保障できる施策・事業の内容を簡潔に記載する（これにより策定された総合計画は、個票の進行管理計画を除いて、Ａ５版86頁とコンパクトな計画書になった）。

2　行政計画から自治体計画への転換

議会基本条例にもとづいて議会が総合計画の策定にかかわった経緯はおよそ以上のようなものであった。

もとより議会のかかわり方に定式があるわけではない。栗山町議会は独自の必要と自由な発想で進めただけのことである。松下理論や武蔵野市・多治見方式を基本型にしつつも、独自の工夫がなければ、実効性ある生きた総合計画にはならない。

たとえば、タテワリ行政が支配的な大規模な自治体では、面的なヨコワリに着目した地域別計画の作成とそれに対応した市民参加方式などが必要になろう。また、解決すべき政策課題も地域によって異なることはいうまでもない。地域の特性に根ざす独自の発想と工夫はいかなる自治体においても必要である。

総合計画に実効性をもたせるために工夫された期間5年の実施計画も、経済・財政事情の激しい変化を考えれば長すぎるかもしれない。選挙で支持・信託された長の政策をできるかぎりはやく総合計画に反映させる必要もある。そのため栗山町は実施計画の期間を4年とした。

計画期間を短縮したうえで策定・改定を長の任期に合わせるとすれば、改定・策定の期間も半年程度に短縮する必要がでてくる。それに耐えられる総合計画であるためには、市民参加・職員参加をはじめとする関連諸制度の活用が、普段の自治体運営に根づいていなければならない。

このため栗山町議会は、自治基本条例の制定を強く意識していた（自治基本条例の制定は町長の公約）。総合計画の策定を契機として、これを実効ある総合計画に発展させるためには、公開・参加・財務・法務・評価などの関連諸制度を整備しなければならないと考えた。そして、その改革を議会基本条例の制定→総合計画手法の革新→関連諸制度の整備→自治基本条例の制定という流れで構想し、それを今後の課題として基本構想に明記したのである。

この改革方式を仮に「栗山町方式」と呼ぶなら、総合計画の革新→関連諸制度の整備→自治基本条例の制定→議会基本条例の制定と進んできた多治見市の改革とは順序が異なる。けれども、議会から発した改革か、長から発した改革かの相違はあるにせよ、そこにふくまれるアイテムが共通していることに注目したい。どちらから入るにせよ、今日の自治体運営においてこれらのアイテムは不可欠の要素なのである。

総合計画の手法の改革は、議会基本条例の制定後、議会が労力を傾注した最初の大がかりな仕事であった。従来型の策定手法で作業を先行していた執行部と、自治体計画の理論と先進自治体の事例を学んで後から追いかける議会との間には、今日的な総合計画の意義の認識や策定手法の理解の熟度においてギャップが存在した。

そうした制約のもとではあっても、議会基本条例が存在したことによって、議会は総合計画の枠組みと策定手法の両面から大きな影響を町民、町長、職員に与えた。これは自治基本条例と総合計画条例が制定される前のことであり、そこで策定された第５次総合計画は、松下理論や多治見市の総合計画の水準と比較すれば、率直にいって、まだまだ熟度は低いといわなければならず、また、議会が独自の政策提起を行う余力をもてなかったなど、多くの課題を今後に残した。

けれども、議会が総合計画の策定と運用のルールづくりに力を入れることによって、議会改革の進展はもとより、総合計画を従来の「行政計画」から市民・議会・長・職員が共有する「自治体計画」へ転換する大きな契機となった。その流れをよりたしかなものにするため、議会は総合計画条例の制定をめざすことになるが、第５次総合計画とくに基本構想において議会が示した総合計画に関する考え方は、総合計画条例議会案の骨格として結実していく。

四　自治・議会・計画の三新条例

1　議会が主導した総合計画条例

それから数年を経た2013年4月、栗山町は、自治体運営の最高規範とする「自治基本条例」と「総合計画の策定と運用に関する条例」（以下「総合計画条例」と称する。資料1参照）を同時に施行した。同町議会が全国初の議会基本条例を制定して、ひろく議会改革の流れを導出したのは2006年5月であったが、これによって自治基本条例とその基幹的な関連条例である議会基本条例、総合計画条例の3条例がそろうことになった。

二元代表制運用の基本原則を定めた議会基本条例に加えて、自治体政策の基本枠組みとなる総合計画の手法を革新した総合計画条例を制定・実行すれば、政府としての自治体（議会と行政）の力量が高まることは疑いを入れない。

以下、栗山町議会が主導した総合計画条例の制定過程と条例内容の特色および意義を概観することにしたい。

栗山町議会が議決した総合計画条例は、２０１０年に議会が作成・公開した「総合計画の策定と運用に関する条例案」（以下「議会条例案」と称する。資料３参照）を基本にしている。内容は後述するが、名称の通り、総合計画の策定と運用に関して、17条からなる詳細な規定を設けている。議会はこれを「議会条例案」として公表したが、一部に行政との調整が必要な課題が存在したため拙速な議決は避け、町長が制定を公約していた自治基本条例と同時制定することで議会と町長は公式に合意していた。こうして両条例は同時施行された。

議会と町長との間で調整の課題となったのは町民参加の方式であった。議会条例案第13条に見るように、議会は、いわゆる委員会方式（長が委嘱する数名の策定委員が市民・職員・長・議会の各種参加を推進して総合計画案を策定する。職員による策定事務局がその流れを補佐する）を求めたのに対して、町長はこれまで行ってきた審議会方式（長が委嘱する委員による審議会に行政が作成した案をもとにした計画原案の策定を諮問する。町民参加は行政が別途行う）を主張した。結論として審議会方式を継続することになったが、この問題以外では、大きな相違点はない。

筆者も総合計画の議決事項化を明記した議会基本条例制定後の基本構想の策定やその後の総合計画の議会条例案の作成過程では、しばしば「専門的知見」を求められる機会があって議会と公式の関係をもったが、事実経過としていえば、総合計画条例の必要を最初に提起したのは議会であり、また制定された総合計画条例の内容もほぼ議会条例案に則しているので、総合計画条例は総じて議会が主導して実現したということができる。

けれども、総合計画の策定と運用の実務には、当然のことながら行政が深くかかわるから、行政との合意なくして、議会のみの判断で条例を制定することはできない。結果として、議会に提案された総合計画条例案は、自治基本条例制定との関係もあって、調整の場を行政に移して町長が議会条例案を再調整したうえで、議会に提案したものである。このような成立史からいって、総合計画条例は議会と町長の「議会主導型共同作品」といえるだろう。

2　カギをにぎる政策情報の作成・公開

それにしても総合計画条例の制定で特筆すべきことは、議会が自治体運営における総合計画の意義を正当に理解し、次いで策定と運用のルールを規範化・条例化し、それを市民・行政と共有しつつ、議会の政策活動の基本にすえようと考えたことである。そこには行政の周辺で些細な問題をとりざたする議会の政策活動ではなく、自治体政策の基本枠組みである総合計画に正面から向き合って政策活動にふみ込むという画期的な発想と覚悟があった。

もう少し具体的に説明しよう。多治見市にみたような総合計画の手法には、緊急避難を除いて総合計画に記載されない政策は行わない、また、実施する施策・事業は公開するという基本命題がある。そして一つひとつの施策・事業は、計画内容、目的、期間、財源、修正履歴などを明記した個票で実行を管理する。当然この個票は政策情報として公表される。実施する施策・事業の一覧とともに個票を作成・公開することは、総合計画手法の最重要課題である。このようなしくみを整えることによって自治体の政策活動は質的に変化していく。

たとえば、栗山町に次いで総合計画条例を制定した北海道福島町議会は、常任委員会の所管別事務調査において、総合計画に記載された事業を、継続（よいものは継続）・修正（必要なら修正）・廃止（不要なら廃止）・新設（新たに必要なものは新設）の4つの観点から点検・評価したうえで、議会としての政策提言をまとめて公開している。個票の作成・公開がなければ、議会はこのような具体性・実効性のある政策活動はできないであろう(5)。

また、公開される個票による計画事業の進行管理の手法が定着していれば市民の政策評価・政策提案は、当然、行いやすくなる。さらには、後に述べる実施計画の柔軟な修正システムとあいまって、議会は市民から受けた提案をこのようなしくみを通して政策過程に乗せることができる。それらをめぐって議員間の政策討議も活性化する。こうした議会活動が日常化すれば議会に対する市民の信頼が高まっていくことになる。

従来、個票は行政の内部資料として公開しない自治体が多かった。この背景には、政策したがって総合計画が行政の専権事項であるかのような錯覚があった。このように総合計画が行政計画であるかのようにみなす計画慣習のもとで、議会は主体的な政策活動ができない。市民の意見を聴いても、機関としての議会ではなく個々の議員の「質問」を通して長にオネガイするナサケナイ方法しかもたなかった。こうして長ないし行政の恣意的な政策判断を増長させてきた。このような政策無力の議会が市民の信頼を得られるはずがない。

議会がこのようであれば、長・職員は緊張を欠いて政策活動は惰性に流れる。長は、選挙で市民に約束した政策を組み込んだ総合計画を着実に実行し、任期がくれば自治体を健全な状態で引き継ぐ責任がある。そのためには何よりも政策実務を担当する職員の政策能力を高める必要がある。この職員の政策能力は、長が、議会基本条例や総合計画条例によって行政に課せられた規範を遵守した政策活動の履行を日常的に指導しなければ育たない。

筆者はこれまで「議会が変われば自治体が変わる」と主張してきたが、自治基本条例、議会基本条例に次ぐ総合計画条例の制定によって、自治体の政策活動において議会が正当な地位を占めるようになれば、これは他の自治体運営の主体（市民・長・職員）と、それらの相互の関係にも変化を及ぼしていく。そのことによって自治体は文字どおり自立性と自律性の高い地域の政府として成長していく可能性を大きく拓くことになる。

制定された3条例を駆使して、栗山町がどのような成果をあげるか、今後に期待すること大である。「制度をつくる精神」は当初は熱いものであっても、時間が流れ、人が変わるにつれて薄れていくのは世の常である。したがって、議会をふくむ各主体が「制度をいかす精神」を不断に鼓舞しながら条例を活用することが肝要になる。

とはいえ、３条例の制定は単に栗山町という個別自治体の特殊な営為ではなく、日本の市民自治の成熟に大きく貢献する普遍的な問題提起であると考えたい。議会は、３条例に規定をもつ総合計画と正面から向き合うことなしに、行政監視機能や政策提案機能という議会本来の機能の強化を云々することはできなくなるであろう。

３　実効性の確保こそ総合計画の生命

３００をこえる自治体が自治基本条例を制定する時代になって、自治体は総合計画策定の法的根拠をここに規定するようになった。総合計画に関する規定のない自治基本条例はほとんどない。そのなかでももっとも充実した規定を置いているのは、多治見市市政基本条例と栗山町自治基本条例であろう。ここで両条例の記述をあらためてみておこう。

多治見市市政基本条例

（総合計画）

第20条　市は、総合的かつ計画的に市政を運営するため、総合計画を策定しなければなりません。

2　総合計画は、目指すべき将来像を定める基本構想、これを実現するための事業を定める基本計画と事業の進め方を明らかにする実行計画により構成されます。

3　総合計画は、市の政策を定める最上位の計画であり、市が行う政策は、緊急を要するもののほかは、これに基づかなければなりません。

4　総合計画は、市民の参加を経て案が作成され、基本構想と基本計画について議会の議決を経て、策定されます。

5　総合計画は、計画期間を定めて策定され、市長の任期ごとに見直されます。

6　市は、基本計画に基づく事業の進行を管理し、その状況を公表しなければなりません。

7　市は、各政策分野における基本となる計画を策定する場合は、総合計画との関係を明らかにし、策定後は、総合計画との調整のもとで進行を管理しなければなりません。

栗山町自治基本条例

（総合計画）

第25条　町は、町政の目指す方向を明らかにし、総合的かつ計画的に町政を運営するため、情報の共有と町民参加を踏まえて、最上位の計画として総合計画を策定します。
2　町が進める政策等は、総合計画に根拠をおきます。
3　総合計画は、計画期間を8年とする基本構想、基本計画、進行管理計画により構成し、このうち基本構想と基本計画については、議会の議決の対象とします。
4　基本計画は、計画期間中の4年目に、議会の議決により改定します。
5　総合計画は、第28条第2項に規定する行財政改革に基づく推進計画等との整合性に留意して策定します。
6　行政は、毎年度、基本計画に基づく事業の進行管理を行い、その情報を公表します。
7　町は、各政策分野の基本的な計画の策定又は改定に当たっては、総合計画との整合性を図ります。
8　前各項に規定するもののほか必要な事項は、栗山町総合計画の策定と運用に関する条例に定めます。

両条例の共通点をあらためて整理すれば、以下のようになる。
①当該自治体の政策は総合計画に根拠をおいて行う
②総合計画は当該自治体における最上位の計画である
③情報公開と市民参加をふまえて策定・改定する

④総合計画の基本構想と基本計画（期間4年の実施計画と展望計画）は議会の議決を要する
⑤長は計画事業を進行管理し、その内容を事業ごと政策情報として公開する
⑥基本計画を長の4年の任期ごとに改定し、長の選挙公約（マニフェスト）を反映させる
⑦総合計画以外の計画（分野別政策計画など）を策定する場合は、最高計画である総合計画との関係を明確にすること

両条例の違いは、栗山町の自治基本条例が、総合計画に関して必要な事項は別途、総合計画の策定と運用に関する条例で定めると規定している点である。

自治基本条例に記された上記の共通の特徴は、ひろい意味で総合計画における実効性の確保に重点をおいているといってよい。総合計画の最大の論点は、公開・参加、財務・法務・評価などの仕組みを連動させて、いかに質の高い政策を実行するかという、実効性の確保にあるから、それを可能にする計画手法・技術の確立が急務になる。

自治基本条例に総合計画の諸原則を規定し、そこに当該自治体が「実施する政策は総合計画に根拠を置く」という一言を挿入するのは、けっして思いつきの政策に誘惑されない、という厳粛な宣言と読むべきであろう。旧来からの惰性との決別である。まずこれをクリアしなければ、実効性確保のための次なる手法の開発には進めない。

4　総合計画の手法を革新する

栗山町の総合計画条例は議会条例案を簡略化したもので、省略された部分の多くは「栗山町総合計画の策定と運用に関する条例の解説書」（以下「解説」という。資料2参照）に回されている。その意味で、栗山町の総合計画条例を正確に理解するためには、条例本体と「解説」および「議会条例案」をあわせて読むのが効果的である。

また、条例としては細かすぎるほどの詳細な規定をもつ議会条例案は、そのままで条例にすることもできるが、総合計画において欠くべからざる論点を網羅しているので、ひろく自治体一般の総合計画のあり方をめぐる議論に役立てることができる（そうした意味を込めて、議会条例案も本稿の末尾に掲載した）。

そこで栗山町の総合計画条例の内容だが、以下にその手法の特徴ないしは意義を列挙することにしたい。これは、すでに述べたように、かつて議会が第5次総合計画の基本構想において述べた内容を継承・発展させている。

(1)　自治基本条例にも規定しているが、あらためて総合計画が「最上位の計画であり、町が進める政策等（政策・施策・事業）は総合計画に根拠を置く」ことを明記している（第2条）。また「町が進める政策等は、総合計画に基づき予算化する」（第11条）、したがって「総合計画に基づかない政策等は予算化しない」（解説）と計画と予算の関係の原則を述べている。総合計画に不可欠の基本原則である。

(2)　総合計画の策定において多様な市民参加・職員参加ならびに議会による政策提案の推進をはかること（第9条）は当然だが、参加を効果的に推進するため、討議のテーマ・論点整理の文書（討議要綱）のほか、必要な情報を作成・公開する（第10条第1項）。「情報なくして参加なし」の原則を実体化させる規定である。議会条例案では、より具体的に作成公開すべき情報の性質についてもふみ込んだ規定を設けていた。

くわえて情報の作成と提供に関して、市民に意見を述べる権利を保障している（同条第2項）が、これは情報公開のあり方として画期的である。自治体の情報公開は、存在する情報の機械的な開示から、必要な情報の作成・公開に論点が移行してきたが、市民に情報の作成を請求する意見提出権を与えたことは、情報公開の次なる段階への進化を予測させるものがある。

(3)　実効性ある総合計画の要諦は、だれにもわかるかたちで政策を具体的に示すことである。このため、まず市民が「容易に理解でき」かつ「簡便な方法で入手できる」計画を策定するとしている（第4条）。抽象的な文章で記述され、かつ膨大なボリュームの総合計画は、だれも読まず計画としての体をなさない、と考えなければならないのである。

(4)　そこで以上のことを前提に、実効ある総合計画の仕組みをどうつくるかということになる（図参照）。まず総合計画は基本構想・基本計画・進行管理計画から構成する（第5条）。

このうち基本構想には、重点政策と政策分野の基本方針とともに、計画の財源、財務健全化、行政組織、職員機構、計画の進行管理方法など、「総合計画を推進するに当たっての必要な事項」（解説）が記述される（第6条）。この点は抽象的にまちづくりの将来ビジョンを述べた従来の基本構想とは大いに異なる。

基本計画は期間4年の実施計画と展望計画から成る（第7条）。ここが実効性を確保するための最大のシカケになる。実施計画は「財源確保を含めて実施が確実に見込まれる政策

図　総合計画の策定・運用・改定の概念図

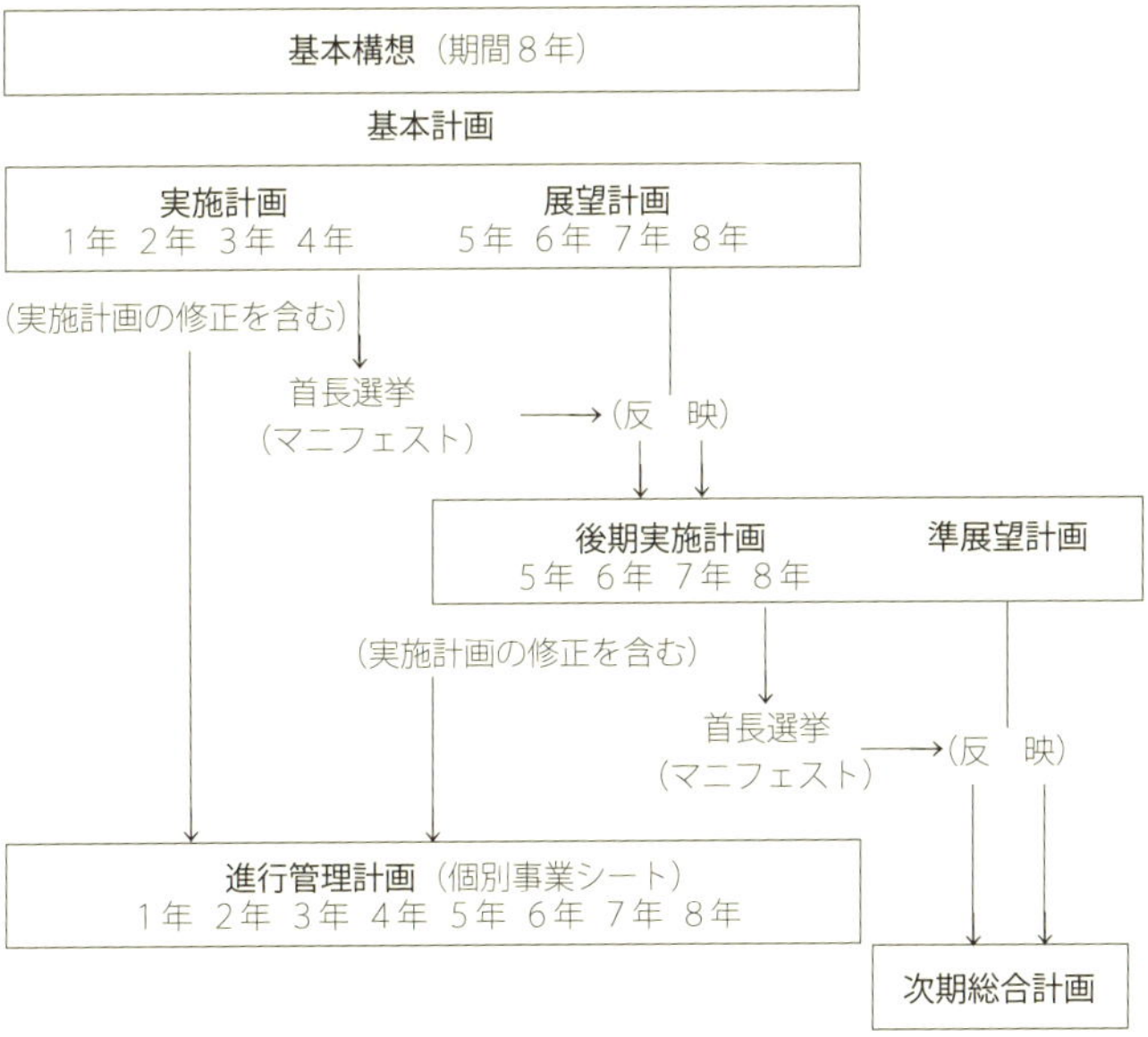

等により構成」される。展望計画は先々において必要が見込まれる政策等、あるいは策定時において緊急性が低い政策等が列記される。

このようであるから町が行なう政策のすべてはこの基本計画で一望・一覧できることになる。進行管理計画は、実施計画に記載された約２５０の主要な施策・事業の進行管理に必要な政策情報として作成・公表される（第８条）。この施策・事業ごとの個票には、事業目的、実施内容、財源構成、目標値、達成度、進捗状況が記載される（解説）ので、長、議会、市民、職員は、それらの継続・修正・廃止・新設の観点から、政策めぐる議論を効果的に行うことができる。あわせて長・議員選挙においても政策争点が明確になることが期待される。

(5)　実施計画には当選した長の選挙公約（マニフェスト）を組み込む。そのため長の選挙が行われる年に実施計画の最終年度がくるように計画期間は4年とし、選挙直後に次の実施計画を策定する。これに関し「解説」は、「実施計画は、従前の実施計画における政策等の評価や、町長選挙において当選者が掲げる公約、計画策定時点での展望計画に表記した政策構想等を総合的に検討して策定」すると説明している。公約といえども無条件で実施されるわけではない。総合的観点からの総合計画システムのなかで再検討を経たうえで、総合計画事業として実行に移されることになる。

(6)　最後に計画の修正について述べておこう。総合計画に記載のない政策は予算化しないという原則をかたくなに守れば、新規政策は改定年度まで待たねばならなくなる。これではきわめて窮屈な対応を強いられる。計画事業の実行途中で不都合が生じた場合、計画にない緊急避難の政策実行を余儀なくされる場合、総合計画の計画年度の途中で首長が交代した場合、あるいは国の政策方針の変化など、外的な事情によって緊急の政策・予算の対応が必要になることは多々ある。

そうした場合について条例は「町は、政策等の追加、変更、廃止の必要が生じたときは、議会の議決を経て、総合計画を見直す」（第12条）と、柔軟な対応を規定している。けれどもそれは総合計画の外で事業を実施するという意味ではなく、総合計画を修正して組み込んだうえで議会の議決を経て、あくまでも「総合計画事業」として実行する。そして実施年度と計画化の理由を明記したうえで、他の事業と同じく進行管理する（第8条第2項）。

5　議会が変われば自治体が変わる

栗山町総合計画条例の特色と意義を述べてきた。ここには武蔵野市から多治見市へと継承されてきた総合計画の手法の活用をみることができる。栗山町が独自に提起した新たな手法もある。議会の発意によって、道内では2番目に総合計画条例を制定した福島町では、すでに述べたように総合計画事業の評価と提案を議会の政策活動の基本にすえるとともに、総合計画の改定においても議会としての政策提案を行っている。こうした先駆議会に触発されて、議会の政策活動において総合計画への対応を重視する議会が散見されるようになった。

予算の調製権は長にあって議会にはない。そのことから議会の政策活動には大きな限界があると考えがちである。けれども、これまで縷々述べてきたような総合計画の策定と運用の手法をもてば、総合計画と予算・条例の議決権をもつ議会は、市民参加をふまえた議会独自の政策討議、政策提案を通して、政策と予算を実質的にコントロールすることができる。

総合計画条例の時代は幕が開いたばかりだが、それぞれの地域個性を反映した創意工夫の経験を共有しながら成熟の道をたどることを期待したい。総合計画条例は制定していなくても、本書でとりあげた計画手法を駆使すれば、財務規律を重んじた質の高い政策展開が可能になることはいうまでもないが、さらに一歩進めてそうした総合計画の規範を条例化すれば、より安定的・継続的に自律自治体の構築に向けた改革をたしかなものにできる。

麻生内閣の時代、地域における雇用開発のための緊急経済対策と銘うって、自治体に臨時の交付金を配布したことがあった。筆者は、自治体がその交付金をどのように活用したか、数自治体について調べてみた。そこには対照的な傾向が見られた。ひとつは総合計画とはまったく無関係に事業を実施した自治体であり、他はあくまでも総合計画にこだわって事業を実施（計画事業の修正や前倒し実施をふくめて）した自治体である。

前者に該当する自治体は、総合計画は存在するが普段からそれを重んじて事業を実施しているフシはなく、交付金を活用した事業は思いつき型の事業が多かった。後者は、自治基本条例において総合計画の策定を位置づけるとともに、そこに記載された事業の実施にこだわった政策活動を続けていた。長い時間を経れば両者の違いは歴然としてくる。総合計画の作法をめぐる自治体間格差がまちの風格の格差となっているのである。今日の行財政縮小時代においては、この格差は永遠に解消できないのではないか、という思いを強くした。

地域資源としての「森」にこだわって内発型のまちづくりに力を入れきた自治体の長が、筆者に語ったことがある。「木は植えた瞬間から価値を増すが、橋や建物はつくった瞬間から劣化がはじまる」。現在、多くの自治体が数十年前に大量建設した都市インフラや各種施設が老朽化し対策に苦慮している。けれども、施設は本体・付帯を問わず確実に劣化するのだから、これほど先々の課題が読める事業はない。にもかかわらず、長と議会が逃げ回ってきたツケが、財源不足とあいまって現在の自治体に重くのしかかっている。

この一事からも、あらためて実効ある総合計画の必要が浮かびあがるであろう。老朽化対策は、人口減社会における過大投資の防止、自治体の垣根を取り払った施設の相互利用（連合自治）などを視野に入れて、従来どおりの「存続」か、規模・機能などの「修正」か、施設自体の「廃止」か、最小限の「新設」か、といった観点から現状を点検し、そのうえで実施する事業は財務健全化の原則を優先させて計画的に行うしかない。

本論でみたように、栗山町議会基本条例には、長が議会に政策・計画を提案する際に、説明責任の一環として、事業にともなう「財源の構成」と「将来コスト」に関する政策情報の開示を課した規定がある。これは他の多くの議会基本条例にも記されているが、これの意味するところを再確認すべきである。ある自治体では、長が作成した下水道建設計画の実施が人口減による過大投資と財政危機を招くと判断した議会は、各地の調査をふまえて代替案を提案し、長の提案を根本から変更した事例など、筆者が知るかぎりでも多数ある。

こうした政策修正は、いまはまだ個々の事例にとどまるが、議会の政策活動をビルトインした総合計画の方法が確立すれば、ひろく自治体政策におよぶ可能性が高まる。議会が変わることによって自治体の政策が変わる例証が増えれば、議会が変わらなければ自治体政策は変わらない、という新たな確信を生み出していくであろう。総合計画条例をふくめた三新条例の時代ははじまったばかりだが、これを基本に議会が「政策議会」に成長すれば、自律自治体の形成にむけた流れはよりたしかなものになる。

おわりに

自治体を運営する主体は、市民・長・議員・職員の４者である。今日に至る50年の自治体改革の歴史のなかで、それぞれが自己変革の試練を経験してきたが、議員・議会の改革がもっとも遅れてきた。

最初は市民である。１９６０年代から70年代にかけて、農村型社会から都市型社会への移行過程において発生したさまざまな都市問題の解決を求めて多様な市民運動（活動）が登場し、それまで政治・行政に対して受け身に終始してきた、いわば「受動的な住民像」が次第に「能動的な市民象」に変化しはじめた。最初は地域市民運動として出発し、のちには全国市民運動、国際市民運動へと活動領域をひろげ、取り組む内容も多様化して今日にいたっている。

その市民の変化は、長のありように大きな影響を与えた。市民は自らの選挙で選んだ長の政策責任を追及しはじめたのである。そこで問題解決をめぐって長と市民が直接交流するようになり、その過程で福祉、環境などにおける斬新な政策とともに、市民参加、情報公開、総合計画など、自治体政治・行政の新しいスタイルが次々に登場した(6)。

こうして１９６０年代から70年代にかけて、今日につながる自治の基盤が形成された。当初は、いわゆる革新自治体が先駆自治体としてこの自治体改革を主導した。そして自治体が総体として力量を増して、１９８０年代に「地方の時代」が唱導されるようになると、参加・公開の理念は、強弱はあれ、保守・革新自治体を問わず、ひろく普及していった。

このような変化のなかで、次には自治体職員に矛先が向いていく。長が市民参加によって市民の声を受容しても、それを実行する政策の道具立てを担うのは職員だから、職員の政策能力が向上しなければ長はよい政策を実行できないことが強く認識されるようになった。こうして１９８０年代半ば以降、政策手法・技術の革新をめざした職員の政策研究が強調され、そのための研究ネットワークが全国で無数に形成され、今日にいたっている。

こうして市民、首長、職員はそれぞれが自己革新を迫られる局面を経験してきた。これに対して議員・議会の改革は遅れをとり、２０００年代に入るまで本格化することはなかった。その突破口を開いたのが栗山町議会による議会基本条例の制定であった(7)。これを起点にして、今日、全国規模で議会改革が試みられている。議会基本条例の制定をとおして、議会の役割や課題が明確になり、また、さまざまな改革の実行をとおして、これまでは市民の目に見えなかった議会の活動や課題がようやく見えるようになってきた(8)。

けれども議会改革はまだ入り口が開かれたにすぎない。これまでの「見える化」の成果をふまえて、市民が政策参加する議会、長と政策を競い合う議会、議員が自由に政策討議する議会という、「政策議会」の構築に向けて、次なる歩を進めるべきである。そうした議会改革が現実になれば、市民、長、職員もあらためて自己のあり方を問い直すことになる。筆者がこれまで「議会が変われば自治体が変わる」と述べてきた意味はそこにある。

改革の現場はいつも混乱に満ちている。けれども、悲嘆することなく改革を進めるためには、空間軸と時間軸の活用が有力な手立てとなる。現在という同時的空間においては、さまざまに問題が錯綜し、全体が理想的と評価できる自治体はない。それを時間軸でみればどうなるか。はじめは一、二の自治体が開発した政策・制度であっても、そこに普遍的意義があれば、時間とともに他に波及して自治体全体の水準を引き上げていく。

こうした進化の構図は、過去50年の自治体改革の歴史が育んだ経験則ではないか。市民参加も情報公開も、最初は一、二の少数の自治体からはじまっている。そして普遍的意義があればこそ普及してきた。とすれば、どこに普遍的意義があるか、それを見極めて時間軸で先の可能性を拓くほうが結果として着実に改革を進めることができる。

そうした展望を、三新条例の活用による政策議会と自律自治体の構築にむけてもちたいと思う。

注

(1) 関連条例の整備をふくむ自治基本条例の理論と方法について、詳しくは拙著『自治・議会基本条例論』公人の友社、２００９年増補版を参照。

(2) 栗山町議会基本条例の制定当初の展開は、橋場利勝・中尾修・神原勝『議会基本条例の展開―その後の栗山町議会を検証する』公人の友社、２００８年に詳しく記録されている。

(3) なお、自治体の二元代表制に関する筆者の認識は、前掲『自治・議会基本条例論』、拙著『現代自治の条件と課題』北海道町村会、１９９５年で詳しく述べている。

(4) この「過程分立」の考え方は、松下圭一が国レベルの国会内閣制における国会と内閣の緊張をめぐる理論構成の観点から提起したもので（「国会イメージの転換を」『昭和後期の争点と政治』木鐸社、１９８８年所収）、その後、自治体にも敷衍し、議会と長の課題を次のように整理している（『政策型思考と政治』東京大学出版会、１９９１年、２１３頁）。

□議会の五課題

①政治争点の集約・公開　②政治情報の整理・公開　③政治家の選別・訓練　④長・行政機構の監視（政治批判・政治調査）　⑤政策の提起・決定・評価（立法ならびに予算・決算）

□長の五課題

①政府の代表（政治統合のシンボル）　②政策の提起・決定（議会を前提）　③政策の執行・評価（行政機構の長）

④行政機構の指導・革新（行政機構の改革）⑤政治責任の帰属（長の交替）
(5)　議会基本条例を中心にした福島町議会の議会改革については、溝部幸喜・石堂一志・中尾修・神原勝『福島町の議会改革─議会基本条例＝開かれた議会づくりの集大成』公人の友社、２０１０年および同議会発行の各年度版「議会白書」を参照。
(6)　この時代の斬新・多彩な政策・制度の開発は、筆者も編者に加わった『資料・革新自治体』日本評論社、正編１９９０年、続編１９９８年に資料として多数収録されている。
(7)　栗山町議会基本条例の制定の背景・目的については、橋場利勝「なぜ議会基本条例が生まれたか」（橋場・神原『栗山町発・議会基本条例』公人の友社、２００６年所収）拙著・前掲『自治・議会基本条例論』、中尾修・江藤俊昭編著『議会基本条例─栗山町議会の挑戦』中央文化社、２００８年を参照。
(8)　議会改革のひろがりと改革の実践例については、廣瀬克哉・自治体議会改革フォーラム編『議会改革白書』各年度版（２００９年度〜）、会津若松市議会編集『議会からの政策形成─議会基本条例で実現する市民参加型政策サイクル』ぎょうせい、２０１０年、日経グローカル編『地方議会改革の実像』日本経済新聞出版社、２０１１年、江藤俊昭『地方議会改革─自治を進化させる新たな動き』学陽書房、２０１１年、また府県レベルでは三重県議会議会改革推進会議監修『三重県議会─その改革の軌跡─分権時代を先導する議会を目指して』公人の友社、２００９年など多数ある。

（付記）栗山町における議会基本条例の制定から総合計画条例議会案の作成にいたるまで、議会議長の職にあって、これらの実現のために並々ならぬ情熱を注がれた前議員の橋場利勝氏に敬意を表したい。

〈資料1〉

栗山町総合計画の策定と運用に関する条例

第1章　総　則

（目的）

第1条　この条例は、総合計画の策定と運用に関する基本的な事項を定めることにより、町が進める政策、施策、事業（以下「政策等」といいます。）の総合的かつ計画的な推進を図ることを目的とします。

（総合計画の位置付け）

第2条　総合計画は、町政における最上位の計画であり、町が進める政策等は総合計画に根拠を置くものとします。

（総合計画の名称）

第3条　総合計画の名称は、「栗山町第＊次総合計画―　年度～　年度」とします。

（総合計画の体裁等）

第4条　総合計画は、町民が容易に理解できるものとするため、政策等を分かりやすく体系化します。

2　総合計画は、町民が簡便な方法で入手できるものとします。

第2章　総合計画の構成

（総合計画の体系）

第5条　総合計画は、計画期間を原則八年とする基本構想、基本計画、進行管理計画により構成し、このうち基本構想と基本計画については、議会の議決の対象とします。

（基本構想）

第6条　基本構想は、町政運営の理念と基本的な政策の方向性を定めるほか、総合計画の推進に当たっての必要な事項により構成し、当該総合計画の策定と運用の指針とします。

（基本計画）

第7条　基本計画は、原則として前期四年の実施計画と後期四年の展望計画により構成し、前期実施計画期間中の四年目に、議会の議決を経て後期実施計画を策定します。

2　実施計画は、財源調達を含めて実施が確実に見込まれる政策等により構成します。

3　展望計画は、将来を展望する政策構想と総合計画の策定時点では緊急性の低い政策等により構成します。

（進行管理計画）

第8条　進行管理計画は、実施計画に基づく主要事業の適切な進行管理に必要な事項を記載する政策情報であり、町長とその他執行機関はその情報を公表します。

2　町長とその他執行機関は、第12条第1項の規定に基づき政策等の追加、変更、廃止をしたときは、それぞれの主要事業について、その年度と理由を明記した上で、前項の規定に基づいて進行を管理します。

3章　総合計画の策定手続

（総合計画の策定手順）

第9条　町は、総合計画の策定に当たっては、その過程を明らかにするとともに、町民の意見を反映させるため、広く町民の参加機会を保障します。

2　総合計画は、政策等の実効性の確保のため、行財政改革推進計画等との整合性に留意して策定します。

3　町長は、多様な方法で町民の参加を推進するとともに、職員の参加、議会による政策提案等を踏まえて総合計画原案（以下「計画原案」という。）を作成し、栗山町総合計画審議会（以下「審議会」という。）に諮問します。

4　審議会は、町長から諮問された計画原案について、町民の視点から慎重かつ活発な審議を行い、町長に答申します。

5　町長は、審議会からの答申を尊重して総合計画案を策定し、議会に提案します。

6　議会は、町長から提案された総合計画案について、慎重な審議を経て議決します。

（情報の作成と公開）

第10条　町は、前条第3項に定めた町民の参加を効果的に推進するため、総合計画の策定に当たって討議すべき課題と論点を整理した文書のほか、必要な情報を作成し、町民に提供します。

2　町民は、前項の情報の作成と提供に関して、意見を述べることができます。

第4章　総合計画の運用

(総合計画と予算の原則)

第11条　町が進める政策等は、総合計画に基づき予算化することを原則とします。

(総合計画の見直し)

第12条　町は、政策等の追加、変更、廃止の必要が生じたときは、議会の議決を経て、総合計画を見直すことができます。

2　町は、前項の規定による見直しを行うに当たって、広く町民の意見を反映する必要があるときは、可能な限り町民の参加機会を提供します。

(各政策分野の基本的な計画)

第13条　栗山町議会基本条例（平成一八年条例第一七号）第8条第2号から第5号までに規定する議会の議決事項とする計画を含めて、各政策分野の基本的な計画の策定又は改定は、総合計画との関係を明らかにするとともに、十分な調整のもとに行います。

2　前項の計画は、第9条に規定する総合計画の策定手順を例として策定します。

附則

この条例は、平成二五年四月一日から施行します。

〈資料２〉

栗山町総合計画の策定と運用に関する条例

【解説書】

第１章　総則

（目的）

第１条　この条例は、総合計画の策定と運用に関する基本的な事項を定めることにより、町が進める政策、施策、事業（以下「政策等」といいます。）の総合的かつ計画的な推進を図ることを目的とします。

【解説】

1　この条例は、栗山町自治基本条例（平成　年条例第＊号）第25条第8項の規定に基づき、総合計画の策定と運用に関する基本的な事項を定めるものです。

2　本条は、この条例の目的を明らかにしたもので、この条例全般を通じての解釈と運用の指針となるものです。

（総合計画の位置付け）

第２条　総合計画は、町政における最上位の計画であり、町が進める政策等は総合計画に根拠を置くものとします。

【解説】

1　総合計画は、財政の健全化と自律的で個性的な町政運営の両立を前提に、計画期間内における政策等の総合的かつ計画的な実行の指針となるものであり、町が定める全ての計画の最上位に位置することを定めています。

2「町」とは、議会、町長（地方公営企業の管理者の権限を有する町長を含む。）とその他執行機関（教育委員会、選挙管理委員会、監査委員、公平委員会、農業委員会、固定資産評価審査委員会）をいいます。

（総合計画の名称）

第３条　総合計画の名称は、「栗山町第　次総合計画―　年度～　年度」とします。

（総合計画の体裁等）

第４条　総合計画は、町民が容易に理解できるものとするため、政策等を分かりやすく体系化します。

2　総合計画は、町民が簡便な方法で入手できるものとします。

【解説】
「町民」とは、町内に住所を有する人、町内で働き又は学ぶ人、事業活動その他の活動を営む人又は法人もしくは団体をいいます。

第2章　総合計画の構成

（総合計画の体系）

第５条　総合計画は、計画期間を原則八年とする基本構想、基本計画、進行管理計画により構成し、このうち基本構想と基本計画については、議会の議決の対象とします。

【解説】
1　総合計画の計画期間は、急速に変わる社会経済情勢への対応や、町長の任期を考慮した八年と定め、次期総合計画は、当該総合計画期間の最終年度（八年目）に策定し、翌年度から実行します。「原則」としたのは、総合計画の策定と改定年度以外の年度において町長が交代した場合、計画期間と町長任期との整合を図る必要があるためです。
2　平成二三年八月一日施行の地方自治法改正により、「議会の議決を経た市町村基本構想の策定義務」が撤廃されましたが、本町においては、栗山町自治基本条例第25条第３項及び栗山町議会基本条例第８条第１号の規定に基づき、基本構想と基本計画を議会の議決の対象としています。

（基本構想）

第６条　基本構想は、町政運営の理念と基本的な政策の方向性を定めるほか、総合計画の推進に当たっての必要な事項により構成し、当該総合計画の策定と運用の指針とします。

【解説】

1「基本的な政策の方向性」とは、当該総合計画の計画期間内における重点政策や、教育、福祉、産業等の各政策分野の基本的な方針をいいます。

2「総合計画の推進に当たっての必要な事項」とは、計画の期間と構成や、計画の財源、財政の健全化に向けた方策、策定と改定手続、進行管理方法等をいいます。

（基本計画）

第7条　基本計画は、原則として前期四年の実施計画と後期四年の展望計画により構成し、前期実施計画期間中の四年目に、議会の議決を経て後期実施計画を策定します。

2　実施計画は、財源調達を含めて実施が確実に見込まれる政策等により構成します。

3　展望計画は、将来を展望する政策構想と総合計画の策定時点では緊急性の低い政策等により構成します。

【解説】

1　実施計画は、従前の実施計画における政策等の評価や、町長選挙において当選者が掲げる公約、計画策定時点での後期展望計画に表記した政策構想等を総合的に検討して策定します。

2　後期実施計画は、第九条に規定する計画策定の手順により策定するとともに、次期総合計画を考慮して策定します。

（進行管理計画）

第8条　進行管理計画は、実施計画に基づく主要事業の適切な進行管理に必要な事項を記載する政策情報であり、町長とその他執行機関はその情報を公表します。

2　町長とその他執行機関は、第12条第1項の規定に基づき政策等の追加、変更、廃止をしたときは、それぞれの主要事業について、その年度と理由を明記した上で、前項の規定に基づいて進行を管理します。

【解説】

1　第1項における「主要事業の適切な進行管理に必要な事項」とは、主要事業の目的、実施内容、財源構成、目標値、達成度、進捗状況等をいい、栗山町議会基本条例（平成一八年条例第一七号）第6条（町長による政策等の形成過程の説明）と、第7条（予算・決算における政策説明資料の作成）の規定を踏まえて作成されるものです。

2　第2項は、第12条第1項の政策等の追加、変更、廃止によって実施計画に変更が生じた場合は、その内容を進行管理計画にも明記することを定めたものです。

第3章　総合計画の策定手続

（総合計画の策定手順）

第9条　町は、総合計画の策定に当たっては、その過程を明らかにするとともに、町民の意見を反映させるため、広く町民の参加機会を保障します。

2　総合計画は、政策等の実効性の確保のため、行財政改革推進計画等との整合性に留意して策定します。

3　町長は、多様な方法で町民の参加を推進するとともに、職員の参加、議会による政策提案等を踏まえて総合計画原案（以下「計画原案」という。）を作成し、栗山町総合計画審議会（以下「審議会」という。）に諮問します。

4　審議会は、町長から諮問された計画原案について、町民の視点から慎重かつ活発な審議を行い、町長に答申します。

5　町長は、審議会からの答申を尊重して総合計画案を策定し、議会に提案します。

6　議会は、町長から提案された総合計画案について、慎重な審議を経て議決します。

【解説】

1　第1項は、総合計画の策定に当たり、その策定プロセスを明らかにするとともに、町民の参加機会を設けることを、町に義務付けることを定めたものです。

2　第2項における「行財政改革推進計画等」とは、持続可能な行財政構造を構築するための方策を定めた行財政改革推進計画と、職員定数と組織編成、職員配置等の行政体制の適正化を目的とする計画をいいます。

3　第3項における「多様な方法で町民の参加を推進」とは、パブリックコメント、まちづくり懇談会、アンケート調査等の手法を適切に用いることをいい、地域、年齢、性別等に偏りのないよう公平性の確保が必要となります。また、町民参加の目的と論点の明確化、参加の対象者の明確化、場所の設定、意見等を出しやすい手法の工夫など、町は常に創意工夫を重ねる必要があります。

4　第3項における「職員の参加」とは、職員個々による政策提案の実施や、所属を超えた政策検討会の開催など、職員の専門性と総合性を発揮した参加の取組をいいます。また、多様な町民の参加機会において出された意見等を総合的に検討し、政策立案する役割も重要です。

5　第4項は、町長に答申するまでの総合計画審議会が行う業務を定めたものです。

6　第5項の「答申を尊重して総合計画案を策定」とは、審議会からの答申について、課題等を整理し、その公益性や実効性について検討を行うとともに、財源の裏付けなど行財政改革推進計画等との整合性を図ることをいいます。

7　第6項の「慎重な審議を経て」とは、栗山町議会基本条例第4条（町民参加及び町民との連携）と、第9条（自由討議による合意形成）の規定を踏まえ審議を行うことをいいます。

（情報の作成と公開）

第10条　町は、前条第3項に定めた町民の参加を効果的に推進するため、総合計画の策定に当たって討議すべき課題と論点を整理した文書のほか、必要な情報を作成し、町民に提供します。

2　町民は、前項の情報の作成と提供に関して、意見を述べることができます。

【解説】
1　本条は、総合計画の策定に当たって、町民の各種参加を効果的に進めるために不可欠な情報の作成と提供を、町に義務付けたものです。
2　第1項における「必要な情報」とは、次の各号に掲げるものをいいます。
(1) 政策等の発生源
(2) 検討した他の政策案等の内容
(3) 他の自治体の類似する政策等との比較検討
(4) 関係ある法令又は条例等
(5) 政策等の実施にかかわる財源措置
(6) 将来にわたる政策等のコスト計算
(7) その他必要な情報
3　第2項は、町が作成する第1項の情報に関して、意見を述べる権利が町民にあることを定めたものです。

第4章　総合計画の運用

（総合計画と予算の原則）

第11条　町が進める政策等は、総合計画に基づき予算化することを原則とします。

【解説】
町が進める政策等は、総合計画に根拠を置くものとし、総合計画に基づかない政策等は予算化しないことを原則とするものです。

（総合計画の見直し）

第12条　町は、政策等の追加、変更、廃止の必要が生じたときは、議会の議決を経て、総合計画を見直すことができます。
2　町は、前項の規定による見直しを行うに当たって、広く町民の意見を反映する必要があるときは、可能な限り町民の参加機会を提供します。

【解説】

1　第1項における「必要が生じたとき」とは、自然災害等の緊急事態や、国の経済・財政対策等の緊急政策の展開、社会経済情勢の急激な変化への柔軟な対応、総合計画の策定と改定年度以外の年度において町長が交代し、その公約を反映する場合等をいいます。

2　第2項における「広く町民の意見を反映する必要があるとき」とは、栗山町自治基本条例第21条第1項の規定するもののほか、町民生活に影響を及ぼす政策等で、町が特に町民の参加機会が必要であると判断したものをいいます。また、「可能な限り」とは、決定に迅速性が求められ、町民参加手続を行って決定するまでの時間を設けることができない場合があることを意味します。

（各政策分野の基本的な計画）

第13条　栗山町議会基本条例（平成18年条例第17号）第8条第2号から第5号までに規定する議会の議決事項とする計画を含めて、各政策分野の基本的な計画の策定又は改定は、総合計画との関係を明らかにするとともに、十分な調整のもとに行います。

2　前項の計画は、第9条に規定する総合計画の策定手順を例として策定します。

【解説】

1　本条は、総合計画以外の「各政策分野の基本的な計画」を総合計画の下位に位置づけ、整合性をとりながら策定又は改定することを定めたものです。

2　「栗山町議会基本条例第8条第2号から第5号までに規定する議会の議決事項とする計画」とは、次の各号に掲げるものをいいます。

(1) 栗山町都市計画マスタープラン
(2) 栗山町住宅マスタープラン
(3) 高齢者保健福祉計画・介護保険事業計画
(4) 次世代育成支援行動計画

3　「各政策分野の基本的な計画」とは、栗山町議会基本条例第8条に規定するもののほか、総合計画に関連する各政策分野において基本となる方針を定める計画をいい、町が個別に策定する自主計画と、法令や国又は北海道の要請に基づいて策定する計画を含みます。

附則

この条例は、平成二五年四月一日から施行します。

〈資料3〉

総合計画の策定と運用に関する条例（議会案）

平成　　年　　月　　日
条例第　　　号

第1章　総合計画の目的

（政策の基本枠組み）

第1条　栗山町（以下「町」という）は、町民の信託に基づいて公共政策を行う地域の政府であり、将来を見すえてそれらの政策を効果的に推進し、もって町民福祉の増進をはかるため、町が実施する政策の基本枠組みとして総合計画を策定する。

（自律的・安定的な地域づくり）

第2条　町は、町民、町長、議員、職員が共有する実効ある総合計画の推進によって、少子高齢社会の進行等、今後の社会変化に的確に対応するために、限られた政策手段を有効に活用して、財政を健全に運営しながら、将来の町民に過重な負担を強いることのない、自律的・安定的な地域づくりを行う。

第2章　総合性の確保等

（総合計画の名称）

第3条　総合計画の名称は「栗山町第○次総合計画―○○年～○○年」とする。

（総合性の確保）

第4条　総合計画は、町が実施または構想する政策、施策及び事業（以下「政策等」という）を定める等、以下の諸事項を含めて総合性を確保するものとする。

①基本構想、基本計画及び進行管理計画等を体系化し一つの計画に総合化

②職員定数、組織編成、業務遂行、職員配置等、行政体制の適正化の方策（以下「行政適正化プログラム」という）及び歳入の確保、債務負担の軽減、歳出の重点化等による財政健全化の方策（以下「財政健全化プログラム」という）等、行財政改革の計画的実施を含めた総合化

③前号をふまえ、かつ公開と参加の所定の手続のもとで実施することを決定した諸政策及び将来を展望した政策構想の総合化

④総合計画の策定及び運用に欠くことのできない関連諸制度の総合的な整備

（総合計画書の体裁）

第5条　総合計画は、第11条に定める進行管理計画を含めて、必要最小限の分量で作成するとともに、誰もが容易に政策等が一望でき、かつ簡便な方法で入手できるものとする。

第3章　総合計画の原則

（計画と予算の原則）

第6条　町が行う政策等は、総合計画に根拠を置くものとし、総合計画に記載のない政策等は、緊急に必要が生じた場合を除き、予算化しないことを原則とする。

（緊急政策への対応）

第7条　町は政策等の追加、変更、廃止の必要が緊急に

生じた場合は、町長と議会の協議を経て、総合計画を修正する議会の議決を行う。ただし町民の生活に重大な影響を及ぼす政策等で、かつ政策等の決定にあたって時間が確保できるときは、可能な限り町民、職員の参加を求める。

第４章　総合計画の構成

（総合計画の期間）

第８条　総合計画は、計画期間を原則として８年とする基本構想、基本計画及び進行管理計画によって構成し、このうち基本構想及び基本計画については、栗山町議会基本条例第８条第１号に基づく議決の対象とする。

２　次期総合計画は、実行中の総合計画期間の最終年度に策定し、翌年度から実行する。なお総合計画を策定する当該年度以外の年度において町長が交代したときは、交代した町長のもとで、新たな総合計画を策定するものとする。

（基本構想）

第９条　基本構想は、前総合計画の総括、新総合計画の特色、第４条各号に規定した総合計画の要件に関して必要な事項を記載し、当該総合計画の策定と運用の指針とする。

（基本計画）

第10条　基本計画は、前期４年の実施計画及び後期４年の展望計画により構成し、前期実施計画期間中の４年目に後期実施計画を議会の議決を経て策定し、翌年度から実行する。

２　実施計画は、財源調達を含めて実施が確実に見込まれる政策等からなり、これらの政策等については担当課及び関連課を記載する。

３　展望計画は、総合計画の策定時点では実施の優先度の低い政策等、財源の確保が確実になった時点で実施する政策等及び将来を展望する政策構想を記載する。

（進行管理計画）

第11条　進行管理計画は、実施計画の個々の施策・主要事業の進行を適切に管理するために、施策・事業の目的、指標、目標値、達成度、財源構成及び進捗状況等、当該施策・事業の進行管理に関して必要な事項を施策・事業ごとに定型のシートに記載する政策情報であり、本条例のほか栗山町議会基本条例第６条（町長による政策等の形成過程の説明）及び第７条（予算・決算における政策説明資料の作成）の規定をふまえて作成する。

２　第７条に基づいて修正した実施計画の施策・事業は、それぞれについて修正年度及び修正理由を明記したうえで、前項の規定に基づいて進行を管理する。

（その他の個別計画）

第12条　栗山町議会基本条例第８条第２号以下に規定する議決を要する計画を含めて、総合計画以外に特定の政策分野における個別計画等（以下「個別計画」という）を策定する場合は、総合計画との関係を明らかにするとともに、策定後においても総合計画との十分な調整のもとに進行を管理する。

２　法令の規定または国及び道の要請に基づいて策定する計画、プラン等と総合計画の関係については、前項の規定を準用する。

３　前２項の個別計画は、第13条以下に規定する総合計画の策定手続に準じて策定する。

４　個別計画は、前条に定めた進行管理計画に準じて進行を管理する。

第５章　計画策定の手続

（総合計画の策定手順）

第13条　総合計画はおおむね以下の手順によって策定する。

２　町長は、総合計画策定委員会（以下「策定委員会」という）を設置し、公募する委員を含めて町民のなかから若干名の委員を委嘱するとともに、政策や計画に専門的知識を有する者若干名をアドバイザー委員として加えることができる。

３　町長は、策定委員会の活動を補佐するため、職員による総合計画策定事務局（以下「策定事務局」という）を設置する。

４　策定委員会は、おおむね以下の手順により、各種の参加を推進し、その結果をふまえて総合計画の案を作成する。

①適切な方法により、町長、議員及び職員からあらかじめ意見を聴取して、総合計画の策定にあたって討議すべき課題または論点を整理した文書（以下「討議要綱」という）及びそれらの関連資料・統計（以下「関連資料」という）を作成し、公開する。

②討議要綱及び関連資料に基づいて、町民、町長、議員及び職員の参加を推進し、その意見等をふまえて総合計画一次案（以下「計画一次案」という）を作成し、公開する。なお、町民参加、職員参加は、きめ細かな方法を工夫して実施するものとする。

③計画一次案をパブリック・コメントに付し、町民、町長、議員、職員から提出された意見等をふまえて総合計画原案（以下「計画原案」という）を作成し、町長に提出する。

5　町長は、計画原案を行政内部で調整し、議会に総合計画案を提案する。

6　議会は、適切な審議を経て総合計画を議決する。

（実施計画の策定手順）

第14条　実施計画は、従前の実施計画における政策等の評価、従前の実施計画の4年目に行われる町長選挙において当選者が掲げる政策及び当初展望計画に表記した政策構想等を総合的に検討して策定する。なお、後期実施計画の策定に際しては、次期総合計画の策定を考慮し、後期実施計画の終了後に想定される政策等の課題を展望計画に準じて整理するものとする。

2　実施計画は、前条の手順に準じて策定する。

（情報の作成・公開）

第15条　策定委員会及び策定事務局は、第13条に定めた各種参加を効果的に推進するため、第13条第4項に規定した討議要綱及び関連資料とは別に、町の行財政、政策等、町民をとりまく地域生活環境の診断に資する情報を作成し公開する。

2　町民、町長、議員及び職員は、策定委員会に対し、これら政策情報の作成に関して意見を述べることができる。

第6章　関連制度等の整備

（関連制度等の整備）

第16条　町は、総合計画を適切に推進して政策等の実効性及び行財政の健全性を確保するため、第13条に定めた各種参加、情報公開のほか必要な仕組みを整備する。

2　町長は、職員と組織及び民間の能力を最大限に活用して政策等を遂行するため、第4条第2号に規定した行政適正化プログラムを策定する。

3　町は、総合計画における政策等を財源の根拠をもって策定するとともに、真に必要な政策等に充てる財源を確保し、あわせて中長期的視野にたって町財政を健全に運営するため、以下の措置を講じる。

①町長は、第4条第2号の規定に基づき、財政の健全度を判断するための指標（以下「判断指標」という）を定め、判断指標に基づいて目標指数（以下「目標指数」）を表記した財政健全化プログラムを策定する。

②総合計画その他の予算を伴う計画の策定及び予算の編成は、判断指標及び目標指数に留意して行う。

③そのほか財政の健全化に必要な事項

4　議会は、総合計画をふまえて、行政の政策活動を監視するとともに、積極的に政策等の提案を行う。

5　町は、効果的、効率的な政策等を遂行するため、条例等の自治立法を積極的に行うとともに、法令等を自主的に解釈し運用するなど、行政及び議会の法務能力を強化し、充実する。

6　町は、適切な情報の作成と公開に基づき、以下の事項につき、町民、行政及び議会等による政策等の評価を行い、その結果を公開し、計画の策定及び予算の編成に反映させる。

①行政適正化プログラム及び財政健全化プログラム

②実施計画及び進行管理計画に表記した政策等

③主要な施策・事業の人件費を含む原価計算及び事業効果

④前3号のほか本条例に規定する総合計画関連諸制度の整備及び実施

⑤そのほか評価に必要な事項

7　町は、自治体に共通する課題の解決を図るため、様々な方法によって、近隣自治体をはじめとする他自治体との交流、連携に努めるとともに、広く自治体の先駆的実践に学び、かつ自らも実践の成果を積極的に発信する。

（自治基本条例との関係）

第17条　町は、本条例に定めた総合計画及び総合計画関連の仕組みが、町政運営の最高規範として今後制定する自治基本条例において重要な制度または条例になることに留意して整備するものとする。

附則

１　第８条第１項及び第10条第１項の規定にかかわらず、第５次総合計画に関しては期間を7年（２００８年—２０１４年）、かつ第５次総合計画の前期実施計画に関しては期間を３年（２００８年—２０１０年）とする。

２　この条例は公布の日から施行する。

（注）この条例案は２０１０年に栗山町議会ＨＰで公開されたものである。

エピローグ―危機をバネに、自治体再構築のための実行プログラム

□「いつか来た道」をくりかえす日本の政治

日本の政治は2014年の秋に入り、国民的課題とはおよそかけ離れた論理で衆議院解散・総選挙へと突き進んでいった。結果は自民党の圧勝に終わったが、安倍自民党のご都合主義とマスコミの同調が極立つ選挙であった。しかし今回の選挙で、こんにち日本がかかえている危機状況を打開する道がひらけるわけでないことだけは確かであろう。事態はむしろ、いちだんと混迷の度を深めていくことが予想される。

安倍内閣は2年前の総選挙でデフレ脱却を掲げ勝利した。デフレ脱却のためには「良い物価上昇」(円安→企業収益アップ→賃金上昇→消費拡大→物価上昇)の循環が必要になる。アベノミクスによる異次元の金融緩和、切れ目のない財政出動は、日本経済をこの循環軌道にのせるための時間かせぎであった。だが、現実はこのシナリオ通りにすすんでいない。ゆえに野田・民主党内閣時代に3党合意できめた

消費税率10％への再引き上げをいったん先送りし、再出発するために総選挙を、という理屈であった。

現在、国全体の借金は1千兆円をこえているが、日本の政治は超高齢・人口減社会における社会保障のあり方、それと不可分の財政再建の難題を避けて通るわけにはいかない。だが今回の解散・総選挙は、明らかにこの緊急の政治課題を直視することを避けている。

安倍内閣の生命線は「株価」といわれるごとく、右の難題への打開策は、経済成長つまりフロー経済の量的拡大にあった。しかしこの考えでは、1990年代中期以降の生産年齢人口の減、老齢人口増の人口オーナス期に入った日本の社会・経済がこえなければならない課題・矛盾の解決はむずかしく、むしろその事態を深化・拡大させてきた。その実証は、2002年〜2007年の長期にわたり好景気が持続したにもかかわらず（いざなみ景気）、この期間に大都市部、非都市圏と問わず、豊かな社会における貧困＝格差社会がふかく静かに進行していたことが明瞭にしめしている。当時の内閣は小泉内閣、第1次安倍内閣であった。

ところで、2014年に入り総選挙の論議がまったくなかった時期から、にわかに「人口減少社会」の議論が騒がしくなってきた。発端は日本創生会議（代表／増田寛也・前岩手県知事）という民間シンクタンクによる、独自の将来人口推計をもとにした「消滅可能都市」の公表にあった。この公表にタイミングをあわせるかたちで、安倍内閣は2015年春の統一地方選挙をにらみ「まち・ひと・しごと創生本部」を立ちあげ、「地方創生」の担当大臣を新設した。「地方創生」は、地方統一選挙をまたずすっかり安倍内閣の目玉政策になった感がある。若者の流出にともなう人口減少、また地域経済の衰退の背後には、東京一極集中や経済のグローバル化などの構造問題がある。さらに同じ人口減少といっても、地域によってその事情は異なる。そのことを無視して、上から政策を指導・誘導しようとしても、課題解決の筋道が見出せるとは思えない。地道ではあっても、各自治体が長期・総合の視点から主体的にとりくむ意欲がなければ、何事もはじまらない。地方創生のかけ声が新たな各省および国会議員等による予算分捕りにすりかわる気配が濃厚である。こうした動きをみるにつけ、日本の政治・行政は、社会経済の構造変化に対応した将来ビジョンを描けないいまま、いくたび「いつか来た道」をくりかえせば済むのか、暗澹たる気持ちにとらわれてくる。自治体は「消滅可能都市」「地方創生」という言葉にあおられ浮き足だち、国依存にすがったとしても、わが自治体の存続可能性がひらけるわけでないことを、肝に銘じておくべきであろう。

□想像力・構想力なき危機管理

東日本大震災からすでに4年ちかくが経過した。5年間の集中復興期間に25兆円という巨額の予算が確保されているが、避難民はいまだ23万9000人に及ぶという（2014年10月現在、復興庁）。東日本大震災は、千年に一度といわれる巨大・広域さらに原発事故をくわえた複合災害によって、復興・再生には既成モデルのない政策の組み立てが要請される。しかし復興・再生の主体は、あいかわらず国である。各省庁の施策を調整し、国の一元的行政をねらい設置された復興庁は、縦割り各省庁の寄せ集めで、復興交付金も従来の「ひもつき補助金」と変わりなく、事業選択の権限は各省庁がもったままである。このしくみの中で、被災自治体はその恩恵にあずかる客体にすぎない。ここには明らかに「危機管理」ないし「復興・再生」への想像力・構想力の膠着（貧しさ）がみてとれる。その貧しさの根底には、国（中心）—自治体（周辺）関係を固定化する制度の構造欠陥がある。

国は福島第1原発の過酷事故を契機に、半径30キロ圏内の市町村に避難計画策定を義務づけた。しかし鹿児島県の伊藤祐一郎知事は、避難計画の実効性や周辺市町村民の不安を考慮することなく、県および立地する薩摩川内市の長・議会のみで九州電力川内原発（1号、2号機）の再稼働に同意した。安倍内閣は、この地元同意範囲を原発立地自治体に限った方式で再稼働を加速させる意向である。事実、関西電力の高浜・美浜・大飯原発でもこれに続くうごきがはじまっている。

あらためて記すまでもなく、日本列島は地震、津波、火山噴火、集中豪雨、土砂崩落等々、脆弱な構造にある。くわえて都市型社会の成熟はいちだんと災害リスクをたかめる。神戸淡路大震災、東日本大震災の経験をふまえ、〈減災〉の視点を組み入れた危機管理の重要性がいわれるようになった。減災とは、あらかじめ災害が発生することを前提に、災害や災害発生後の被害を最小限にくいとめる対策を平時から検討しておく考え方である。そのためには、最悪の事態への想像力と復旧・復興への構想力が問われるが、その際のポイントは、ⅰ地域総合による、従来の縦割りのシステムを排した包括的な視点、ⅱ災害・被災を最小限に食い止める実効性のあるプログラムの作成、ⅲ災害現場の実態に即応した態勢ないし権限移管、さらにⅳ土地カンをもつ地元住民の経験知の重視などにある。まさに地域の緊急課題を直視しつつ課題解決の実行プログラムとしての総合計画づくりと同型の思考である。

自治体の危機管理は、平時における市民参加・職員参加を基礎とした総合計画づくりの経験をふまえることで実効性をもち得ることを確認しておきたい。だが、伊藤・鹿児島県知事の同意声明からは、こうした発想はゼロに等しく、相も変わらず国依存と課題先送りの姿勢だけが露わである。

□本書の主題の再確認

日本における人口減少の予測はいまにはじまっているわけではなく、少なく見つもっても１９８０年代には確実におとずれる問題として認識されていた。しかし、その課題解決はつねに先送りされ、今にいたっている。

自治体総合計画にとって人口推計は、財政推計とならび欠かせない基本フレームである。もちろん時代の趨勢のなかで、一自治体の力で人口の増減がコントロールできるわけはない。しかしその枠内にあって、自治体の将来人口推計は、防災上の危機管理と同じく最悪の事態を最小限にくいとめ、地域ないし自治体の存続にむけた戦略を構想するための数値ととらえるべきであろう。つまり自治体の将来人口推計は、外から与えられた客観的データの意味以上に、それぞれの自治体が想像力・構想力を駆使して、独自の実行プログラムを創り出すための政策的数値とみるべきである。総合計画の記載された人口推計の数値が単なる希望的観測によるものであれば、総合計画はその時点ですでに実効性を失っていることになる。過度な悲観的推計も同様であろう。人口減少の危機にたいする冷静な見極めが「総合計画」の内容・質と深くかかわってくる。

人口減少をふくめ成熟社会に入ったいま、総合計画は明らかに右肩上がりの経済成長と税収増を暗黙の前提とした「拡大・膨張」型から「縮小・再編」型に大きく転換をせまられている。高度経済成長以来のフローの量的拡大の惰性を抜けきれず、総合計画とはかくあるもの、と思い込んできた自治体は、あらためて総合計画の必要性、有効性の再検討が求められてくる。「縮小・再編」型の総合計画に転換するには、国依存の発想から脱却することはもちろんのこと、ステレオタイプ化した総合計画イメージを変える必要がある。

行財政縮小時代における行政経営は、いっぽうで財政規模縮小に対応した歳出抑制と、他方で、新たな行政需要の拡大にそなえ財源をいかに確保するかという、けっしてやさしくはない二律背反をつねに頭にいれてのぞむ必要がある。その自覚が、旧自治省以来の後見的統制をこえて、自治体が自立（自律）した政府に飛躍できるかどうかの分水嶺になるように思う。この岐路に立ち新たな自治体計画づくりにむかうには、まず、歴史的に堆積してきた政治・行政システムの構造欠陥（ムダ）を切断する実行プログラムを総合計画のなかに組み入れるところから出発すべきであろう。では、そうした実行プログラムを組み入れた総合計画は、誰が、いかなる考え方・手法で具体化できるのか、本書の主題をつきつめれば、ここに収斂されてくる。

□実務課題と理論の相関

日本における自治体計画づくりの〈原点〉となる「武蔵野市方式」は、高度経済成長の渦中で開発されてきた。その動機は、急激な都市膨張の中で、放っておけば制御不能の超過密都市になってしまうとの危機感から出発している。その危機感がテコになり、当時他の自治体では類例のなかった人口抑制方針をはじめ、抑制型の政策・手法の開発がはじまる。長期的な戦略プログラムとして立案された六大事業の都市改造計画もこうした構想のもとに展開されている。また、こんにち自治体共通の課題となる公開、参加、評価、財務、法務の手法開発も、当時の都市膨張に抗する抑制型の政策の開発という、実務上の緊急課題にむきあう過程で、他の自治体に先駆けて取り組まれてきた。

重要なことは、「武蔵野市方式」は計画理論が先行して構築されてきたわけではないということである。むしろ事態は逆であり、現代都市・武蔵野市がかかえていた緊急に解決をせまられる実務上の課題がまずあって、その課題解決の手続・手法を模索する過程で計画理論は形成されてきた、と理解すべきである。「武蔵野市方式」は、武蔵野市がかかえる固有の課題を実務的に解決するうえで有効性を発揮してきたがゆえに、40年以上にわたって継承され発展してきたのである。「武蔵野市長期計画」にたずさわってきた実務者による論稿（第Ⅰ章）と、外部の目による〈原点〉に溯行した論稿（第Ⅱ章）から、実務上の課題と理論の緊密な連関を読みとっていただければ幸いである。なお、この連関は時代状況のちがいをこえ、多治見市、栗山町にもいえることである。

□多治見市方式から栗山町方式へ

武蔵野市方式の考え方、手法を学びながら築かれてきた「多治見市方式」は、一転して人口減少・

財政縮小の危機感がバネになって開発されてきた。多治見市方式は、当時の西寺雅也市長が自著のサブタイトルで記しているごとく「すべては財政危機との闘いからはじまった」（西寺雅也『自律自治体の形成』公人の友社、2008年）。財政規律をもった縮小型の総合計画づくりを起点に、自律的な行政経営のしくみをうめ込み、財政危機を突破しようという試みである。自律的な行政を実現するには、行政の内部システムの改革は避けられない。総合計画と予算編成との連携、年度をこえ計画全体を進行管理する「実行計画シート」の作成、庁内の意思決定のルールづくり等々である（第Ⅲ章）。その実績のうえに、独自の財務条例（健全な財政に関する条例）が制定されている。その目的は、財政状況の健全性を確保することにとどまらず、総合計画の着実な実行を確保することにある（第Ⅳ章）。

自律的な行政経営を実現するには、行政改革＝リストラの量的縮小のイメージをこえた市政のあり方、また、成熟社会にふさわしい質、水準をもった行政を確保するための改革が重要になる。いわゆる「行革」ではなく「行政の改革」である。だが、行政の改革を遂行するには、各施策・事業の背後の隠れている各種市民・業界団体と市民、長・議員、職員のもたれあい、互恵の構造の切断は避けられない。

多治見市方式の出発となった「第5次総合計画」は、5本の戦略目標のもと、簡潔に整理された個別・具体の施策の実行プログラムと担当課の一覧を軸に編纂されている。あいまいな記述がいっさい削られた、この簡潔な施策一覧の背後に、多様な主体から出てくる利害を規律ある総合計画で調整・コントロールするしくみが隠されていることに思いいたるべきであろう。職員の育成もまた、この総合計画による政策調整、行政の改革による組織改革と有機的に連結したかたちでとりくまれている。さらに市長交代後に策定された第6次総合計画では、議会の関与がいちだんと深まっている。その全体の動態的な過程を「多治見市方式」と理解したい。

多治見市方式から多くの示唆をうけてとりくまれた北海道栗山町の「総合計画条例」も、人口減少・財政縮小の危機感がきっかけであることに変わりはない。栗山町の総合計画条例の意義は、議会という公開の場で、多様な町民の利害を調整・コントロールしつつ、政策循環の全過程（全町的課題の発見・政策選択・立案・決定・執行・評価）にわたり政策論議の機会が創出されたことにあろう。市民・業界団体と長・議会、職員のもたれあいをこえた〈政策議会〉の創出であり、総合計画条例はそのための政策規範であると同時に行動規範でもある（第V章）。縮小・再編型の総合計画づくりにとって、政策議会のもつ意義は極めて大きい。総合計画が単なる行政計画をこえ、自治体の最上位の計画として市民、議会と長、職員に共有されるためにも必要不可欠である。

政策循環のさまざまな局面で自治体を構成する4者による議論がはじまれば、市民相互間、議会と長、議員間さらに所管部課間で緊張が生じることは疑いない。しかし、この緊張がそれぞれの自治体固有の政治課題の発見をうながし、自治体を計画行政＋総合行政の主体へと成長させる可能性をたかめていく。

□日本の自治体の経験蓄積と水準を知る

第V章が指摘するように、多治見市と栗山町は、長から発した方式、議会から発した方式のちがいはあれ、同一のアイテムつまり自治体運営の最高規範となる「自治基本条例」の下に「議会基本条例」をはじめとした基幹関連条例をもつ。武蔵野市は総合計画条例をもっているが、自治基本条例はない。総合計画条例の目的は「第一期長期計画」「第一次調整計画」に端を発する「武蔵野市方式」の継承の確認にある。また、自治基本条例をもたない理由は、40年間5期にわたる「武蔵野市長期計画」が実質、自治基本条例の機能をになってきたからである。〈自治都市・武蔵野の創造〉を長期ビジョンとする「武蔵野市長期計画」の計画原則、基本フレーム、策定・運用の手続・手法は〈自律自治体〉の核である自治基本条例および基幹的関連条例の中にしっかりと引き継がれている。

本書の基本趣旨は、武蔵野市長期計画、多治見市総合計画、栗山町総合計画条例をとおして、人口縮少・行財政縮小時代における総合計画の理論・実務の検討にあったが、その作業は、期せずして1960年代に開始された自治体改革の理論と実務の歴史的蓄積と現時点での水準を確認する作業ともなった。

くりかえしになるが、自治体総合計画は計画理論が先行して構築されてきたわけではなく、実務上の緊急課題がむしろ理論形成のバネになっていることを、最後にあらためて強調しておきたい。各自治体がかかえる固有の課題、また、それぞれの自治体を拘束する制約要件の壁を逆に自治の基盤（条件）に組み替えるには、どのような思考や手続・手法が必要なのか。その設問に逃げずに立ち向かう想像力と構想力が、各自治体の独自性のある総合計画づくりの出発点となってくる。各自治体の地域特性を前提に、自治の基盤づくりという長期構想（ビジョン）を具体化する実行プログラムとしての総合計画イメージである。本書で紹介した3自治体の総合計画はまさにその典型であった。3自治体の総合計画づくりの経験は、必ずやそれぞれの自治体における、固有の地域課題に根ざした「方式」の開発にとって十分参考になりうると確信したい。また、そうなってほしいと願いたい。

本書は神原勝『自治・議会条例論』、西寺雅也『自律自治体の形成』につぐ、自治体再構築を主題としたシリーズの一環として刊行された。両書もぜひ手に取っていただければ幸いである。

本書の企画は2011年にはじまったが、ようやく刊行にこぎつけることができた。この間、武蔵野市では2011年に長期計画条例が制定され、翌2013年4月に第5期長期計画がスタートしている。多治見市は2006年の市政基本条例の後、市長交代をへて健全な財政に関する条例（2007年）、第6次総合計画（2008年）、議会基本条例（2010年）が制定され、議会をまきこんだ多治見市方式が定着してきた。栗山町は議会基本条例（2006年）から7年後の2013年に総合計画条例ができた。本書は予定より刊行がおくれたが、総合計画への議会の関与が本格化してきたことを確認することで、1960年代にはじまった自治体改革の試みが、半世紀の蓄積をへて、ようやく〈市民の自治機構〉としての実質を確保する地点にまできた姿を収めることができた。

忍耐強く原稿の仕上がりを待っていただいた武内英晴・公人の友社長に、執筆者一同あらためて感謝したい。

（大矢野　修）

【編著者略歴】

神原　勝（かんばら・まさる）

北海道大学名誉教授

1943年北海道生まれ。中央大学法学部卒業、財団法人東京都政調査会研究員、財団法人地方自治総合研究所研究員を経て、1988年～2005年、北海道大学大学院法学研究科教授、2005年～2013年、北海学園大学法学部教授

専攻・自治体学

〔主な論文・著書〕

『転換期の政治過程―臨調の軌跡とその機能』（総合労働研究所）、『資料・革新自治体（正編・続編）』（共編、日本評論社）、『現代自治の条件と課題』（北海道町村会）、『北海道自治の風景』（北海道新聞社）、『神原勝の首長鼎談』（北海道町村会）、『小規模自治体の生きる道』（公人の友社）、『自治・議会基本条例論』（公人の友社）など

（第Ⅴ章・プロローグ　執筆担当）

大矢野　修（おおやの・おさむ）

龍谷大学政策学部教授

1945年熊本県生まれ。月刊「地方自治通信」編集主幹、川崎市役所、龍谷大学法学部教授を経て、現職。

〔主な論文・著書〕

『資料・革新自治体（正編・続編）』（共編、日本評論社）、「革新自治体の時代」『地方自治史を掘る』所収（財・

東京市政調査会）、「分権社会の基盤としての人的資源」森田朗・金井利之他編『分権改革の動態』所収（東京大学出版会）、「財政縮小時代の人材戦略」『多治見モデル』（編著、公人の友社）、「いま、なぜ大阪市の消滅なのか」「PART1・2」（共編著、公人の友社）など。

（第Ⅱ章・エピローグ　執筆担当）

【執筆者略歴】

小森　岳史（こもり・たけし）
武蔵野市前総合政策部長
1952年奈良県生まれ。76年武蔵野市役所就職。環境対策課長、企画調整課長、子ども家庭部長、総務部長、総合政策部長を歴任。長期計画をはじめ様々な計画の策定を担当。現在は一般財団法人武蔵野市開発公社理事長。法政大学大学院兼任講師。日本公共政策学会理事。
〔主な論文・著書〕
「リサイクルの百科事典」（廃棄物処理関連項目の一部）（共著、丸善）、「在宅子育て家庭の支援―子どもテンミリオンハウス、武蔵野市」新しい自治がつくる地域社会第3巻『変貌する自治の現場』（共著、ぎょうせい）
（第Ⅰ章　執筆担当）

青山　崇（あおやま　たかし）

多治見市役所企画部長

１９５４年岐阜県生まれ。１９７８年多治見市役所入庁。政策推進課長、都市計画課長、企画課長、会計管理者、議会事務局長を経て現職。自治体学会、日本公共政策学会会員。

〔主な論文・著書〕

「行政マネージメントの一環としての総合計画とマニフェスト」都市問題03年10月号（東京市政調査会（当時））、「総合計画に基づく計画的な市政運営」おおさか自治体政策08年２号（大阪自治研究センター）、「議論する組織、その必要性を考える」地方自治職員研修10年３月号、「自治体の政策形成を考える」同11年臨時増刊98号、「公共とは何か、自治体職員の役割とは」同14年臨時増刊１０５号（公職研）、「職員力を高める議会、首長相互の議論」月刊ガバナンス13年５月号、「閉塞状況を突破する自治体職員マインド」同13年12月号（ぎょうせい）など。

（第Ⅲ章　執筆担当）

福田　康仁（ふくだ・やすひと）

多治見市役所都市計画部都市政策課課長代理

１９６８年岐阜県生まれ。１９９４年多治見市役所入庁。総務部総務課、企画部政策開発室等を経て、現職。市政基本条例、健全な財政に関する条例、是正請求手続条例等の制定を担当。

〔主な論文・著書〕

「市民自治に基づく財政の健全化」地方財務08年９月号、「総合計画の準則性と自治立法による位置付けについて」地方自治職員研修05年９月号（公職研）、総合計画の新潮流（共著、公人の友社）

（第Ⅳ章　執筆担当）

総合計画の理論と実務
行財政縮小時代の自治体戦略

2015年2月24日　初版第1刷発行

編著者　神原　勝・大矢野　修
発行者　武内　英晴
発行所　公人の友社
ＴＥＬ 03-3811-5701
ＦＡＸ 03-3811-5795
Ｅメール info@koujinnotomo.com
http://koujinnotomo.com/
